| 诉讼证据规则研究丛书 |

刑事诉讼证据规则研究

郑 旭 著

中国法制出版社
CHINA LEGAL PUBLISHING HOUSE

前言

本书是针对目前学术界对证据的研究偏重于证据理论问题的探讨，而对证据的程序性运用规则的研究较少而撰写的。以审判为中心的诉讼制度改革增强了庭审中的对抗力度，与此相适应，对证据的可采性问题、关联性问题、主询问和反询问的方法、提出证据异议的方式、证人作证义务的实现、证人拒绝作证权的赋予、推定、司法认知、证据庭前展示、令状主义、非法证据排除等一系列问题，应当加以认真地研究并待成熟后以法律的形式固定下来。本书共分六个部分：第一章绪论，主要探讨刑事证据规则的概念，研究证据规则的必要性及历史发展；国外立法及国际公约对有关证据规则内容的规定；我国是否应当确立刑事证据规则，讨论刑事证明是否应当有证据规则的限制，以及影响是否确立证据规则的观念性因素；最后讨论了证据规则的构成体系。第二章取证规则，提出有罪证据由控方收集的规则；辩方有权取证的规则，对现行刑事诉讼法规定的律师调查取证权的行使提出了自己的看法；不被强迫自证其罪的规则，分析我国刑事诉讼法中不被强迫自证其罪的权利与如实回答义务；证人必须履行作证义务规则，主张应当贯彻执行确保证人出庭作证的一系列措施，并赋予特定的人以拒绝作证特权，还讨论了侦查或者调查人员作证等问题；令状主义规则，主张侦查或者调查机关的强制取证行为应当事先获得法官签发的令状的许可方能实施，以增强刑事诉讼中的人权保障。第三章采证规则，提出传闻证据规则，建议法庭外的陈述不能作为证据采用；最佳证据规则，主张原则上文书证据应当是原件才可采用；意见证据规则，主张限制普通证人的意见性陈述；非法证据排除规则，主张侦查或者调查人员违反宪法或者国际公约获得的证据不能作为定案的根据；相关性规则，主张没有关联性的证据没有可采性。第四章查证规则，讨论了辩方有权在庭前了解控方的证据，辩护双方提出证据须经声请，反询问等规则，并探讨了法庭应否当庭认证的问题，以及在我国应当如何运用推定和司法认知。第五章认定案件事实规则，包括证据证明力判断规则，起诉的证明标准，盖然确定性规则，补强证据规则以及疑罪从无规则。附录是刑事证据规则的立法建议。

本书以我国现行刑事诉讼法和相关司法解释为依据，对照英美法系和大陆法系中的相应理论和规定，分析了我国刑事诉讼中证据规则的分类、体系、条文以及实务操作中的争议并提出了进一步完善的建议。本书最为突出的论点是，证据的合法性与证据的真实性是两个不同的领域，非法证据排除只限于法律实施官员违反宪法和国际公约取得的证据，不包含不真实的证据。

本书的优点在于：一是澄清了证据合法性的概念、立法目标和具体要求，区分合法性和真实性；二是紧密结合我国现行司法解释，内容具有及时性；三是充分吸收域外相关理论和规定，视角具有广泛性。

目录

第一章　绪　论

第一节　刑事证据规则概述

一、刑事证据规则的概念

证据规则一词，在我国刑事诉讼法学中一般是指英美法中对证据的关联性与可采性、非法证据的排除、举证责任等一系列问题的规定。在英文中，证据规则是“rules of evidence”，我国台湾地区称之为“证据法则”。

较早在教材中使用的证据规则一词是在对英美法系国家的证据制度进行介绍时使用的。在巫宇甦主编的《证据学》一书中讲到英美法系的自由心证的证据制度时，认为“英美法系国家继续保留着不少形式主义的规则”，“英国的证据法……着重规定了一系列关于采用证据和判断证据的规则，以利于正确地运用证据裁判案件”。“英国的证据制度是由各种基本规则和一系列的例外规定以及附带条件等组成的。”该书认为，这些基本规则主要有：关于证明责任的规则、关于证据关联性的规则以及关于传闻证据的规则，等等。①

我国台湾地区陈朴生著的《刑事证据法》中写道：“何种资料，可为证据，如何收集及如何利用，此与认定之事实是否真实，及适用之法律能否正确，极为重要。为使依证据认定之事实真实，适用之法律正确，不能无一定之法则，以资准绳。称此法则，为证据法则。”由此可见，我国台湾地区学者认为证据法则主要是关于什么可以作为证据使用，如何收集和利用的法律规定。观其法律规定，具体包括推定、证据能力②、自白、司法认知、传闻证据规则、意见证据规则、举证责

① 巫宇甦主编:《证据学》，群众出版社 1983 年版，第 22—23 页。

② 证据能力，即证据材料能够在法庭上提出以便成为定案根据的资格。在本书中，证据能力和证据的可采性是同一概念，在论述日本和我国台湾地区的证据规则时，多使用证据能力一词；在论及英美法系的证据制度时，多采用可采性一词。在本书中二者可以互换使用。

任、证据力之辩论、法庭上对证人之询问和诘问等内容。[①]

对于我国刑事诉讼中是否存在关于证据收集和运用的规则，较早论述的是樊崇义主编的《刑事诉讼法学研究综述与评价》一书，该书在关于证据制度的完善建议中指出："完善我国证据制度的方向在于，将一些经过司法实践检验，在运用证据方面行之有效的带有规律性的重要经验，上升为证据规则，用来规范刑事诉讼中的证明活动。"该书建议制定的证据规则，包括证据的法定形式和条件、保障证据客观性和关联性的规则、非法证据排除规则、证人拒绝出庭作证的法律责任、证明责任、疑罪从无等，可以说是我国诉讼法学界研究确立我国证据规则的开端。[②]徐静村主编的《刑事诉讼法学》在证据一章中单设一节，名为"证据规则"，包括传闻证据规则、违法证据排除规则、补强规则、意见规则四个部分。根据这本书的定义，规定证据收集、证据运用和证据判断的法律准则即为证据规则。[③]证据规则的作用在于防止主观臆断，保证判断的准确性。还有的学者提出了详尽地建立我国证据规则的建议，认为我国应当制定的证据规则应包括关于证据能力方面的规则，关于证据证明价值方面的规则，关于拒绝作证特权方面的规则，关于举证、质证等程序方面的规则以及排除非法证据的规则。[④]

笔者认为，证据规则就是指在收集证据、采用证据、核实证据、运用证据时必须遵循的一系列准则。换句话说，就是在诉讼中与证据有关的具有可操作性的程序性准则。其核心问题是证据的可采性问题。我国应当建立一个什么样的证据规则体系，应当具体包括哪些问题，将在下面具体阐述。

二、加强对证据规则研究的必要性

首先，进行详细的证据规则研究，是进一步完善我国刑事诉讼立法的需要。现行刑事诉讼法仅仅在总则中规定了证据一章，总共只有16条，在实践中较难操作。为了解决司法实践中取证、查证没有具体的操作准则的问题，有必要把取证规则、采证规则、查证规则、认定案件事实规则明确化。我国传统上刑事审判

---

① 见2006年6月14日公布并施行的我国台湾地区"刑事诉讼法"第一编第十二章证据，第一节通则。

② 樊崇义主编:《刑事诉讼法学研究综述与评价》，中国政法大学出版社1991年版，第700—701页。

③ 徐静村主编:《刑事诉讼法学》，法律出版社1997年版，第164—172页。

④ 卞建林、姚莉:《关于建立和完善我国证据规则的思考》，载《法商研究》1999年第5期。

采法官职权推进方式，而在这种诉讼模式中，一切证据虽然可以由控辩双方提出，但是证据调查和诉讼推进完全受制于法院，因此虽无详尽的证据规则，仍不需担心诉讼拖延和争议点模糊。职权主义鼓励法官主动发现证据，这种实体真实主义的要求，也在一定程度上排斥那种严格而程序化的证据规则的约束。随着我国刑事诉讼法的三次修改，其在原有的职权主义的基础上吸收了大量的当事人主义的做法，特别是庭审基本上采用了对抗式的审理方式，这就必然要求制定相应的证据规则。在当事人主义条件下，两造对抗并推动诉讼的进行，对于诉讼双方的主张和举证如不设立严格具体的标准和规则，则当事人难免随意使用证据，因而导致拖延诉讼、模糊争议要点，甚至造成真假难辨的后果。因此，为了配合诉讼制度改革，必须在立足我国实际情况的基础上，吸收英美法系国家的成功经验，建立我国的刑事证据规则体系。因此，学术界应当先从理论上进行研究，草拟具体的证据规则立法草案，再经过实践中试用，逐步加以完善，待成熟后吸纳到诉讼法中来。

其次，研究证据规则也是为了改变过去证据学偏重理论研究，缺乏具体的对实践的指导的传统。主流的证据学教材大多是从证据的概念、特征、种类、分类、证明责任、证明对象、证明要求角度研究，司法实践人员对证据收集、证据采用、证据的审查判断、运用证据定案方面到底有哪些证据规则可供遵循仍然是模糊的，而且这些问题也不是法医学、刑事侦查学、物证技术学等其他学科所能够解决的。相比较而言，英美法国家以及受英美法影响较大的日本、我国台湾地区的刑事证据研究，主要是研究证据的可采性问题，而我国对这个问题的研究尚比较薄弱。

再次，确立明确的取证、采证、查证和认定案件事实的规则，对保证诉讼的程序公正和实体公正都有着重大的意义。例如，排除传闻证据、要求文书证据必须提供原件、禁止普通证人提供意见、证据须在公开的法庭上经过反询问等，既可以保证被告人的程序性权利，又可以保证案件事实真相的查明。在一定意义上，排除以强迫手段取得的被告人的口供也有助于保证案件的实体公正。

最后，确立明确的取证规则，可以加强对人权以及其他重大社会利益的保护。如非法取得的被告人口供、被害人陈述、证人证言，以及非法取得的实物证据的排除规则，对制止侦查或者调查人员滥用权力，保护公民的权利不受国家权力的非法侵犯具有重大意义。1998年10月5日上午，中国常驻联合国代表秦华孙大使在联合国总部代表中国政府签署了《公民权利和政治权利国际公约》，[①]按照

① 符福渊、周德斌:《中国签署〈公民权利和政治权利国际公约〉》，载《人民日报》1998年10月6日。

公约的规定，我国有义务在刑事审判中排除非法取得的被告人口供。再比如赋予某些证人拒绝作证的特权，有利于保护职业秘密、公务秘密等其他社会利益。

从以上几个方面可以看出，研究证据规则是十分必要的问题，而且是十分迫切的问题。刑事诉讼法与诉讼理性的冲突之一，便是缺乏确定证据合法性和证明力的证据规则，致使各方采证、举证、质证、审证、认证均缺乏具有可操作性的、有法律效力的、明确具体的规定，从而难以避免当事人举证的盲目性、司法官员认证的随意性。《刑事诉讼法》第6条规定的“以事实为根据，以法律为准绳”这一基本原则强调事实认定是判决正确性的前提，而依照证据规则进行的事实认定不仅更接近实际发生的事实，而且更有利于保证程序的公正性。

第二节　证据规则的历史发展

如前所述，证据规则主要是指英美法系中对证据运用的一些具体规定。那么，刑事证据规则到底是如何产生的，它的发展历史是什么样的呢？它与法定证据制度中对证据的证明力加以规定是一种什么关系？它与自由心证的证据制度是否冲突和矛盾呢？我国是否需要制定证据规则来指导，或者说限制事实审理者判断证据的权力呢？制定证据规则与我国证据制度的哲学基础是否冲突？国外的立法经验又是怎样的呢？是只能限制证据的可采性，还是同时要规定证据的证明力特点呢？我们首先来考察一下证据规则的历史发展。

一、证据规则的历史发展

（一）完全无证据规则限制——神示证据制度

在人类社会的早期，由于人类认识能力的局限，判断证据主要是使用神明裁判的方法。在欧洲，古代日耳曼人的折磨性考验证明制度不仅受预先估算的证明价值的严格限制，而且实际上还要让神去提供所有证据。采用水审、火审或角斗等裁判方法，将判明案件事实的司法裁判权交给神并由神来为人类维护司法正义。神明裁判实际上还是由人主持的审判，折磨性考验的结果是为了使法官的结论得到神的证明。只要证明制度所寻求的不仅是对纠纷的解决，而是要按照事实真相来解决纠纷，神明裁判的不合理性是很容易暴露出来的。在这个阶段，审判并不需要询问证人、调取口供或者提取物证，唯一判明事实的方法就是神的启示，所以这时的证明制度是不存在现代意义上的规则的限制的。

（二）完全依证据规则认定证据——法定证据制度

在欧洲，在古代日耳曼人的宗教信仰消失以后，仍然使用神明裁判证明法的地方，公众对审判结果的信任就受到了极大的威胁。神明裁判中的神学思想与古代日耳曼人的宗教信仰是一致的，但它很难在基督教神学中找到根据。“事实上，在第四次亚特兰会议废除神明裁判（1215年）之后，罗马教会法程序便促进了证明活动的世俗化。只有证人宣誓的做法仍然保留了神明裁判的色彩。”[①]在欧洲大多数国家中占统治地位的已然发展起来的罗马教会程序法，确实在很大程度上反映了中世纪后期和文艺复兴时期流行的认识论思想。对于严重的犯罪行为，法院只有在具备两名目击者的证言或被指控者的供述时才能作出有罪判决。法院不能仅凭旁证就判被告人有罪，无论那些旁证具有多么大的证明力。但是，强有力的旁证或者一个目击者的证言可以构成半个证明，法院可以据此适用刑讯来逼取口供。作为法定证据制度之代表的1532年加洛林纳刑法典列举了很多会引起嫌疑并构成半个证明的旁证，如具有作案动机、逃离犯罪现场、持有带血的凶器、拥有赃物等。与此同时，为了保护被告人的利益，该法典还规定对被告人的每一项怀疑都必须由两名好的证人来证明，而且它要求法官或审查人员认真评断那些证人证言，看其中有无矛盾之处。在这种情况下，法庭除了可以判断该法典中未明确列出的新型旁证之外，在评价证据时没有任何自由。换句话说，法律已经明确规定了证据的判断标准，法官只能根据这些明确的规则来断定案件事实。[②]1640年法国路易法典对此虽无规定，但学说上也采用法定证据制度，没有法律规定的一定证据，不能作有罪宣告。如果具有一定的证据，不管审判者内心判断如何，都必须作有罪判决。[③]

（三）以证据规则限制证据可采性——英国证据制度

英国自13世纪以后，建立了陪审制度。陪审审判实行公开审理，并且由诉讼双方互相对抗，而不采用欧洲大陆的纠问式的诉讼程序。为了适应陪审审判的要求，避免陪审员的偏见、预断，并为了保护被告人的权利，对证据的可采性（admissibility）早已开始重视。基于18世纪和19世纪判例法发展的结果，对证据

① ［英］乔纳森·科恩:《证明的自由》，何家弘译，载《外国法译评》1997年第3期。

② ［英］乔纳森·科恩:《证明的自由》，何家弘译，载《外国法译评》1997年第3期。

③ 刁荣华主编:《比较刑事证据法各论》，台湾汉林出版社1984年版，第5页。

的可采性和判断证据证明力的具体规定更加详细，其作用在于防止无用或者不适当的证据出现在法庭上，致使陪审员对事实的判断出现偏差。即使是提交到法庭的证据，也应当给予当事人适当的辩论机会，以使陪审员能够作出公平的判断。所以，这些规则，是为了决定证据能否提供法庭调查而设立的，并不是单纯的证明的理论，也不是为了评价证据证明力而设立的规则。

对于为什么要制定证据的排除规则，有美国学者认为原因有三：第一，在英美法对抗制的审判中，证据是由控辩双方提出的，每一方都有机会提出对本方有利的证据，并且应当有机会公平地质疑对方提出的证据的可靠性。作为结果，有些证据虽然可能能够证明案件事实（如传闻证据），但是由于它不能被对方通过反询问的方式来检验其真实性，通常是被拒绝接受的。第二，审判中的事实审理者是没有法律知识的人（陪审团），而不是经过法律训练的专家。这就意味着，对那些具有潜在的导致陪审团误用证据危险的证据材料需要被排除。第三，审判是对社会公开的，而证据经常会泄露社区或者新闻界的保密信息。在这种情况下，保护秘密的利益就大于了使用其作为证据材料的利益。在这种情况下，该证据被认为受特权保护，并且被认为不具有可采性。①

笔者认为，英美证据规则产生的原因主要有以下几个方面：

1.陪审审判。英美法系实行陪审团审判的制度，由陪审员来决定案件的事实问题。为了防止陪审员先入为主或存有成见，或受到舆论的影响，或受到被告人在社会上的地位或经历的影响，或受到被告人巧言辩解的影响，或因为感情冲动，以至于存在偏见，所以重视证据的关联性（relevancy），并且禁止以被告人的不良品格作为证据。不过英美法的证据规则并非以陪审制度作为其唯一产生原因，例如其衡平法院虽然不实行陪审审判，也采用由陪审制度发展而来的证据规则。

2.当事人主义。英美法因为实行彻底的当事人主义，因此对于诉讼进行中的证据调查，属于当事人的职责。当事人对其所主张的事实是否真实，负有举证责任，陪审员或法官居于公平第三者的立场，以诉讼双方提出的证据作为资料，进行判断。因此视诉讼为双方当事人的竞争，而竞争就有应遵守的规则，诉讼为了保障其公正性，也应当有规则可循，证据规则就是诉讼中的竞争规则。证人应当由当事人申请通知，进行询问，很少由法官依职权进行通知。由于当事人对他自己提出的证人进行主询问，一般只会就对其有利的内容进行询问；该证人对当事人往往存有好感，所以其陈述也多数是有利于该当事人的，可能并不真实和全

① *An Introduction to the Law of Evidence*, Third Edition, by Graham C. Lilly, West Group, 1998, pp. 3–4.

面。为了保证证言的真实性，英美证据规则重视对方当事人的反询问权的保障，并且禁止主询问方进行诱导性提问。传闻证据，没有办法赋予对方当事人以反询问的机会，所以也在禁止之列。

3.保护被告人的权利。英美法重视被告地位的保护，不允许强迫被告人作不利于己的陈述。强迫所获得的供述不具有可采性，即使被告人在审前作了自愿的供述，如果没有在法庭上作有罪答辩，也不能作为有罪判决的唯一依据。因此英美法一方面认为当事人有举证责任，为了公平地分配当事人举证责任，规定有举证责任规则，并以推定规则来减轻其举证责任，如无罪推定等；另一方面重视证据的可采性，证据首先须足以用来证明争议事实，并且不违反政策的要求才具有可采性。于是法律规定了诸如关联性、最佳证据、传闻证据、宣誓、禁止强迫作不利于己的陈述以及禁止使用违宪收集的证据等规则。

4.保护其他重大的社会利益。在美国，审判是对社会公开的，而证据经常会泄露基于种种原因应当保密的信息。在这种情况下，保护秘密的利益就大于了使用其作为证据材料的利益。例如，美国的政治投票特权（任何人都有权拒绝泄露他在一次政治选举中的投票，除非选举是非法的），商业秘密特权，国家秘密和其他官方信息的特权，秘密情报人员的身份特权等，都是为了保护更为重大的利益而确立的特权。①在这种情况下，该证据被认为受特权保护，并且被认为不具有可采性。有美国学者认为，司法的目标除了作出终局裁决、效率、稳定、公正以外，保护某些社会价值取向也是目标之一。②

（四）完全排斥证据规则——法国自由心证制度

法国大革命胜利后，学习英国的做法，建立了新的刑事诉讼制度。1808年法国刑事诉讼法就吸收了英国法中对抗制的因素（与其革命前的诉讼制度相比），规定控辩双方在诉讼中地位相等，法院应当根据双方当事人的辩论作出裁判。但是审判程序分为预审和审判两个阶段，在预审阶段由预审法官调查证据，仍然采用纠问方式，并不公开。在预审程序所做成的笔录，在审判中可以用作证据。基于职权主义，允许法院依职权自行调查证据，实行自由心证主义，证据的价值通过自由心证进行判断，以避免因烦琐的证据规则而导致查明实体真实方面的困难，使裁判流于形式的弊端。

---

① *Courtroom Evidence: A Teaching Commentary*, by Michael H. Graham and Edward D. Ohlbaum, National Institute for Trial Advocacy, Inc. 1997, pp. 460–464.

② *Judicial Process*, by William L. Reynolds, West Group 1991, pp.53–55.

（五）部分吸收证据规则——日本、我国台湾地区的自由心证制度

第二次世界大战后，日本的政治发生很大的变化，因为受英美法的影响，其新宪法除了对基本的人权保障作了具体的规定以外，还规定了下列证据规则：（1）刑事被告，应赋予询问一切证人之机会，且有以公费为其自己以强制程序寻求证人之权利（日本宪法第38条第2项）。（2）不得迫使任何人为不利于己之陈述（日本宪法第38条第1项）。（3）出于强暴拷问或胁迫或受不当长期拘禁后之自白，不得作为证据；不得以其本人之自白，为不利于己之唯一证据，据为有罪或科刑之裁判（日本宪法第38条第2项、第3项）。并制定刑事诉讼应急措置法，于昭和二十二年五月三日与日本宪法同时公布施行，以衔接旧刑事诉讼法。

我国台湾地区属于大陆法系，1928年国民党政府颁布的刑事诉讼法就证据规则的规定，与日本旧刑事诉讼法相似，极其简单。2006年修正的"刑事诉讼法"关于证据有专章的规定，包括如下内容：（1）无证据，不得认定犯罪之事实。（第154条第2款）（2）无证据能力，未经合法调查之证据，不得作为判断之依据。（第155条第2款）（3）被告或共犯之自白，不得作为有罪判决之唯一证据，仍应调查其他必要之证据，以察其是否与事实相符。被告未经自白，又无证据，不得仅因其拒绝陈述或保持缄默，而推断其罪行。（第156条第2项、第3项）（4）认知：公众所知之事实，无庸举证。（第157条）事实于法院已显著，或为其职务上所已知者，无庸举证。（第158条）（5）传闻：被告以外之人于审判外之言词或书面陈述，除法律有规定者外，不得作为证据。（第159条）（6）意见：证人之个人意见，或推测之词，不得作为证据。（第160条）（7）举证责任：检察官就被告犯罪事实，应负举证责任，并指出证明之方法。（第161条）（8）证据力之辩论：法院应予当事人、辩护人、代理人或辅佐人，以辩论证据证明力之适当机会。（第162条）（9）询问及诘问：证人、鉴定人，由审判长讯问后，当事人及辩护人得直接或声请审判长诘问之。（第166条）

从以上分析中我们可以看出，证据规则是人类对证明活动进行总结得出的经验性法则，在法定证据制度中起着决定性的作用。英美法系的证据制度中有大量的关于可采性的规则，而大陆法系则于资产阶级革命胜利后彻底否定了先前的法定证据制度，实行自由心证主义，证据规则规定得很少，对可采性的限制也较宽。但从20世纪中叶以来的发展看来，大陆法系国家和地区，即便是以前实行较为彻底的自由心证主义的国家或地区，也开始注意在刑事诉讼法中增加证据规则的规定，前述日本和我国台湾地区的刑事诉讼制度的变化就是明证。

二、证据规则与法定证据制度、自由心证证据制度的关系

证据规则实际上就是对证据运用的限制，也就是对诉讼证明的规制。那么，证据规则与法定证据制度、自由心证证据制度的关系如何呢?

对于法定证据制度，我国法学界通常的定义是：所谓法定证据制度，是指法律根据证据的不同形式，预先规定了各种证据的证明力和判断证据的规则，法官必须据此作出判决的一种证据制度。而且认为，法定证据制度是一个历史上曾经存在的证据制度，而不是现今社会所仍然使用的证据制度。“在16世纪至18世纪之间，法定证据制度发展到了全盛时期，其影响一直延续到19世纪中叶。”由这句话看来，作者认为法定证据制度至19世纪中叶已经消亡。[①]法定证据制度的主要特点是法律预先规定了各种证据的证明力和判断证据的规则，而法律对证据证明力和判断证据规则的规定是审查判断证据绝对性的依据。法定证据制度实际上是剥夺了法官审查判断证据的自由权。

所谓自由心证证据制度，是指证据的取舍和证明力的大小，以及案件事实的认定，均由法官根据自己的良心、理性自由判断、形成确信的一种证据制度。其中1808年《法国刑事诉讼法典》第342条的规定堪称经典：“法律不要求陪审官报告他们建立确信的方法；法律不给他们预定一些规则，使他们必须按照这些规则来决定证据是不是完全和充分；法律所规定的是要他们集中精神，在自己良心的深处探求对于所提出的反对被告人的证据和被告人的辩护手段在自己的理性里发生了什么印象。法律不向他们说：‘你们应当把多少证人所证明的每一个事实认为是真实的。’它也不向他们说：‘你们不要把没有由某种笔录、某种文件、多少证人或多少罪证……所决定的证据，看作是充分证实的。’法律只是向他们提出一个能够概括他们职务上的全部尺度的问题：‘你们是真诚的确信吗?’”[②]在重罪法庭休庭前，审判长应责令宣读这一训示，并将内容大字书写成布告，张贴在评议室最显眼处。这条规定被认为是法官自由心证的古典公式，后来的日本、我国台湾地区的刑事诉讼制度也采纳了自由心证的证据制度。

英美法系国家实行的证据制度与上述两种证据制度均有显著差别。其重要特点是，为了适应陪审审判的要求，就证据的可采性问题（又称证据能力），加以严格限制。在长期的历史发展中，英美法系形成了一整套烦琐、复杂的证据规

① 引自陈一云主编:《证据学》，中国人民大学出版社1991年版，第23页。

② 现为《法国刑事诉讼法典》第353条。见《法国刑事诉讼法典》，余叔通、谢朝华译，中国政法大学出版社1997年版，第131页。

则。我国台湾地区学者陈朴生称之为实质的法定证据主义，将法国大革命以前的证据制度称为形式的法定证据主义。[①]我国有的学者认为英美法系的证据制度也属于自由心证的证据制度，只是同大陆法系各国或各地区相比具有自己的特点而已，因为从总体上讲，英美法系的证据规则并不是对证据的证明力、审查判断证据作形式主义的全面规定，而主要是从证据的可采性和举证责任的角度作出规定。[②]笔者认为，英美法系的证据制度与法定证据制度、自由心证的证据制度均有不同，其与自由心证主义不同之点，在于对证据的可采性有很多规则的限制，而自由心证主义就其本意来说是排斥证据规则的；其与法定证据制度的不同，则在于它的证据规则主要是对证据可采性的限制，而法定证据制度则是对证据证明力判断的具体规定。

因此，法定证据制度固然重视证据规则的作用，但证据规则并不仅仅存在于法定证据制度之中。前面已经提到，法定证据制度随着欧洲资产阶级革命的胜利而被否定，是已经不复存在的证据制度；在现代社会的刑事诉讼中，主要存在的证据制度是英美法系的证据制度和大陆法系的自由心证的证据制度。英美法系的证据制度在其长期的发展过程中形成了大量的证据规则，对防止可能不可靠的证据进入审判、集中庭审的焦点和保护被告人的权利发挥了不可替代的作用。而自由心证证据制度，虽然在其最初产生时为了消除法定证据制度的影响而赋予法官极大的自由裁量权来决定证据的取舍和判断，不免有矫枉过正之嫌，但在近代的发展过程中已经逐步地借鉴英美法系的证据制度，吸纳了许多较为重要的证据规则，如不被强迫自证其罪、证人拒绝作证的特权等。因此，当今世界的刑事诉讼制度无论是属于英美法系的还是属于大陆法系的，在其刑事证据制度中都有证据规则的限制，只是限制程度的大小存在差别而已，而且其中大部分规则各国是相同的。

因此，在证据制度中规定证据规则并非“返回”到法定证据制度时代，因为证据规则并不是法定证据制度所特有的。现代刑事证据制度不仅不排斥证据规则，反而在证据制度中规定证据规则是刑事证据制度发展的总体趋势。并且，各国刑事证据规则有着趋同的趋势，其原因大概是刑事证明具有共同的规律可供遵循。如果说法律有民族性和阶级性从而阻碍各国之间相互借鉴和吸收的话，可能证据制度是最有可能移植并且存活的法律制度了，比如日本和我国台湾地区对英美法证据制度的借鉴就是一个较好的证明。

---

① 陈朴生著:《刑事证据法》，台湾三民书局 1979 年版，第 66 页。

② 陈一云主编:《证据学》，中国人民大学出版社 1991 年版，第 45—46 页。

第三节 域外证据规则的立法经验

一、英美法系的证据规则和自由心证证据制度的证据规则

从总体上看，规定证据规则的立法例可以分为英美法系的证据规则和自由心证证据制度的证据规则。

（一）英美法系的证据规则

英美法系的证据规则内容虽然十分复杂，但依照其目的，可以分为三大类：第一类是为了限制论辩的范围和方法，以保证诉讼的顺利进行；第二类是为了保证证据的真实性，防止认定事实发生错误；第三类是为了禁止非法取证，保证诉讼的公正性。下面分别论述：

第一类，关于限制论辩的范围和方法的规则：

1. 司法认知（Judicial Notice）

依照当事人主义，当事人对于所主张的事实应当举证证明，但法院对该主张的证明方式仍有很大的决定权。当法院审查双方的争议事实的时候，有时会有一些事实是法院根据其地位和职权所已经知悉或应当知悉的，不需要当事人再进行争论，而直接作为真实的事实予以认定。这样可以使当事人争议的事实范围大大缩小，而有助于节约案件审理的时间。严格地说，什么样的事实可以进行司法认知，虽不是证据法本身的问题，但与证据规则有密切的关系。

2. 举证责任与推定（Burden of Proof and Presumption）

依照当事人主义，凡诉讼程序的进行均须受举证责任的支配，即当事人积极地对某一事实有所主张，希望对自己有利时，在法律上必须举证，以证明其主张是真实的，这就是举证责任（Onus Probandi）。这一原则对刑事诉讼和民事诉讼同等重要，其基本精神可以用拉丁格言表示为："一切主张在未证明前推定其不成立。"（Omnia prasumuntur pro negante）由此产生这个规则："证据由积极维持其主张的一方当事人负责提出，而不是由否定其主张的对方当事人负责。"在刑事诉讼中，表现为，"被告于未经证明为有罪前推定其为无罪"（presumption of innocence）。举证责任对诉讼的进行有着极大的规制作用，如果积极提出主张的一方当事人没有履行其举证责任，则对方当事人可以不予置辩，法院就应当判定

该积极主张不成立。换句话说，对方当事人的答辩范围仅限于本方当事人已经履行举证责任，这样对辩论的范围就在无形中加以了限制。应当注意的是，负担举证责任的一方当事人并非一经举证就解除其责任，在诉讼进行中，其责任是始终存在的。

负举证责任的当事人如何举证证明案件事实，以完成其责任，是一个高度技术性的问题，需要根据案件的实际情况和可能运用的证据资料来确定，在某些情况下，进行攻击或防御的当事人如果有法律上的推定可资利用，以代替证明，则证明变得轻而易举。只是这种推定，只有代替证明的效力，在法律上形成“表面上的确实情况”（Prima Facie Case）。如果对方当事人不能提出反证来进行防御辩正，则推定得以维持而发生证明效力。

此外，有若干规则是否可以认为是关于推定的规则，学理上有不同意见，例如关于精神病，依英美法均认为法律推定通常人都有健全的精神状态，从而如果主张任何人的精神不健全，应当提出证据加以证明。①

3.反询问与被告人的陈述（Cross-examination and the Statement of the Defendant）

当事人主义诉讼程序对被告人的合法权利特别重视，注重其辩护权的实现，因此一切证据的调查，都彻底地遵循言词辩论的方式。其特点有：（1）不得强迫被告人作不利于己的陈述，在诉讼进行中，被告可以拒绝陈述，即保持沉默。法院在讯问前应当将这项保持沉默的权利告知被告人。（2）控方用于证明被告人有罪的证据，由追诉一方在法庭面前提出，应当赋予被告方充分辩解的机会，尤其是言词证据（testimonial evidence）②的提出，必须经反询问程序，而事实的审理者（法官或陪审员）原则上只居中聆听，并不直接进行发问。

主询问和反询问实际上是当事人主义辩论式（对抗制）诉讼程序的主要结构，无论是控方还是辩方，都必须按照这种程序提出言词证据。具体说来，诉讼的任何一方提出证人到庭作证的，都需要由提出证人的一方当事人当庭对证人就待证事实进行连续的提问，由证人逐一回答，其回答只限于问题所涉及的内容，而不

---

① *Cross on Evidence*, Fifth Edition, by Sir Rupert Cross, London Butterworths, 1979, p. 122.

② Testimonial evidence，原意是“证言证据”，在英美法中将被告人、被害人、鉴定人和证人均视为证人，其陈述都是“证言证据”。我国将上述四种人的陈述分别作为独立的证据种类来对待，即分别归入犯罪嫌疑人、被告人的供述与辩解、被害人陈述、鉴定结论、证人证言。这四种证据在我国证据理论中都划分为“言词证据”，因此笔者将 testimonial evidence 直接译为言词证据，以避免理解上的混乱。另外需要注意的是，英美法证据制度中的证人也是被告人、被害人、鉴定人和证人的总称。

能连续不断地陈述，要等到发问者问到下一个事实时才能作关于下一个事实的陈述，这样可以使对方当事人充分考虑本方当事人的询问是否违反证据规则，而有随时提出反对的机会。提出证人的一方当事人的询问称为“主询问”（examination in chief）。之后，由对方当事人进行“反询问”（cross examination），目的是就证人陈述的事实及有关问题作驳斥性的反问，以发现证言有矛盾或不可信的情况。之后，提出证人的一方又可以进行“再询问”（re-examination），目的是阐明该证人原先陈述的内容并对反询问中受质疑的内容作可能的补充解释，以增强证言的可信性。但所询问的范围只限于反询问中涉及的事项，对没有涉及的不能再作询问。①

4. 证据的关联性（Relevancy）

英美证据法对证据的关联性极为重视，即凡对自己的主张提出证据的，所提的资料须与其主张及争议事实有关联性，以此来限制辩论的范围。这里所说的相关，在刑事诉讼中当然是指有关犯罪事实、犯罪动机、事后态度及其他可供说明证据可信性的情况。例如被告人经查是共犯，则证明其他共犯的行为，也足以证明被告人的犯罪事实。有些国家对证据的关联性限制十分严格，如英美证据制度认为必须在逻辑上绝对相关才能作为证据。由此产生如下排除规则：过去的行为不能用来证明现在的行为，从而被告人以前的犯罪也不能用来证明现在犯同种类或不同种类的犯罪。只是过去行为可以用来证明现在同种类行为的动机，所以被告人以前的犯罪可以证明现在同种类行为也是出于同一种类的犯意。由此推论，被告人过去一般的不良品格都不得提出来证明现在的犯罪事实，但被告人自己提出其品格良好的证据的，或曾攻击控告人的品格的，以及曾指证他人或共同被告是犯罪人的，则被攻击的一方或控方可以询问被告人过去的品行，并提出关于其品格不良的证据，在这种情况下，可以视为被告人实施犯罪行为的佐证，或者用来证明被告自行作证的证言是不可信的。

关于诉讼的一般证人，无论是由哪一方提出的，对方如果对其不良品格有所攻击，则可以提出证据，不在排除之列。因为这类证据的目的是评价证言的可信性，不能说与本案无关。攻击证人的不良品格，当然也不是没有限制，通常都是关于其为人不诚实，或与本案有利害关系，或指明其对同一事件以前曾有不一致的陈述等。证人被对方当事人指证为与案件有利害关系或者前后矛盾的陈述的，本方当事人不得再提出证据进行反驳，因为这种指证一般都比较具体，能否成立

① *Outline of the Law of Evidence*, Fifth Edition, by Sir Rupert Cross and Nancy Wilkins, London Butterworths, 1980, pp. 86–93.

很容易判明，不允许当事人反复予以争辩是为了防止诉讼拖延。另外，任何一方提出证人时，不得先举证证明证人的品格良好，更不能指证其在过去某场合有过相同的陈述。因为前一种情形会增加诉讼的累赘，后一种情形也不一定会增加证言的可信性，都不能成为合理的证据。

第二类，关于保证证据真实性的规则：

1.最佳证据规则（Best Evidence Rule）

当事人主义的另一重要原则，就是为了保证被告人获得公平的审判，防止错误认定案件事实，所以任何证据资料，不但要具有相关性，而且力求确实，“最佳证据规则”就是为了实现这一目的而产生的。最佳证据规则以适用于文书内容的证明为主，即文书的内容成为证明犯罪的关键时，应当直接提出文书的原件，因为这是原始证据（primary evidence），其他次级证据（secondary evidence），甚至证人证言，都在排除之列。例如某一证人指证其所收受的文书是在某日到达的，当然可以进行言词陈述，但要证明该文件上写明的制作日期，则必须提出文书原件，不能仅凭口头陈述。

最佳证据规则限制过严，有时不免会发生困难，于是又有可以使用次级证据的例外：（1）原件显然已经毁损灭失的，则见过该文书的人可以作为证人进行陈述。（2）文书的载体不能移动或不容易移动的，如碑文等，可以以其他方法证明。（3）文书被对方当事人持有，经要求其提出而被拒绝的，或者文书被第三人持有，而该第三人依法有权拒绝提出的。（4）依照次级证据所表明的文书原件的内容，已经被对方当事人所承认的。（5）所需要提出的文书是公文书或者其他特殊文书，已经依法提出抄件的。以上各种情形，为了避免不必要的麻烦，或者为了顾及现实的困难，不再要求必须使用原始证据。原始证据的优先使用，只限于证明文书内容时才是必要的，因为原件最为明确，而且最便于调查。如果不是关于文书内容的争议，则原始证据与次级证据居于同等地位，并没有绝对优先的性质。

2.传闻证据规则（Hearsay Evidence）

当事人主义的诉讼常因为考虑证据的真实性而排除不可靠的证据资料，使其根本不能成为证据，其中最为重要的就是排除传闻证据。所谓传闻证据，通常是指证人的陈述，不是陈述其亲身经历的事实，而只是转述传闻的内容，也就是将其他人的陈述在法庭上提出，作为自己作证的证言。证人就某一事实作证，必须陈述自己耳闻目睹的该事实的情况，如果陈述者是由他人就该事实的感知而转告给他的，就属于传闻，不具有可采性。因为他人的感知应当由感知的人亲自进行陈述，如果允许代替陈述或者进行复述就不可避免地会导致失实，从而失去可信性。并且，他人的陈述即使以书面的形式存在，也不能由他人代为陈述，因为证言必须直接在法庭上陈述，如果转述他人的陈述，无论他人的陈述是书面的还是口头的，都是间接提出的，陈述者本人并没有到法庭进行陈述，事实真相究竟是怎样的，无法当面向陈述者进行发问，这样不但很难使对方当事人信服，而且与辩论式诉讼的宗旨根本不符，当然不能够允许。因此，将任何人就待证事实所作的书面陈述或其他有关的举动，向法院提出，而不是由该陈述者本人当庭作言词陈述的，也属于传闻证据，原则上也应当排除。

排除传闻证据的理由，是其缺乏确实性或可信性。但在某些情况下，如果复述或者间接提出他人的言语举动而不妨碍其确实性的，也是可以接受的。因此，这一规则又存在一些例外，如临终陈述等。

3. 证人能力（Competency of Witness）

在英美法系证据制度中，法律对什么人有资格在诉讼案件中作为证人，即证人能力问题，极为重视，其判断能力有无的标准有两个：第一个是，是否具有相当的意思能力足以了解作证的意义并履行作证义务。关于义务的履行依照西方国家的通例首先必须宣誓，因为宗教色彩浓厚的民族都认为宣誓是庄严神圣的，可以作如实陈述的保证，于是将这一条作为履行作证义务的前提条件。但是近代各国对此限制逐渐放宽，有相当的识别能力足以作真实陈述的，可以免予宣誓而在刑事案件中作证。第二个是，与案件必须没有利害关系。因为如果诉讼与自己有关，则其证言不免偏向对自己有利的一方，难以达到真实。因此，依照过去的规定，诉讼的当事人不能充当本案的证人，但这一原则在近代也有很大的改变，利害关系的存在与否已经不再是决定证人能力的重要标准，被告人、被害人、共同被告人、被告人的配偶等都可以成为证人，只不过其可信性较一般证人薄弱。

4. 被告人的供述（Confession）

供述有广义和狭义之分，狭义的供述是指被告在法庭审判中对犯罪事实的自认，而广义的供述则是指被告在法庭审判外所作的关于犯罪的承认。在当事人主义的诉讼中，只有广义的供述才在证据法上有意义。因为被告如果在法庭初次聆讯时（Arraignment）自认犯罪，则基于当事人可以处分其利益的原则，应视为被告对争议事实已经自认（admission），从而法院可以据以定案，不必再调查证据。这一点与职权主义诉讼有显著差别。只有法庭审判外的供述，在审判中又被被告人否认的，控方如果要将之作为证据，才涉及是否有可采性的问题。英国证据法对这种供述，仅在严格的限制下承认其有可采性，即供述必须不是追诉机关强迫所获得，必须纯粹出于自愿陈述才具有可采性。因为当事人主义对供述的可信程度不作过高估计，而且认为被告人应有权保持沉默，控方应与被告人处于对等地位，基于辩论寻求证据，以查明事实真相。

5.补强证据（Corroborative Evidence）

现代当事人主义的证据规则对于何种资料可以作为证据，即何种资料有可采性，进行了详细的规定，而对于各种证据的证明力如何，则很少做硬性规定。英美法比较注重证据的个别衡量，其判断证据的一般原则是：证明犯罪事实须使审判者的确信达到排除合理怀疑的程度（beyond reasonable doubt）。至于何种证据可以导致这样强烈的内心确信，则没有什么限制。这一原则一直到现代都没有什么变化，只是为了保障被告人利益，就特殊重大的案件，以及某些证明力显然薄弱的证据，仍要求有法定证据或者补强证据，主要有：（1）关于叛国案件，须有法定证据，例如美国宪法第3条第3项规定叛国罪的成立需要有两名证人证实其叛国行为，或者经过被告人在公开的法庭上自白所犯的罪行。（2）被告人在法庭审判外的自白，经他人提出法庭作证者，须另有补强证据，才可以作为可以考虑的证据。（3）关于伪证案件，仅凭一名证人的指证，不足以定案，因为如果这样做就是认为一个人的宣誓证言可以推翻另一个人的宣誓证言。（4）对妇女儿童犯风化罪，如强奸等，仅凭一名证人的证言是不足以定罪的，因为这样的指证只是出于被害人之口，没有其他佐证，不能增强其证明力。（5）幼年人作为证人时，其证言的可信性也有限制，例如英国1933年青少年法虽然允许不了解宣誓意义的幼年人作证，但其证言需要另有补强证据。（6）关于共犯的证言或一般陈述，英国法院的意见认为法官应当告知陪审员，注意考虑共犯的证言没有充分的证明力，必要时需要参考补强证据。如果法官没有告知，即构成撤销陪审团裁决的理由。

第三类，禁止非法取证、保证诉讼公正性的规则。这一类的证据规则主要是以美国宪法修正案①的规定为代表：

1.排除非法搜查、扣押取得的物证

美国宪法修正案第4条规定：“人民保护其人身、住房、文件和财物不受无理搜查扣押的权利不得侵犯；除非有合理的根据认为有罪，以宣誓或代誓宣言保证，并详细开列应予搜查的地点、应予扣押的人或物，不得颁发搜查和扣押证。”违反这条规定而获得的物证、书证，原则上不能作为认定案件事实的证据。

2.排除非法获得的被告人的供述

美国宪法修正案第5条明确规定：“不得在任何刑事案件中被迫自证其罪……”美国宪法修正案第5条的规定适用于任何人，包括被告人，也包括证人。如果违

---

① 这里美国宪法修正案的条文系引自《外国宪法选译》，肖君拥等译校，法律出版社2015年版，第172页。

反了这一原则，获得的证据是不能在诉讼中采用的。非法获得的被告人的供述范围十分广泛，不仅包括强迫、威胁等手段获得的口供，还包括没有告知沉默权而获得的口供、没有律师的帮助下获得的口供等。同时，这一排除规则也存在例外。

3. 与证人对质的权利

美国宪法修正案第6条规定："在一切刑事诉讼中，被告应享受下列权利：……同原告证人对质；……"这一规定与"主询问与反询问"的规则有相互重合之处，但其侧重点不同。主询问与反询问的规则是为了限制辩论的范围，使争议之点更加明确，而且适用于所有的证人，包括辩方证人；而被告人与证人对质的权利则强调对被告人的保护和诉讼程序的公正，是被告人的宪法权利，仅仅针对控方证人。

（二）职权主义的证据规则

职权主义的诉讼程序以自由心证为基本原则，由此形成的证据规则非常简化，与英美法系证据制度形成极端对比。如前所述，自由心证的证据制度是法国大革命时期为了反对法定证据制度而产生的，其基本观念认为何种证明方法及资料可以作为证据，以及其证明力如何，应当一律由事实审理者自由裁量，法律不加任何约束，以便能够灵活运用，查明事实真相，其注意的只是审判者对事实和情理的衡量，所以足以妨碍其心证自由的一切固定的规则，都不予采用，正如法国刑事诉讼法规定的原则①那样。

日本属于职权主义的诉讼形式，而且也是实行自由心证制度，所以其刑事证据规则的简略程度，与法国差不多。但是第二次世界大战以后，因为受英美诉讼模式的影响，日本非常重视对人权的保障，首先在宪法中明确规定："绝对禁止公务员施行拷问及酷刑。"（日本宪法第36条）"在一切刑事案件中，被告人享有接受法院公正迅速的公开审判的权利。刑事被告人享有询问所有证人的充分机会，并有使用公费通过强制的手续为自己寻求证人的权利。"（日本宪法第37条）"对任何人都不得强制其作不利于本人的陈述。以强迫、拷问或威胁所得的口供，或经过非法的长期拘留或拘禁后的口供，均不得作为证据。任何人如果对自己不利的唯一证据是本人口供时，不得被判罪或课以刑罚。"（日本宪法第38条）②日本战后的刑事诉讼法致力于职权主义与当事人主义的调和，一方面仍维持其职权

① 见1959年法国刑事诉讼法第353条。

② 《外国宪法选译》，肖君拥等译校，法律出版社2015年版，第305页。

主义的诉讼结构，另一方面对当事人主义通行的程序和证据规则尽量采用。

二、国际公约中对证据规则的规定

对于国际公约中规定的刑事诉讼标准是否适用于中国的问题，学者们对此作了积极的探讨。大多数学者认为，对于我国没有参加的国际条约或者公约规定的刑事诉讼准则，我国应当积极地参照其规定改革国内刑事法律，因为从立法目的上看，这些国际标准虽然在世界各国内不直接发生法律效力，但在国际法律文件中设立这些标准旨在为各国刑事审判程序和刑事司法活动提供一种“最低限度”（minimum）的法律标准和要求。这种“最低限度”标准超越了各国在政治、经济、社会、文化、法律传统等方面的多样性和特殊性，是评价其刑事审判制度和程序公正性的基本标准，因而能为各国普遍适用。①对于那些中国已经参加或承认的国际公约中确立的公正审判标准，全国人民代表大会及其常务委员会应当尽快纳入相关法律中，通过国内法予以确立和实施。

当今世界关于审判程序公正的国际标准，集中体现在联合国所公布的《公民权利和政治权利国际公约》第14条的规定之中。与证据规则相关的有：凡受刑事控告者，在未依法证实有罪之前，应有权被视为无罪；控、辩双方的证人出庭作证并接受询问和质证；对受审人不被强迫作不利于自己的证言或强迫承认犯罪；等等。②我国已经于1998年10月签署了该公约，我国刑事诉讼领域应当向与公约兼容的方向进行改革，以便于全国人大批准该公约时国内法与公约的要求不相抵触。

第四节　我国确立刑事证据规则的必要性

一、刑事证明需要有规则规范

前面我们回顾了证据规则的历史发展，可以看出人类历史在诉讼证明领域，

---

① 岳礼玲、陈瑞华：《刑事程序公正的国际标准与修正后的刑事诉讼法》，载《政法论坛》1997年第3期、第4期。

② 樊崇义：《论联合国公正审判标准与我国刑事审判程序改革》，载《中国法学》1998年第2期。

经历了完全无规则的神示证据制度、完全依赖规则的法定证据制度、排斥规则的自由心证证据制度、相对有规则限制的英美法系证据制度和基于自由心证主义而又规定一定规则的证据制度。那么，诉讼证明到底是否应当有规则的限制呢？要回答这个问题，恐怕还要从人类的认知规律或者说认识论的角度来进行分析。

法定证据制度的规则的产生是与近代关于科学知识正常来源的思想相吻合的。在当时看来，科学通常不被认为是一种持续性的探索，而被认为是一种已经完成的体系，所以每一项重要的事实都必须于一定时期在某种科学文献中有所记述。人们普遍接受的标准观念是与那些需要查明之事实有关的知识都依赖于一定的权威——如果不是依赖于教会、经院先哲的权威，那么至少也是依赖于圣经、某种神秘传统或古典派伟大学者的权威。为了确定一项事实——无论是关于历史事实还是关于自然科学，人们通常都会引经据典。他们尽管可能具有根据调查所获资料作出推理的能力，但他们也不愿意依赖于相对来说缺乏确定性的推理。因而在司法领域中，严格规制的证明制度就是一种自然而然的产物了。欧洲大陆的法官们不能根据事实做出自己的推理，他们只能采用其法律制度授予他们的那些推论。另外，在那种制度下，知识的首要来源是那些被认为曾直接感知了有关事实的具有权威性的人，或者是案件中的目击证人，或者是当事人自己。

英国早期的陪审团也未能完全摆脱这种认识论的影响。那些亲身了解案情的陪审员们可以被视为法庭所要查明之事实的自然权威。遵从这种陪审团的意见就等于排除了法官进行独立调查的需要。但是，正如封建制度在英格兰的衰落早于欧洲大陆一样，英国的法律制度也较早地反映了人类普遍认识能力的观念。按照这种观念，每个人都有能力自己完成对事实的认知，而不必依赖于某个人或某个机构的权威。首先，审判陪审团与起诉陪审团分离开来（1352年），然后陪审团渐渐就不再具有亲身感知的性质了。15世纪的陪审员们自己就是主要的证人，但是后来有越来越多的证人出庭了，开始时仅为起诉方出庭，后来至少在重罪案件中也为被告方出庭。证明过程也不再是陪审团的私事，而是公开且可以讨论的事情。过去仅仅依据陪审团的权威来推定足以或不足以作出有罪判决之证据事实的存在，现在则可以在公开审判中得知相关性的证据事实，因此任何人都可以自己判断其证明价值。于是人们对司法公正的信任得以保持，抵消了日渐增长的对权威合法性的怀疑和对宗教、政治或科学等事务中个人性裁判的容忍。到17世纪，在法律实务中确认事实的规则与在其他领域内进行调查的规则相同，如果对结论的证明已经超出了合理的怀疑，那么该证明就是充分的。在英国，除了在拒绝答辩的案件中，英国仅仅在都铎王朝那相对来说很短的历史时期内采用刑讯方法，而且主要用于阴谋叛国案的调查之中。即使在这些案件中，刑讯者也要从枢密院获得豁免状才能进行刑讯。在英国的制度下，因为它赋予证明很大的自由，以至于没有必要使强取口供合法化。

欧洲大陆国家中向自由证明的发展，在很大程度上应归功于英国体制的范例作用。在18世纪后期和19世纪初期，由法律规定证据证明力的做法被摒弃了，刑讯也不再是获取具有充足证明力之证据的合法手段了。欧洲大陆的启蒙思想家们如贝卡利亚和伏尔泰等成功地把关于人类普遍具有的合理认定实施能力的观念在欧洲推广开来，通过支持自由证明的观点，提出一种取代严格规制证明的做法。这种关于人类普遍认识能力的现代信念，早在17世纪伟大认识论学者们的著作中就有阐明了，如培根、笛卡儿、洛克、斯宾诺沙和莱布尼兹等的著作。他们那些哲学观点中，在整个认识论领域占统治地位的一个共同性主题就是，任何人都可以通过自己的努力去获得知识。如果具有同样求知欲望和机会的人们仅使用其自身天生的能力并排除任何偏见或过去权威的影响，那么他们就都会建造起相同的真实信念的大厦，每个人都具备人类共有的认识能力，而且这是其获得科学知识的唯一正确途径。18世纪司法改革家们的著作推动了这一原则的普及，于是它不可避免地构成了评断司法事实裁决体系的组成部分。罗马教会的规制证明不仅缺乏公正，而且缺乏效率，因此绝难与新的证明制度相抗衡。在新的证明制度下，证据形式不再局限于被告人供述和目击人证言，证据的证明力也不再由法律事先规定，审判人员可以运用自己的智力来评价在法庭上提出的任何证据的证明力。任何人都可以根据自己评价证明力的能力来评断案件中的证据。案件中对事实进行裁判的结果也就更容易被普通人所接受。这就是说，既然普遍认识能力原则的真理性显然是自由证明制度的认识合理性的一个必要条件，那么该原则被人们广泛接受的事实就足以说明自由证明应该是一种受到尊敬的思想。①

从以上的分析我们可以看出，基于普遍认知能力的基本原理，诉讼的证明应当是自由的，这是首先应当遵守的原则；但是为了某种特定的需要，也可以对证明进行一定限度的规制。英美法系的证据制度可以说恰恰反映了这一理想的境界。在英美法系的证据制度中，证据的证明力的判断仍然由陪审团自由进行，但对于可采性则由法律加以严格规定，以便于诉讼能够遵循一定的规则，使讼争的事实能够有所限制，防止不可靠的证据材料进入诉讼，震慑和制止警察的非法取证活动，等等。当然，对特殊的情况也有对证据证明力的限制，但这只是自由证明的例外，自由证明仍然是应遵守的原则。

大陆法系职权主义的证据制度可以说是以自由心证为其根本内容，是反映自

① ［英］乔纳森·科恩:《证明的自由》，何家弘译，载《外国法译评》1997年第3期。

由证明思想的一个极端。从一个方面看，自由心证证据制度确实摆脱了法定证据制度关于证据证明力规定的限制，赋予了事实审理者更大的决定证据的权力，使案件查明到实质真实的程度成为可能，而不再是法定证据制度中要求的形式的真实。但是，从另一个方面看，完全的自由心证会导致诉讼进行无规则可循，证据的可采性不能得到限制，不仅可能会导致与查明实质真实的目的相反，而且无法通过诉讼程序来保护其他社会价值。正因为自由心证证据制度存在如此的缺陷，日本刑事诉讼法和我国台湾地区的“刑事诉讼法”才参照英美证据制度引进了一些主要的证据规则。

因此，笔者认为，事实审理者应当有权对证据的证明力加以自由判断；但是，为了保护更为重要的一些价值或者利益，这种自由应当得到一定的限制。简言之，在证明的问题上，自由是原则，规制是例外。至于每个国家是否要确定证据规则，以及应当确立哪些证据规则来对证明进行规制，应当由这个国家的诉讼法主要保护的利益决定。

二、我国确立刑事证据规则的理由

我国刑事诉讼法对证据制度的规定可以说是十分简单的，对于证据证明力的判断应当由谁来进行、是否由判断者自由判断、何种证据具有可采性等都没有进行明确的规定。应当说，我国刑事诉讼法既不同于英美法系的证据制度，也不同于大陆法系的自由心证的证据制度。其不同于英美法系证据制度之处在于，刑事诉讼法并没有规定详细的证据规则，对证据的可采性几乎没有限制；其不同于自由心证证据制度之处在于，法律并没有明确赋予证据的判断者自由判断证据证明力的权力，在学理上一般认为我国并不实行自由心证的证据制度，认为自由心证制度是以主观唯心主义为其思想基础，以“内心确信”这种理性状态作为判断证据的依据，这是违背客观规律的，因而具有反科学性。①

为了准确界定我国现行证据制度的本质及其与自由心证制度、法定证据制度、英美法系的证据制度的异同，我们不妨将证据制度按照非此即彼的二分法进行划分，划分的标准是法律是否对证据的证明力进行限制，即一项证据制度要么是对证据的证明力由法律进行规定，要么是由事实审理者进行自由判断，那么我国的证据制度究竟是哪一种？笔者认为，虽然我国证据制度的理论基础与自由心证证据制度不同，但还是属于对证据证明力由事实审理者自由判断的类型。理由

① 陈一云主编:《证据学》，中国人民大学出版社 1991 年版，第 35 页。

是，我国刑事诉讼法并没有就证据的证明力如何判断作出具体的规定。究其原因，大概是与我国传统上受大陆法系影响比较深，职权主义色彩比较浓厚等因素有关，与我国古代法律甚少规定证据可采性和证明力的传统，由事实审理者主观决断的诉讼方式也有着一定的继承关系。

在赋予判断者自由判断证据的权力的同时，我国刑事诉讼法和有关司法解释中也规定了一些有关可采性和证明力的规则。

关于可采性的规则有：（1）反对部分传闻证据。在《刑事诉讼法》中的规定主要是第61条，“证人证言必须在法庭上经过公诉人、被害人和被告人、辩护人双方质证并且查实以后，才能作为定案的根据”。这一条可以理解为在法律上，证人不出庭以书面陈述代替出庭作证，原则上是不具有可采性的。（2）最佳证据规则和物证必须是原物的规则。《最高人民法院关于适用〈中华人民共和国刑事诉讼法〉的解释》[①]（以下简称《高法解释》）第84条第1款规定：“据以定案的书证应当是原件。取得原件确有困难的，可以使用副本、复制件。”第83条第1款中规定：“据以定案的物证应当是原物。原物不便搬运、不易保存、依法应当返还或者依法应当由有关部门保管、处理的，可以拍摄、制作足以反映原物外形和特征的照片、录像、复制品。”这里关于书证的规定就是英美法中的最佳证据规则，关于物证的规定则是最佳证据规则适用范围的扩大。（3）非法证据排除规则。《刑事诉讼法》第56条第1款规定：“采用刑讯逼供等非法方法收集的犯罪嫌疑人、被告人供述和采用暴力、威胁等非法方法收集的证人证言、被害人陈述，应当予以排除。收集物证、书证不符合法定程序，可能严重影响司法公正的，应当予以补正或者作出合理解释；不能补正或者作出合理解释的，对该证据应当予以排除。”这一规定实际上是确立了非法获得的证据不具有可采性的规则。

关于证明力的规则有：（1）仅凭口供不能定案的规则。《刑事诉讼法》第55条第1款中规定，“只有被告人供述，没有其他证据的，不能认定被告人有罪和处以刑罚”。这一点与上面提到的补强证据规则的内容是一致的。（2）某些证明力薄弱的证据不得作为定案的根据。例如，询问证人没有个别进行的证人证言、未提供翻译而讯问不通晓当地通用语言文字的犯罪嫌疑人获得的供述等。

除了以上关于可采性和证明力的规定以外，《刑事诉讼法》中还有其他的一些证据规则，如举证责任由控方承担，《刑事诉讼法》第51条规定：“公诉案件中被告人有罪的举证责任由人民检察院承担，自诉案件中被告人有罪的举证责任

---

① 《最高人民法院关于适用〈中华人民共和国刑事诉讼法〉的解释》，法释〔2021〕1号，自2021年3月1日起施行。

由自诉人承担。”再如疑罪从无，《刑事诉讼法》第200条第3项规定，合议庭进行评议，“证据不足，不能认定被告人有罪的，应当作出证据不足、指控的犯罪不能成立的无罪判决”。

从以上分析我们可以得知，我国目前的证据制度是以事实审理者自由判断为主、以证据规则的限制为辅的证据制度。那么，我们是否应当借鉴英美法系的证据制度，参照日本和我国台湾地区的做法，进一步引入更加详尽的证据规则呢？笔者的回答是肯定的。理由有以下几个方面：

第一，完全地不设证明上的限制是有缺陷的。[①]“……自由心证证据制度，授予司法机关以主观妄断之权，它不是一种科学的证据制度，既不能防止法官的专横，也不能保证查明案件的真实情况。”[②]即使在国民政府统治时期，就有人批评自由心证，“郭云观氏曾谓：‘……自由心证主义，太尚自由，不讲矩度，其弊也。衡证无方，骋意揣断……’洵非虚语也”。[③]即便是日本、我国台湾地区这种实行自由心证历史较长的国家和地区也已经认识到不受限制的诉讼证明是不利于案件的查明和诉讼价值的实现的，从而对其证据制度进行改革。我国的证据制度对证据的可采性的规定尚显简略，不免会使事实审理者判断证据的自由裁量权过大，缺乏明确的法律上的限制。即使事实审理者个人愿意遵循某种规则判断案件，由于法律和司法解释没有规定这些具体的标准，其也没有参考适用的依据。控辩双方也没有办法主张某一种证据应当排除或者某一种证据应当采纳，同样是因为法律对这些问题并没有规定。

例如，某省刑警总队派员到A国，就被告人甲被指控在A国杀人一案进行调查，A国B市的警察局提供了当时的发案记录和现场勘查笔录的复印件，后某法院就根据刑警总队带回的复印材料对甲进行审判。这时，就存在外国警方所做的工作记录能否成为证据的问题，以及复印件能否作为定案根据的问题。由于我国法律对此都没有明确规定，导致辩方律师无从主张这些材料没有可采性，因为没有法律根据；法院也无法说清楚这些材料能否作为定案根据，也是因为法律没有规定。于是，被告人到底是否有罪只能由法院自由决定，是否考虑这些材料也只

---

① 参阅何家弘：《中国证据法学前瞻》，载《检察日报》1999年9月2日第3版。该文主张，我国应当采用自由证明模式和法定证明模式的结合。对于自由心证的批判，我国法学界已经进行了数十年，现在的学者们仍然认为“这种判断如果是司法官根据所谓‘理性与良心’作内心求证，势必陷入主观臆断”，龙宗智：《现代刑事诉讼的基本原则》，载《社会科学研究》1998年第4期。

② 胡锡庆主编：《诉讼证据学通论》，华东理工大学出版社1995年版，第44页。

③ 《证据法学》，东吴法学丛书，上海私立东吴大学法学院1948年发行，第180页。

能由审理者自由裁量。不同的法院、不同的审理者对这个问题可能会有不同的看法，这种状态不利于司法尺度的统一。

再比如，某市警方拘留了被告人乙，理由是M国的一家报纸报道了他组织偷渡的行为，声称乙已组织数百人偷渡M国，是某偷渡组织的头目。后检察机关将乙起诉至法院，指控乙犯有组织偷越国境罪，起诉的证据之一就是M国报纸的报道。那么，乙的律师能否主张报纸的报道是传闻证据，且无法在法庭上接受反询问以查明其真实性，而不具有可采性呢？显然也没有充分的法律根据，法院在考虑定罪时仍可以考虑这份报道作为定罪的依据。

从表面上看，上述两个案例中审理者的自由裁量权可以不受限制，有利于摆脱证据规则的限制查明事实真相；但事实上却会造成采纳证据和判断证据的随意性。因此，对事实审理者采纳证据和判断证据不加以任何限制，是不利于刑事诉讼目的的实现的，即既无法保证案件真实的查明，也不利于保护被告人的权利。赋予事实审理者自由判断证据的权力实际上是把案件能否得到正确处理寄希望于事实审理者恪尽职守、学识渊博、道德高尚。对于这种危险，有学者做过如下的论述："司法者也是有其自己利益追求的社会成员，对刑事诉讼标的——犯罪事实的认定以及犯罪行为与刑事规范相关性的判断难免不受其自身认识水平与行为能力的制约，甚至受到其自身利益的影响。如果司法者认知能力与行为能力的局限乃至个人利益影响或者决定着刑事诉讼活动的进程和结果，刑事诉讼就会以无辜者的人权为代价，刑事诉讼也就失去了意义。实现刑罚目的，维护法律的社会基础，但刑事诉讼活动中可能的权力运作错误乃至滥用又可能危害法律的社会基础，这是刑事诉讼中的价值冲突。因此，需要对刑事诉讼规定一系列的原则和具体的操作规范，使司法者认知能力与行为能力的局限乃至个人利益对刑事诉讼的影响减少到最低限度乃至消除，以保证国家追究行为人刑事责任行为的正确性与公正性。"①

第二，明确规定证据规则是我国刑事诉讼制度吸收英美法系当事人主义的必然结果。1979年制定的刑事诉讼法偏重于职权主义，强调审判人员在诉讼中的主导地位，审判人员可以依职权查明案件事实，证明的范围、举证的次序都是由审判人员决定的，控辩双方都是在法庭的指挥下提出证据，在诉讼中处于被动地位，控辩双方的举证活动是法官调查证据活动的补充。在这种情况下，不规定证据规则，由法庭来决定可以作为证据提出的资料的范围、证据的可采性、证明力的强弱，问题并不是很突出。正如陈朴生论述的那样："英美法采彻底的当事人主义，重在证据能力，……与大陆法职权主义，重在调查程序，未经判决法院调

① 王洪祥、欧阳春:《刑事诉讼的价值与冲突》，载《法律科学》1997年第1期。

查之证据，不得采用，……”[①]也就是说，英美法系当事人主义重视证据的可采性问题，而大陆法系重视法院的调查程序，因此在大陆法系国家的刑事诉讼法中传统上并不规定证据可采性规则，证据的可采性问题和证明力问题都交给审理者自由判断。

近年来，我国的刑事诉讼制度在很大程度上改变了原来职权主义的做法，借鉴了当事人主义的庭审方式，使改革后的刑事诉讼程序成为以职权主义传统为基调，吸收当事人主义对抗制因素的诉讼模式。在庭审中，控辩双方的对抗力度得以加强，举证由控辩双方进行，审判人员只在必要时讯问被告人，询问证人、鉴定人，只有在对证据有疑问时才主动核实证据。这样，在法庭调查中，就不可避免地涉及控辩双方提出的证据是否具有相关性和可采性的问题，如果完全不加以限制，就有可能使庭审调查的范围无限扩大，事实的争议之点模糊。不具有可采性的证据如果不加以排除，就有可能影响裁判的正确性或者司法的公正性。如果这些问题都交由审理者在法庭上自由裁量，则控辩双方对何种证据可以提出、对方的哪些证据可以反对就无从知晓，不利于诉讼的顺利进行。因此，必须在法律上明确规定证据的关联性和可采性规则，使庭审的进行有规可循，限制举证和辩论的范围。

第三，是排除可能不真实的证据的需要。英美法的证据规则中有很多是关于保证证据的真实可靠性的。以传闻证据规则为例，排除传闻证据最主要的理由是因为传闻证据不真实的可能性比证人在法庭上的陈述要大。所谓传闻证据，是指不是证人在审理或听证时所做的陈述，将它作为证据来证明主张事项的真相。[②]排除传闻证据的第一个原因是，在口头陈述的情况下，证人复述他所听到的话时存在不准确报告的危险。第二个原因是，对方当事人被剥夺了向原始陈述者反询问的机会，因为该原始陈述者没有在证人席上作证。由于这两个原因，英美法规定传闻证据原则上不可采，除非符合法律规定的例外。可见，传闻证据规则的主要价值就在于排除有可能不真实的证据，确保证据的真实性。意见证据规则、最佳证据规则、证人在法庭上接受反询问的规则都是基于这一理论基础。

第四，确立某些证据规则是保证诉讼公正，加强刑事诉讼中的人权保障的需要。除了关于证据关联性、可采性的规则以外，还有一种证据规则应当加以确立，这就是关于被告人权利保障的规则。英美法中的另外一些证据规则主要是基

---

① 陈朴生著:《刑事证据法》，台湾三民书局 1979 年版，第 16 页。

② 美国《联邦证据规则》第 801 条。见 *Evidence: Cases and Materials*, By Jon. R. Waltz and Roger C. Park, Foundation Press 1999, p.975。

于确保程序公正的价值。其中的突出代表是非法证据排除规则。非法证据排除规则包括非法搜查和扣押的排除规则和米兰达规则[①]等内容。

可以看出，米兰达案件中对米兰达供述的排除就不是基于证据的真实可靠性的考虑。米兰达的自愿供述可以说是具有可信性的，为什么还要排除呢？其理论依据就在于，刑事诉讼的目的不仅在于查明案件的真实，而且在于实现诉讼程序的公正，确保嫌疑人的宪法权利的实现，制止法律实施官员的非法取证行为。实际上，美国最高法院就是把非法证据排除规则作为对法律实施官员非法取证的最严厉的惩罚，用来防止法律实施官员的违宪行为。所以说，非法证据排除规则的理论基础不再是保证证据的真实性，而是确保诉讼程序的公正性，保护诉讼中的人权，特别是被追诉者——犯罪嫌疑人和被告人的人权。

三、影响是否确立证据规则的观念性因素

要解决刑事诉讼中是否应当确立证据规则的问题，首先必须探讨和研究以下几个方面的关系：

---

① 米兰达规则是对 1966 年美国最高法院关于米兰达案件的判决中所确立的规则的简称。1963 年 3 月 2 日晚间，亚利桑那州凤凰城大剧院糖果柜台的 18 岁女营业员巴巴拉·约翰逊下班后正赶着搭乘公共汽车时，被一个男人猛然推进他的小汽车里。这个人捆绑了约翰逊小姐的四肢，把她带到城郊强奸了她，然后驾车送她到附近的一条街上，让她走出汽车，并且叫她为他做祷告。警察接到这个女孩子的报案后，逮住了欧内斯托·米兰达（Ernesto Miranda），问他是否愿意主动答复有关这一案件的问题。在警察局的一批嫌疑犯中，米兰达被两名妇女指认出来：一名妇女确认他是 1962 年 11 月 27 日手持尖刀抢劫她的那个人；巴巴拉则认为他就是那个强奸犯。当警察告诉米兰达，已经有两名妇女把他指认出来以后，米兰达在他亲笔书写的供述中，陈述了所发生的事件，还特别提到他是主动交代，并且对自己享有的合法权利有充分的了解。不久，米兰达被控告犯有抢劫、绑架和强奸罪行。一审时审判法官同意米兰达的供述可以作为认定犯罪的证据，陪审团认定米兰达绑架罪、强奸罪和抢劫罪成立，米兰达面临被监禁短则 40 年、长则 55 年的时间。米兰达向最高法院上诉，最高法院于 1966 年 6 月 13 日宣布该院对米兰达案件的判决：撤销原判。（在重新审判后米兰达再次被判有罪，虽然控方不能提供米兰达的有罪供述作为证据。）见《刑事法律手册》第 1/11 页，*The Criminal Law Handbook*，Nolo Press 2nd edition，by Paul Bergman and Sara J. Berman-Barrett，1998。米兰达在 1972 年获假释，靠出售印着“米兰达警告”并有他亲笔签名的小卡片维持生活。1976 年，他在亚利桑那州凤凰城一家酒吧里赌博时与人争执，被当场刺死。当时，他身上还带有两张印有“米兰达警告”的小卡片。见唐交东著:《告那家伙》，法律出版社 1996 年版，第 493—494 页。

（一）个人本位与集体本位的关系问题

这个问题在刑事诉讼中具体表现为在处理刑事案件时是偏重于社会整体利益的保护还是偏重于个人权利的保护。例如，被告人的不被强迫自证其罪特权问题、疑罪从无问题以及证人拒绝作证特权的问题都或多或少地涉及社会利益还是个人利益哪一个更需要保护的问题。诚然，最佳的处理方法是两者并重，但在很多情况下两者会发生冲突。首先，被告人的不被强迫自证其罪特权问题，赋予该特权意味着保护个人权利至上，而不赋予则意味着集体利益至上。再如，关于疑罪从无问题，最主要的冲突在于国家证明不了被追诉人有罪时是宣告他无罪还是对他久押不决，也即放弃对一个具体犯罪的追诉还是忽视个人权利的保护的问题。如果确定疑罪从无，则是在这个抉择中个人利益重于集体利益；如果确定疑罪从有，则是集体利益重于个人利益。还有，是否确认证人近亲属特权、职业特权的问题，如果赋予这些特权，就是体现了个人利益高于集体利益；如果不确认这些特权，则意味着集体利益至上。所以说，是否确立不被强迫自证其罪特权、疑罪从无、证人特权这些规则，实际上就是个人本位和集体本位的争论。

从刑事诉讼法历次修改的趋势上看，单一注重国家利益、集体利益保护的观念已经得到突破，个人权利逐步得到承认和尊重，个人权利与集体利益逐渐趋于平衡。这样立法的理由，是国家相对于个人而言权力过于强大，在刑事诉讼中应更加注意个人权利的保护，以防止个人权利受到非法侵害。

（二）庭审中心主义和裁判中心主义的关系

在职权主义诉讼中，认为法院的审理范围，虽然应当受不告不理原则的限制，但审判的作用，在于发现实体的真实，以确定国家具体的刑罚权的有无，与检察官起诉犯罪的目的是一样的。所以认为确定刑罚权，是国家的责任，不仅以检察官代表国家提起公诉，并且由国家机关之一的法院行使审判权。于是认为侦查和审判的目的都是使裁判所认定的事实真实，适用法律正确，即以裁判为中心。侦查和审判，只具有承继关系，且在审判阶段，应由法院依职权进行诉讼，调查证据。而在当事人主义诉讼中，认为刑事诉讼只是诉讼的一种，法院的职责，只是判断当事人的争端。在判断其争端前，应防止偏见和预断，于是实行起诉状一本主义；而且判断争端的心证，必须在公开的法庭上，经过调查证据而形成，本着当事人辩论原则、直接审理原则、言词审理原则的精神，以庭审作为中心。

采取庭审中心主义的英美法系，认为法院的心证，应当在公开的庭审中形成，并本着当事人主义的精神，法院的心证，也应当在听取当事人双方的陈述后而形成。为了排除预断，采取起诉状一本主义，不得附具足以使审判者产生预断的可能性的材料，并且为了避免法官的心证在法庭调查前形成，于是在诉讼程序上设有种种规定，并确立传闻证据排除规则。采取裁判中心主义的大陆法系，认为起诉的事实是否真实，如何加以查明，如何作出公平的裁判，属于法院的职责。于是不采取起诉状一本主义，也没有适用预断排除原则的必要。一切诉讼程序，都是以寻求公正裁判作为中心。法院判断证据证明力的心证，固然应当在庭审时，即根据在公众监督下提出的证据材料形成，但这些材料，并不以在公开的庭审中取得的为限。所以，在庭前取得的证据，虽然不否认其可采性，也不适用传闻排除规则，但是基于直接言词原则，未经庭审质证的证据仍然不得作为定案的根据。

我国的刑事诉讼，传统上属于裁判中心主义。从观念上来看，我国刑事诉讼一直将打击犯罪，维护社会稳定作为其直接目标，法院并不视为居于控辩双方的裁判者的地位，而是视为实现国家刑罚权、完成打击犯罪任务的工具。既然法院的职责是实现国家刑罚权，那么法院和检察院、公安机关的任务和目的就是一致的，它们活动的目的就是保证裁判的正确无误，使真正有罪的人受到刑罚处罚。从立法上看，刑事诉讼法的规定也体现了裁判中心主义的观念：如第7条规定公、检、法分工负责、互相配合、互相制约，以保证准确有效地执行法律，这一规定体现了在我国刑事诉讼中行使审判权的法院与行使公诉权的检察院是制约和配合的关系，而不是由法院居中裁判控辩双方的主张。第52条规定审判人员、检察人员、侦查人员必须依照法定程序，收集能够证实犯罪嫌疑人、被告人有罪或者无罪、犯罪情节轻重的各种证据。这里把法院也列为必须收集证实被告人有罪与否的证据的主体之一，表明法院的审判与公安机关的侦查、检察机关的起诉是一种承继关系，法院的审判是侦查和起诉之后的又一道“工序”，最终的目的是保证裁判的正确性。由以上分析可以看出，我国的刑事诉讼受裁判中心主义影响非常深刻，需要长期的理论更新、立法转变、实践探索才能有所削弱。经过最近几次修改的刑事诉讼法虽然使控诉职能和审判职能有了进一步的分离，但法院回归超然中立的地位、平等地对待控辩双方的诉求仍然任重道远。

如果探讨我国是否应当吸纳英美法系证据制度中的证据规则的问题，就必然涉及上面论述的庭审中心主义还是裁判中心主义的问题。如果我们实行庭审中心主义，即定案的所有证据只能来自在公开的法庭上提出的证据材料，那么我们就应当制定证据规则，以规范可采性、举证程序等问题；如果我们仍然实行传统的裁判中心主义，则没有必要制定证据规则，因为裁判中心主义并不关注可采性和提证程序问题，它关注的仅仅是裁判的正确性，法院可以采纳它认为可以采纳的一切证据，而且定案的根据也不限于法庭上提出的证据资料，侦查、起诉中收集的证据在审判时直接可以作为定案的根据。所以，笔者认为，是否增加规定证据规则，首先应当在观念上解决庭审中心主义和裁判中心主义的关系问题。近年来以审判为中心诉讼制度改革的目的就是真正发挥庭审的作用，防止庭审流于形式。如果要达到这个目的，就应当在观念上突破裁判中心主义，即不能将注重裁判的正确性作为忽视取证、举证、查证程序的理由，而应当将法院认定案件事实的活动仅仅集中在庭审，使庭审真正成为诉讼活动的中心，控辩双方当庭对证据进行调查核实的权利真正予以保障。只有在观念上产生上述转变，制定证据规则才有意义，制定之后才可能真正得到执行。

从裁判中心主义向庭审中心主义转变，具体包括以下几个方面的内容：

1.法院的诉讼职能只是判断控、辩双方提出的主张是否成立，处于裁判者的地位，法院的审判职能与检察院的起诉职能彻底分离，法院并不负有保障国家刑罚权实现的义务，指控犯罪的责任由检察院专门负责；

2.一切证据只有在公开的法庭上经控辩双方质证后才能作为定案的根据；

3.事实审理者对案件事实的认定，根据只能是庭审中控辩双方提出的证据，庭审中没有提出的证据，不能用以认定案情；

4.不具备可采性和未按照举证规则提出的证据，即使事实审理者认为证据的内容有可能是真实的，也不得据以作为判决的依据；

5.依庭审查明的证据不能认定被告人有罪时，应当作无罪处理。

（三）查明真实与证据规则的关系

我国证据法学界占主导地位的观点认为，“我国诉讼中的证明任务是查明案件的客观真实或案件的真实情况”，“查明案件的客观真实，归根到底，就是要求司法人员的主观认识必须符合客观实际”。[①]而查明真实的要求，从表面上看，同确立证据规则有相当大的矛盾。

首先，如果要求法院去查明真实，那么法院是否要受到庭审中调查核实过的证据的限制？如果法院受到这个范围的限制，那么法院依这些证据做出的判决就有可能是与实际发生的事实不相符合的，特别是法院由于证据不足做出的无罪判决；如果法院不受这个限制，即法院可以依据未经在法庭上核对查实的证据定案，那么大部分证据规则将失去作用，因为证据规则主要的内容是规定庭审时证据的采纳、提出、判断和运用的问题。

---

① 陈一云主编：《证据学》，中国人民大学出版社1991年版，第114页。

其次，查明真实的要求与一些证据规则是相互冲突的。最明显的莫过于非法证据排除规则。非法证据排除规则之所以要排除非法取得的证据，并不是因为其真实性不可靠，而是因为取证程序违反了宪法或者国际公约的规定。如果诉讼的目的是查明真实，那么有真实性的证据是否还要排除呢？如果排除了，显然不利于客观真实的查明；如果不排除，非法证据排除规则就无法确立。同样的困难也存在于疑罪从无的问题上，很显然，之所以疑罪从无正是由于无法查明真实。

最后，以查明实际发生的真实为目标可能会造成诉讼拖延。每一个案件所能收集到的证据都是有限的，诉讼期限也是有限的，最后具有可采性、符合举证程序而被审理者最终作为定案根据考虑的证据更是有限的。这时，如果根据已有的证据达不到还原真相的要求，无法确定有罪，就存在案件如何处理的问题——是继续进行事实查明，还是做无罪处理。要求刑事案件都达到还原真相的程度，有可能会导致案件久拖不决，久押不判，不利于人权的保护和诉讼目的的实现。

为了解决以上的冲突，需要对查明真实与证据规则的关系进行深入的分析与探讨。所谓查明真实，是对有罪判决的要求，是指审理者只能根据经庭审调查核实过的、有可采性的、符合举证取证程序的证据作为定案的根据，根据这些证据如果能够达到真实的程度，才可以做有罪判决。这样，查明真实与证据的可采性、举证方式等就不存在矛盾，因为查明真实是根据符合证据规则的证据而实现的。

由于查明真实只是对有罪判决的要求，那么如果根据这些证据无法作出有罪的结论，就应当作无罪处理。对疑案，并不要求必须查明被告人是无罪的而且达到还原真相的程度。这是因为，刑事诉讼有法定办案期限的限制，出于保护人权和诉讼效率的要求，对疑案必须作出无罪处理。这并不违反查明真实的要求，如果认为无论有罪判决、无罪判决都应当查明到还原真相的程度，是对查明真实绝对化、超现实化的理解。这样，客观真实的要求就不会与诉讼期限和疑罪从无的原则相矛盾。

查明真实与某些证据规则，确实存在价值取向上的矛盾。例如，证据规则中的不被强迫自证其罪、证人特权、非法证据排除规则等，都阻碍了客观真实的查明。而确立这些证据规则，是因为在客观真实与保护人权、社会利益、限制政府权力以及其他更为重大的社会价值的权衡中，在某些情况下，其他社会价值与查明真实的目标相比，更应当加以确认和保护。这并不是说诉讼不应当要求查明真实，只是在特定的场合下出于法治、人权的整体考虑，放弃查明真实这一目标，以维护人权或者限制政府滥用权力。而立法确立这些规则，进而在某些情况下放弃了查明真实这一目标，是从整个社会的利益包括社会的稳定这一价值目标考虑的。因此，在法律上规定被告人不得被强迫自证其罪、特定的人享有拒绝作证特权以及非法证据排除规则，与查明真实的要求确实矛盾，但应当视为查明真实目标的例外，而不能认为既然要求查明真实，就必然要否定这些证据规则；也不能认为既然确立了这些证据规则，要求查明真实就是错误的。

同时，还应当注意的是，查明真实对保护人权、限制政府权力以及保护其他社会价值如职业秘密特权的让步，并不是绝对的，而是要求在查明客观真实和保护其他社会价值中进行权衡。例如，美国最高法院在确立了非法证据排除规则以后，相继确立了若干例外，如“独立来源的例外”和“最终或必然发现的例外”；[①]英国1994年《刑事审判与公共秩序法》对沉默权规则作了较大的改革，规定在一些法定情况下，被告人的沉默可以被用作对他不利的证据；[②]美国联邦最高法院在非法证据排除方面的判例也不断对已有的理论进行改革和发展。由以上例子我们可以看出，查明真实对人权保护等社会价值的让步有时也会发生变化，而如何变化则取决于两者的价值权衡结果。

查明真实在与某些证据规则存在矛盾的同时，与某些证据规则的价值取向是一致的。例如，传闻证据规则、最佳证据规则、反询问规则正是为了保证案件事实的查明。有些证据规则具有双重价值，一方面其保护人权的作用使事实的查明产生困难，而另一方面却起到了保证案件事实的查明的作用。例如，禁止刑讯逼供，一方面是防止侵犯被告人的权利，另一方面也防止了无辜者被定罪情形的发生。刑讯逼供表面上使刑讯者迅速“查明了事实”，但通过刑讯获得的证据可能是虚假的，反而会成为查明真实的障碍。

总之，查明真实与某些证据规则确实存在矛盾，但这是价值权衡的结果，是查明真实要求的例外。而且，查明真实只是对有罪判决的要求，因而与证据可采性规则并不矛盾。

第五节 证据规则的分类

一、证据本身的规则与运用证据的规则

证据规则按设立目的分类，可以分为证据本身的规则和运用证据的规则两

① *Criminal Procedure: Constitutional Limitations*, by Jerold H. Israel and Wayne R. LaFave, West Publishing Co. 1993, pp. 288–293.

② 中国政法大学刑事法律研究中心：《英国刑事诉讼制度的新发展》，载《诉讼法论丛》第2卷，法律出版社1998年版。

大类。

关于证据本身的规则，是指关于证据的可采性和证明力的规则。如前所述，关于可采性的规则规定的是何种证据资料可以作为证据提出的问题，包括相关性规则、传闻证据规则、最佳证据规则、意见证据规则、非法证据排除规则等。不具有可采性的证据材料，不得作为证据提出，更不能作为定案的根据。关于证据证明力的规则，包括仅凭口供不能定案的规则，非原始证据的证明力受限制的规则，补强证据规则等。法律上应当明确规定的主要是证据可采性的规则，借以达到前述的设立证据规则的目的；对于证明力的判断，一般应当由事实审理者根据案件的实际情况进行，不应由法律预先加以规定。

关于运用证据的规则，是指诉讼各方在运用证据时必须遵守的规则，是一种动态的规则，规范证据的收集、提出、审查、定案等内容。具体包括：控方负举证责任、疑罪从无、证明有罪必须达到法定标准、证人的拒绝作证特权、令状主义、不被强迫自证其罪、证人证言必须当庭质证、司法认知、推定，等等。运用证据的规则往往不是针对某一项证据，而是针对证据获得或提出的过程，或者针对运用证据的结果，所以说这些规则不是针对证据本身的规则，而是关于证据的运用的规则。

二、证据规则体系的设计

本部分依照收集证据、采纳证据、庭审调查证据、运用证据认定案件事实四个阶段来论述刑事诉讼中应当适用的证据规则。当然，有些问题有可能有交叉，比如证人必须出庭作证既是排除传闻证据的要求（本书第三章采证规则），又是反询问得以实现的前提（本书第四章查证规则），同时又存在如何保证证人出庭的问题（本书第二章取证规则）。在每一章中，笔者力求着重探讨某一方面的问题，在内容上避免交叉。具体说来，刑事证据规则应当包括以下内容：

（一）取证规则

取证规则旨在规范在刑事诉讼中谁有责任收集，辩护方是否有调查取证的权利，各种证据如何提取和固定，如何收集、调取才是合法的，等等。取证规则包括：有罪证据由控方收集；辩护方有权调查取证；不被强迫自证其罪；证人必须履行作证义务，包括作证的义务、证人资格、拒绝作证权；令状主义规则，即侦查或者调查人员强制取证的行为，如果可能侵犯公民的人身、住所或者隐私，又没有紧急情况，应当向法院申请令状后方可进行。

（二）采证规则

这里的采证规则，并不是对证据的“采信”，而是指确定证据是否具有可采性的证据规则，也就是证据能否被作为证据在法庭上提出。这类规则主要是指以下内容：传闻证据规则，确定不到庭作证的证人证言一般不具有可采性，要采纳必须符合法律规定的例外情况；最佳证据规则，书证等应尽可能提供原件；意见证据规则；非法证据排除规则，包括非法取得的犯罪嫌疑人、被告人的口供、非法获得的其他言词证据、非法获得的实物证据、毒树之果、技术侦查措施获得的证据的排除问题；相关性规则，即无相关性的证据，不具有可采性。

（三）查证规则

查证规则，是指证据在法庭上应当如何提出、如何检验其真实性、如何经过控辩双方的质证。查证规则包括：控辩双方提出证据须经声请；主询问和反询问规则，包括证人应当出庭、应当当庭宣誓和接受控辩双方的主询问和反询问；法庭当庭认证的规则，法庭应当对可采性问题当庭决定，对证明力问题应当综合全案证据评议后认定；推定和司法认知的规则，梳理列举我国不需要举证证明的事实的范围。证据展示制度是法庭查证能够顺利进行的前提，所以也归类为查证规则。

（四）定案规则

这类规则应当包括：证据证明力的判断规则；起诉的证明标准应当低于审判后定罪的证明标准；有罪判决的证明标准；补强证据规则，即对某些证明力显然薄弱的证据，要求有其他证据予以证实才可以作为定案根据；疑罪从无规则，即对证据不足的案件，应当作无罪处理。

第二章　取证规则

证据是查明案件事实的基础，而运用证据的第一步就是获取证据。在刑事诉讼中谁有责任收集、提供证据，各种证据如何收集、调取才是合法的，如何才能保证其真实可靠性，如何提取和固定，这些问题显得十分重要。本章将着重讨论以下规则：有罪证据由控方收集的规则、辩方有权取证的规则、不被强迫自证其罪的规则、证人必须履行作证义务规则和令状主义规则。

第一节　有罪证据由控方收集的规则

一、控方收集有罪证据的职责

谈到收集证据的责任，就不能不涉及举证责任的概念。刑事诉讼法第51条规定，公诉案件中被告人有罪的举证责任由人民检察院承担，自诉案件中被告人有罪的举证责任由自诉人承担。

举证责任是指在法院审理过程中，由原告或被告方（或控诉方与辩护方）承担的提出证据证明自己主张的责任，如果不能提出证据或提出了证据但达不到法律规定的要求，将承担其主张不能成立的危险。在刑事案件中，就是指对刑事案件的事实，由谁来提供证据加以证明。虽然我国刑事诉讼中检察院不是当事人，但检察院事实上处于相当于原告的位置，公诉人在法庭审理过程中必须提出确实充分的证据来证明被告人确实犯了罪，如果他不举证或举证达不到确实、充分的要求，被告人将被判决无罪。第51条的规定明确了法庭审理中控诉方举证的责任，法院只是保留在必要时才对证据进行核实的权力，证明被告人有罪的责任由控诉方承担，否则将承担其主张不能成立的危险。因此，在刑事诉讼中检察机关与自诉人同样属于控诉方，承担同样的举证责任。

承担举证责任的一方如果要完成举证责任，需要经过收集证据、在法庭上提出证据和运用证据说服事实审理者这三个基本步骤。例如，在刑事公诉案件的审判阶段，举证责任由检察机关（公诉人）承担。在法庭的审理阶段，公诉人宣读起诉书，讯问被告人，出示物证，向证人、鉴定人发问，宣读未到庭的证人的证言笔录、鉴定人的鉴定意见、勘验笔录和其他作为证据的文书，与辩护方进行法庭辩论，并且通过以上的举证活动使审判人员确信证明被告人有罪的证据已达到了确实、充分的程度，法庭才会判决被告人有罪，公诉人指控的罪名才能成立。本章着重探讨的是取证规则，因此在这里只讨论这三个基本步骤的第一个阶段——收集证据的责任。至于在法庭上提出证据和运用证据说服事实审理者的程序性问题，本部分将在第四章查证规则里详细加以探讨。

从以上分析我们可以得知，负有举证责任的一方必须在法庭审理时提出充分的证据来支持其主张，而要在庭审中提出证据首先必须收集证据。既然证明被告人有罪的责任是由控方承担的，那么控方自然必须收集证明被告人有罪的证据，否则其指控就不会成立。所以说，收集有罪证据的责任是由控诉方承担的，这样做的目的是为在庭审中的举证做准备。

有罪证据由控方负责收集，而刑事被告人不负举证责任的原因主要有以下几个方面：第一，刑事诉讼的过程是国家主动追究犯罪，实现国家刑罚权的活动。除了少部分自诉案件交由被害人提起外，绝大多数案件是由检察机关代表国家进行追诉，而个人相对于国家而言力量过于渺小，在这种情况下要求被追诉者承担证明自己无罪的责任是不公平的。第二，是无罪推定原则的要求。无罪推定原则主张任何人在未经法院生效判决确定为有罪之前均应推定无罪，而推翻这项推定的责任在控诉方，如果控诉方不能举出证据并达到法定的证明标准，被告人将被判决无罪。无罪推定原则是世界上多数国家确立的刑事诉讼原则，刑事诉讼法也基本上吸收了这一原则。因此，在确定举证责任的分担原则时就应当遵循这一原则的要求。第三，被告人在诉讼中所处的特殊地位。被告人是被追诉的对象，对他可能采取强制措施以限制其人身自由，因而他既没有收集证据的权力，也没有收集证据的能力，因此，除法律有特别规定外，法律不能要求被告人承担举证责任。

二、有罪证据由控方收集的具体要求

（一）公诉案件中收集证据的责任由侦查机关或者调查机关承担

在现代刑事诉讼中，除自诉案件以外，犯罪证据的收集主要是由代表国家的侦查机关（或者与之性质相同的调查机关）进行的。具体而言，在英国，刑事案件的侦查主要由警察负责进行。在美国，刑事案件的侦查由联邦和州的侦查机关负责。违反联邦法律的普通刑事案件、涉及国家安全的刑事案件，由联邦警察机关及其他侦查机关负责侦查；违反州法律的刑事案件由州属的地方警察机关侦查。在德国，由检察官领导警察进行侦查。在法国，由预审法官指挥检察官和司法警察进行侦查。在日本，是由检察官、司法警察进行侦查。[①]所有的这些侦查机关进行的侦查活动，其唯一任务就是收集能够证明犯罪嫌疑人有罪的证据，从而为起诉做准备。如果在侦查阶段能够收集到足够的证据，则检察机关将向法院提起公诉；如果收集不到足够的证据，公诉就不会被提起，被告人也就不会有被追诉的危险。

在我国，目前行使侦查权的机关主要是公安机关和人民检察院。人民检察院负责侦查的案件，依照《刑事诉讼法》第19条第2款的规定，包括人民检察院在对诉讼活动实行法律监督中发现的司法工作人员利用职权实施的非法拘禁、刑讯逼供、非法搜查等侵犯公民权利、损害司法公正的犯罪，以及经省级以上人民检察院决定，需要由人民检察院直接受理的公安机关管辖的国家机关工作人员利用职权实施的重大犯罪案件。人民检察院对直接受理的案件的侦查，适用刑事诉讼法侦查一章的规定，即享有与公安机关基本上相同的收集证据的权力。公安机关负责除法律有特别规定的以外的所有刑事案件的侦查。根据《刑事诉讼法》第4条的规定，国家安全机关依照法律规定，办理危害国家安全的刑事案件，行使与公安机关相同的职权。《刑事诉讼法》第308条第1款、第2款和第3款规定，军队保卫部门对军队内部发生的刑事案件行使侦查权；中国海警局对海上发生的刑事案件行使侦查权；对罪犯在监狱内犯罪的案件由监狱进行侦查。

目前行使调查权的机关只有监察委员会。对于公职人员的职务犯罪，由监察委员会进行调查。调查终结后，认为需要追究刑事责任的，移送人民检察院审查起诉。

综上，我国目前的公诉准备机关有两大类，一是行使刑事案件侦查权的机关，包括公安机关、人民检察院、国家安全机关、军队保卫部门、监狱、海警局。这些机关在收集证据时，可以依照刑事诉讼法第二编第二章侦查的规定，进行证据的收集工作和有关的强制性措施。刑事诉讼法规定的侦查措施有：讯问犯罪嫌疑人，询问证人，勘验、检查，搜查，扣押物证、书证，鉴定，技术侦查措

① 参阅王以真主编：《外国刑事诉讼法学》，北京大学出版社1990年版，第146页、第234页、第336页、第278页、第373页。

施，通缉等。侦查机关通过这些措施，收集能够证明犯罪嫌疑人有罪的证据，为以后提起公诉做准备。

二是行使刑事案件调查权的机关，即监察委员会。监察委员会依照《监察法》规定的程序和权限，采用讯问、搜查、扣押、鉴定、技术调查措施等方法，收集能够证明被调查人有罪的证据，为以后提起公诉做准备。

（二）自诉案件中收集证据的责任由自诉人承担

自诉案件中收集证明被告人有罪的证据的责任由自诉人承担，自诉案件的自诉人承担举证责任。由于自诉案件并不经过侦查阶段，不可能由侦查机关通过侦查手段为被害人收集到证明被告人有罪的证据，因此这类证据只能由自诉人自行收集。

根据《刑事诉讼法》第210条的规定，自诉案件包括三类：（1）告诉才处理的案件；（2）被害人有证据证明的轻微刑事案件；（3）被害人有证据证明对被告人侵犯自己人身、财产权利的行为应当依法追究刑事责任，而公安机关或者人民检察院不予追究被告人刑事责任的案件。第一类自诉案件由刑法规定，范围较为狭窄。第二类由《高法解释》第1条加以规定，范围较大，除了明确列举的重婚罪、故意伤害轻伤罪等以外，还包括“属于刑法分则第四章、第五章规定的，可能判处三年有期徒刑以下刑罚的案件”。第三类自诉案件又称为“公诉转自诉案件”，所有的存在被害人、侵犯的是人身权利或者是财产权利的公诉案件，只要公安机关不立案、检察机关不提起公诉，全部可以由自诉人提起自诉。

自诉案件范围设置比较宽泛，有利于被害人提起诉讼、制约检察院的不起诉权。但被害人真正实现追诉目的，还需要跨越完成举证责任这个障碍。在自诉案件中，由自诉人自行收集证据，比由国家的侦查或者调查机关收集证据要难得多。侦查或者调查机关有充足的资金，有大量的人员，有专门的技术和设备，由国家的强制力作后盾，可以采用强制性措施进行搜查、扣押、查询、冻结，可以对犯罪嫌疑人采取强制措施，可以鉴定、通缉。而自诉人收集证据，只能凭借他个人的力量，而且没有上述的强制取证的权力。

如果自诉人收集不到有罪证据，或者自诉人收集到的一部分有罪证据不足以证明被告人有罪，依照《刑事诉讼法》第211条第1款第2项规定，人民法院审查自诉案件后，对缺乏罪证的自诉案件，如果自诉人提不出补充证据，应当说服自诉人撤回自诉，或者裁定驳回。如果已经决定开庭审判，在审理后发现证据不足，依照《刑事诉讼法》第200条第3项的规定，评议后作出“证据不足，不能认定被告人有罪的，应当作出证据不足、指控的犯罪不能成立的无罪判决”。

（三）人民法院不负有收集有罪证据的责任

人民法院在诉讼中承担的是审判职能，其任务只是判断控方的主张是否成立，它没有自己的主张，因此法院并不承担提出证据的责任，因而也就不承担收集有罪证据的责任。

但是，《刑事诉讼法》第52条规定的“审判人员、检察人员、侦查人员必须依照法定程序，收集能够证实犯罪嫌疑人、被告人有罪或者无罪、犯罪情节轻重的各种证据”。根据这一规定，审判人员也有收集证据的权力。与之相呼应，《刑事诉讼法》第43条第1款规定辩方有权申请人民法院收集、调取证据，第197条第1款规定当事人和辩护人、诉讼代理人有权申请人民法院通知新的证人到庭，调取新的物证，申请重新鉴定或者勘验。由此可见，经当事人等的申请，法院有收集证据的权力。检察人员不能申请人民法院收集调取证据，如果认为需要收集新的证据，检察人员可以提出补充侦查的建议，之后由检察院完成补充侦查的任务。

同时，法院还有庭外核实证据的权力。《刑事诉讼法》第196条规定：“法庭审理过程中，合议庭对证据有疑问的，可以宣布休庭，对证据进行调查核实。人民法院调查核实证据，可以进行勘验、检查、查封、扣押、鉴定和查询、冻结。”这条规定赋予法院的只是对证据的调查核实权，而不是收集证据的责任。在这个过程中，法院只能对控方或者辩方已经提出的证据的真实性进行核实，而不能自己主动去收集控诉证据来证明犯罪事实的存在。[①]

（四）被告人非因实体法的规定不负有收集证据的义务

在现代诉讼中，一般认为犯罪嫌疑人、被告人无论是在公诉案件中还是在自诉案件中都不负举证责任，即不承担提出证据证明自己无罪的责任。在英国证据法中，在刑事案件的审理中，每一争议事实的举证责任都由起诉方承担，但精神不正常以及制定法将举证责任赋予被告人的情形除外。具体说来，控方负举证责任有三个例外：（1）精神不正常；（2）制定法的明示规定；（3）适用上诉法院在

① 对法院依职权主动收集证据的不公正性，参阅陈瑞华著：《刑事审判原理论》，北京大学出版社1997年版，第26页。

女王诉爱德华兹一案[①]中确定的制定法解释原则的案件。[②]

在我国刑事法律中，认为被告人对自己提出的辩护主张虽然也要提出证据加以支持，但这是被告人的辩护权利，而不是举证责任。我国刑事法律中的确也存在控方负举证责任的例外情形，即在《刑法》第395条规定的“巨额财产来源不明”案件中，被告人需提出证据证明财产差额部分的来源是合法的，否则差额部分以非法所得论。这是为了有效地惩治国家工作人员的贪污受贿行为而设立的一项特殊规则，在这类案件中被告人要承担举证责任。由以上可见，我国举证责任的例外情形目前只有一种：根据刑事实体法的规定由被告人负举证责任的。

在美国，根据控方有义务超出合理怀疑地证明所控犯罪的所有实质性要素这一原则，“正如人们常说的那样，被告可以用无罪答辩和概不承认的方法来‘迫使公诉方去证明’”。[③]在我国刑事诉讼中，被告人也可以用不承认有罪的方式而不承担任何提出证据的责任，法院不能因为被告一方没有提出证据或者辩护理由不成立，就不顾控方的证据是否充足直接作出被告人有罪的判决。被告方提出证据一般都是为了支持某一辩护理由，即为了被告人自己的利益。当然，如果依照实体法的规定，举证责任由被告方承担的情形是例外的。

因此，我们可以说，被告方没有收集证明被告人有罪的证据的义务，除非实体法规定其有举证责任，否则被告可以不收集任何证据。但为了保证辩护权的实现，被告方（含犯罪嫌疑人、被告人及其辩护人）有权在刑事诉讼中收集证明他无罪的证据，这是其权利而不是义务。

---

① R. v. Edwards，[1975] Q.B. 27，at pp. 39–40；[1974] 2 All E.R. 1085，at p.1095. 在这个案件中，爱德华兹被起诉无许可证零售酒类，违反了1964年许可证法第160条第1款，起诉方证明了他曾经售酒但没有提出证据证明他没有执照，然而爱德华兹被作有罪判决。他的上诉被驳回了几次，最后由LAWTON，L. J. 审查，他说：“在我们的判决里，这些驳回上诉的法院证明了经过几个世纪，作为经验的总结和确保正义既对社会也对被告人实现的需要，普通法已经发展了一个我们刑事法律中起诉方必须证明被起诉的罪行的所有方面这一规则的例外。这个例外，和普通法中的其他例外一样，是从答辩中产生的。它限于制定法规定的犯罪，如禁止作在特定的环境下，或者由特定阶级的人，或者特定的技能，或者必须由执照，或者须经特定机构许可才能作某种行为的犯罪。当控方寻求依赖这些例外时，法院必须对指控所根据的制定法进行解释。如果真正的解释是制定法根据限制条款、例外或者类似的规定而禁止作一定的行为，那么起诉方则可以依赖这个例外。”

② *Outline of the law of Evidence*, Fifth Edition, by Sir Rupert Cross and Nancy Wilkins, Butterworths, London, 1980, pp.26–34.

③ ［美］乔恩·R. 华尔兹著：《刑事证据大全》，何家弘等译，中国人民公安大学出版社1993年版，第313页。

第二节 辩方有权取证的规则

有罪证据的收集责任应由控方承担，被告方不负收集有罪证据的责任。但被告方有权收集对自己有利的证据，以支持其辩护主张。由于在刑事诉讼中犯罪嫌疑人、被告人往往被采取强制措施，实施取证行为有许多的不便；而且犯罪嫌疑人、被告人一般都没有法律知识，不知道何种证据对自己有利，如何收集、如何固定，因此犯罪嫌疑人、被告人的取证权往往是通过其委托或由法律援助机构指派的律师来进行。本节探讨的辩护方有权取证的规则，主要是探讨辩护律师的调查取证权的问题。

一、辩方有权调查取证的原因

（一）是控辩平衡的需要

在公诉案件中，控方在提起公诉之前，已经由侦查或者调查机关对犯罪案件进行了充分的取证。由于侦查或者调查机关的工作是为控诉做准备，以收集有罪证据为基本目标，收集到的证据绝大多数是证明被告人有罪的证据。刑事诉讼的过程是控辩双方在法庭面前的竞争或者说对抗，如果只允许侦查或者调查机关收集有罪证据而不允许辩护方收集有利于被告一方的证据，在法庭审理时法官所能考虑并据以形成裁判的只能是根据控方提出的有罪证据，被告人蒙受不公正审理的可能性就不可避免。如果要使被告人真正获得公正的审判，就应当赋予辩方与控方基本上对等的调查取证权，使辩护职能真正能够得到实现最终达到审判公正的目的。

（二）是查明案件事实的需要

控方在收集犯罪案件的证据时，出于其承担的诉讼职能的考虑，其收集证据主要是为了证明其指控的成立。而允许辩护方收集证据，辩方为了达到证明被告人无罪或罪轻的目的，出于其自身利益的驱动，将尽其最大努力去收集无罪或罪轻证据，这些证据的提出对避免错误地认定案件事实、避免冤枉无辜将起到相当大的作用，与刑事诉讼的任务——查明案件事实和正确适用法律是完全一致的。

（三）是我国借鉴英美法系对抗制诉讼模式的结果

近年来以审判为中心的诉讼制度改革借鉴了英美法系对抗制的一些做法，增强了控辩双方的对抗力度。英美法系对抗制诉讼在法庭审理阶段的特点，是法官仅负责主持审判活动，并不主动地进行法庭调查，对证据的提出和调查均由双方当事人进行。正是由于这种诉讼模式强调当事人的举证责任，所以其在侦查制度上就形成了与大陆法系职权主义的单轨制侦查不同的双轨制侦查。所谓单轨制侦查，是指侦查活动由侦查人员单独进行，而且是从属于或主要服务于公诉方的。所谓双轨制侦查，是指侦查活动由官方和民间的侦查人员分别进行，而且他们分别从属于或服务于公诉方和辩护方。换言之，在单轨制下，查明案情和收集证据是以检察官和警察为代表的“官方”的责任；而在双轨制下，查明案情和收集证据则是控辩双方的共同责任，即“谁主张某项事实，谁就应当证明这一事实”。因此，不仅检察官可以要求和指导侦查人员（一般为警察）就案件进行调查，辩护律师也可以聘请某些专门人员（一般为私人侦探和民间鉴定人员）调查案情和收集证据。[①]双轨制侦查有利于保障被告人的合法权利和审判结果的公正性，辩护律师和控方所代表的利益不同，在调查取证时的立场和角度也不同，因此这两方面的调查可以互相补充，防止片面收集证据，保证结论的可靠性。

我国刑事诉讼法既然已经吸收了在庭审时控辩双方互相对抗的做法，那么在收集证据的问题上，即使无法实现上述双轨制侦查的制度，也应当允许辩护律师取证，并赋予其一定的取证权利。否则，没有证据，在法庭上与控方相互对抗就成为不可能，以审判为中心的诉讼制度改革也就无法达到预期的目的。

二、刑事诉讼法对辩护律师调查取证权的规定

《刑事诉讼法》第43条规定，辩护律师经证人或者其他有关单位和个人的同意，可以向他们收集与本案有关的材料，也可以申请人民检察院、人民法院收集、调取证据，或者申请人民法院通知证人出庭作证。辩护律师经人民检察院或者人民法院许可，并且经被害人或者其近亲属、被害人提供的证人同意，可以向他们收集与本案有关的材料。从以上规定可以看出，我国刑事诉讼法已经赋予了辩护律师调查取证的权利，同时对该权利进行了一定的限制。

---

① 何家弘编著：《外国犯罪侦查制度》，中国人民大学出版社1995年版，第26—27页。

（一）辩护律师在侦查阶段是否有调查取证权

《刑事诉讼法》第34条第1款规定，犯罪嫌疑人自被侦查机关第一次讯问或者采取强制措施之日起，有权委托辩护人；在侦查期间，只能委托律师作为辩护人。同时，第35条规定对特殊人群或者特殊案件，在侦查阶段也提供指派的辩护律师。

对于辩方证人，辩护律师在侦查阶段的调查取证权并没有限制，甚至是鼓励其行使。《刑事诉讼法》第42条规定，辩护人收集的有关犯罪嫌疑人不在犯罪现场、未达到刑事责任年龄、属于依法不负刑事责任的精神病人的证据，应当及时告知公安机关、人民检察院。这里告知“公安机关”，意味着案件还处于侦查阶段。也就是说，对于这三种特殊的辩方证据，辩护人在侦查阶段是有权收集的。对于其他辩方证据，笔者认为也应当允许辩护律师收集，因为此时辩护律师的取证行为并不会对侦查造成阻碍。

对于控方证人（即法条中规定的被害人或者其近亲属、被害人提供的证人），《刑事诉讼法》第43条第2款只规定了“经人民检察院或者人民法院许可”，没有规定“公安机关”。从条文的字面意思上解读，这类证人只有到了审查起诉阶段之后、经过司法机关的许可后才能对其进行询问。因此，依照现行法律，辩护律师对控方证人，特别是法条中明文列举的控方证人，在侦查阶段不能接触。立法的理由可能是担心律师引诱证人改变证言，从而妨碍真实查明。

一方面，辩护律师在侦查阶段拥有对辩方证人的调查取证权是合理的。理由是，辩护律师更有动力去寻找有利于被追诉人的证据材料，这是成功辩护的重要手段；同时，辩方证人也更愿意与辩护律师配合，帮助和寻找对被追诉人有利的证据。

另一方面，对于控方证人，辩护律师在侦查阶段能否经公安机关许可向其收集、核实证人证言，需要立法机关的慎重衡量以及调查研究。从尽快查明事实、尽快使被追诉人摆脱监禁状态的角度分析，辩护律师在比现在更早的侦查阶段就向控方证人收集证据更适合。理由是，辩护律师有刑事追诉、执业纪律、职业管理约束，可以防止律师引诱证人改变证言；辩护律师的调查取证权手段有限，一般仅限于走访、谈话，不会对控方证人的权益有大的损害；加上经证人同意、经公安机关同意的限制，更能防止律师通过威胁、贿买的方式影响证人证言的真实性。

需要注意的是，基于职务犯罪的特殊性，以及监察委员会行使职权所依据的监察法的规定，辩护律师不能介入案件的调查阶段，更不可能有调查取证权。

（二）律师在调查取证时是否应当经被调查人的同意

《刑事诉讼法》第43条第1款规定："辩护律师经证人或者其他有关单位和个人同意，可以向他们收集与本案有关的材料，也可以申请人民检察院、人民法院收集、调取证据，或者申请人民法院通知证人出庭作证。"这一规定表明，辩护律师向证人或者其他有关单位和个人调查取证，需要得到被取证人的同意，即辩护律师没有强制取证的权利。如果被取证人不同意，辩护律师只能申请人民检察院、人民法院收集、调取证据，或者申请人民法院通知证人出庭作证。

这里存在争议的问题是，律师在刑事诉讼中调查取证是否应当在被取证人同意的前提下进行，也即律师是否应当享有强制的取证权？笔者认为，不宜规定律师的强制调查取证权，不宜要求证人或者其他单位和个人必须配合提供证据。因为强制的调查取证权是由司法权派生而来的，应当只有法院才有强制证人作证的权力，对证人拒绝作证予以处罚的权力也只有法院才有，其他任何机构都无权决定。所以，律师没有对不作证的证人进行强制或者处罚的权力。如果没有相应的法律制裁手段，那么是否提供证言的决定权仍然在被取证人的手里，律师要获得有关的证据仍然要经过其同意。

也许有人会提出这样的反驳：如果说强制取证权是司法权派生的，那么为什么行使侦查权或者调查权的人员有权搜查和扣押呢？在我国，确实存在侦查机关或者调查机关可以强制取证的规定，但在欧美国家的刑事诉讼中，侦查人员的强制手段，包括对人身、财产、处所的强制手段都必须由法官签发相应的令状之后才能进行[①]。在美国，如果警察在非紧急的情况下没有令状而进行了搜查或扣押，其取得的证据材料是不具有可采性的，应当予以排除。所以说，在欧美国家，警察本身也并没有强制取证权，而只能根据法院的令状才能强制取证（法律规定的紧急情况除外）。而且，在欧美国家，证人或其他单位和个人拒绝提供证言，有处罚权的只能是法院，警察和检察官并没有处罚证人的权力。[②]

在我国，《刑事诉讼法》第54条第1款规定了"人民法院、人民检察院和公安机关有权向有关单位和个人收集、调取证据。有关单位和个人应当如实提供证据"，并在第193条规定了法院强制证人到庭的权力。《高法解释》第255条规定，强制证人出庭的，应当由院长签发强制证人出庭令。由以上规定可知，对拒绝作

① 周国均：《控、辩平衡与保障律师的诉讼权利》，载《法学研究》1998年第1期。

② 详见本章"令状主义规则"一节的论述。

证进行处罚，只有法院才有权进行。这是因为，强制取证权是司法权派生的，只有行使司法权的法院才享有，其他任何机关和个人都不能享有强制取证权。刑事诉讼中的侦查、调查和起诉机关，在没有法院签发的令状的情况下，也不应当有强制取证的权力。目前，侦查或者调查机关自己有权决定搜查、扣押和技术侦查（调查）措施，从长远的发展观点来看，侦查或者调查机关如果要对人身或场所进行强制性限制或侵犯，应当由中立的法官来决定，这样才能更好地保护公民的基本权利。

如上所述，强制取证的权力只有法院才享有，那么律师就不能享有强制取证的权力。那么，如何保障律师调查取证权利的实现呢？首先，《高法解释》第59条规定，辩护律师向证人或者有关单位、个人收集、调取与本案有关的证据材料，因证人或者有关单位、个人不同意，申请人民法院收集、调取，或者申请通知证人出庭作证，人民法院认为确有必要的，应当同意。第60条第1款规定，辩护律师直接申请人民法院向证人或者有关单位、个人收集、调取证据材料，人民法院认为确有必要，且不宜或不能由辩护律师收集、调取的，应当同意。根据这两条规定，律师在证人或其他有关单位和个人不同意提供证据时，可以申请人民法院收集调取证据。其次，律师可以申请人民法院通知证人出庭作证。《高法解释》第59条规定，辩护律师申请通知证人出庭作证，人民法院认为确有必要的，应当同意。一旦法院同意通知证人出庭，则可以适用《刑事诉讼法》第193条的规定由法院强制证人到庭，从而实现辩方获得本项证据的目的。

以上法律规定没有涉及的一个问题是，如果律师申请调查，而法院认为不必要，决定不收集某项证据或者不通知证人出庭时，律师还有什么救济办法呢？笔者认为，法院的决定应当是终局决定，因为如前所述强制取证的权力只能由法院来决定是否行使，而且证据的必要性的判断权也是属于法院的，对于不必要的证据和证人，不仅法院可以在此阶段决定不予调查或者通知，即使辩护律师收集到了相应的证据或者证言，在庭审时法院认为证据属不必要的证据，该项证据也不得在法庭上提出。限制不具必要性的证据的运用是为了避免诉讼争议点的模糊，防止诉讼拖延。

对于辩护律师向人民检察院申请收集调取证据的，检察院认为必要时，可以收集、调取。从理论上说，检察院收集证据的权力与律师收集证据的权力是基本一致的，检察院在收集证言和证据时，也没有强制取证的权力，如果要实施强制取证行为，应当经过法院的许可或者申请法院决定。

（三）律师向被害人等取证时是否需要检察院或法院的许可

《刑事诉讼法》第43条第2款规定："辩护律师经人民检察院或者人民法院许可，并且经被害人或者其近亲属、被害人提供的证人同意，可以向他们收集与本案有关的材料。"根据这一规定，律师向被害人或者其近亲属、被害人提供的证人收集证据时，事先需要得到检察院或者法院的许可。至于要求被取证人同意这一点，前文已经进行了分析。问题的关键是，事先必须获得许可对限制律师的调查取证权而言，是否正当和必要。

笔者认为，刑事诉讼法规定律师向被害人等取证必须经过检察院或者法院的许可，可以防止律师对被害人等进行影响，怕被害人等改变证言，有其积极意义。但是，为了防止阻碍律师的正当取证需求，应当进行以下几点补充：

第一，法院或者检察院是否同意的标准问题。《高法解释》第58条规定："辩护律师申请向被害人及其近亲属、被害人提供的证人收集与本案有关的材料，人民法院认为确有必要的，应当签发准许调查书。"这里确定的标准就是"确有必要"。2019年的《人民检察院刑事诉讼规则》（以下简称《高检规则》）第53条只规定了进行审查，没有明确标准。按照《高法解释》的标准，法院在衡量"确有必要"时，应当从证据的关联性、在案的与之矛盾的证据的可靠性、诉讼效率等方面进行考虑，并尽可能作有利于辩方的解释。同时，辩护律师在提出申请时应当重点描述接触被害人等证人的"必要性"，以说服法院为文书写作的重点。

第二，当法院或者检察院不许可，辩护律师的救济途径问题。对于不许可的决定，辩护律师可以依照《刑事诉讼法》第49条向检察院申诉或者控告；如果作出不许可决定的机关是检察院时可以向上一级检察院申诉或者控告。受理申诉或者控告的检察院应当及时进行审查，情况属实的，通知有关机关予以纠正。理由是，如果办理案件的法院和检察院武断地行使了不许可的权力，属于"阻碍辩护律师依法行使诉讼权利"的情形，辩护律师有权请求检察院予以监督。

第三，辩护律师违反此条要求的特殊程序。《刑事诉讼法》第44条规定，辩护律师威胁、引诱证人作伪证应当依法追究法律责任，涉嫌犯罪的，应当由办理辩护人所承办案件的侦查机关以外的侦查机关办理，并应当及时通知其所在的律师事务所或者所属的律师协会。如果辩护律师未经许可就接触被害人等证人并采取上述手段妨害司法的，应当由律师承办案件的侦查机关以外的侦查机关进行侦查，且不能指定承办案件的侦查机关的下级机关办理。这样规定是为了更好地维护律师的权利，使对其法律责任的追究在程序上更加公正。

第三节 不被强迫自证其罪的规则

一、不被强迫自证其罪的含义

不被强迫自证其罪（The Privilege Against Self-incrimination），又被称为“拒绝自我归罪的特权”[①]或者拒绝自陷于罪的特权。这一规则来源于英美法的规定。

在英国证据法中，这一规则的表述是：“任何人都没有义务回答在法官看来，有可能使作证者陷于法官认为可能被控告或起诉，导致任何刑事指控、刑罚或（刑事案件中）没收的任何问题。”[②]这一规则在狭义上理解，是起源于对星座法院（Star Chamber）的诉讼程序的反感，在那种程序中被指控犯罪的人要宣誓后被讯问。这种反感促成了被告人在刑事案件中不能作证的规则，以及任何人都不能被强迫宣誓回答使他的生命或自由陷于危险之中的理念，在17世纪适用于所有的诉讼程序中的所有证人。英国17世纪的约翰·李尔本出版煽动性书刊案对沉默权制度的确立具有里程碑式的意义。在该案中，星座法院以被告人拒绝宣誓为由判定被告人犯有藐视法庭罪，但两年以后议会掌权，议会审理认为星座法院的判决不合法，并且禁止在刑事案件中使用宣誓。1642年在一个议会审理的十二主教案中，沉默权被允许使用。到1688年，这一制度在英国开始推行。[③]该规则进一步扩展，不仅包括能够直接使证人自陷于罪的回答，还包括可能被用来作为获得不利于他的证据的一个步骤的回答。这一规则在广义上理解，不仅包括可能使作证者陷入刑事指控的危险的回答，还包括可能使他遭受刑罚制裁的回答，以及可能导致没收的回答等。[④]

在美国，联邦宪法保障的、适用于美国所有法院的反对自我归罪权实际上有两种特权：一个是刑事被告人的，包括拒绝作证的权利和拒绝回答特定问题的权

① 陈一云主编：《证据学》，中国人民大学出版社 1991 年版，第 42 页。

② Per GODDARD, L.J., in Blunt v. Park Line Hotel, Ltd.,［1942］2 K.B. 253, at p.257;［1942］2 All E.R. 187, at p. 189.

③ *English Limits the Rights to Silence and Moves Towards an Inquisitorial System of Justice*, The Journal of Criminal Law and Criminology, Vol. 85 No. 2 Fall 1994, at 416. 转引自章克勤、金泽刚：《对沉默权规则的理性呼唤》，载《政治与法律》2000 年第 1 期。

④ *Cross on Evidence*, Fifth Edition, by Sir Rupert Cross, Butterworths London 1979, pp. 275–276.

利；另一个是民事或者刑事诉讼中的证人的（他可以是或者不是民事诉讼的当事人，但至少不能是当前的刑事被告人），可以拒绝回答可能使他陷于刑事追诉或刑事责任的特定问题。当然，这两种特权在很多方面是很相似的。[①]美国宪法修正案第5条规定："任何人……不得被强迫在任何刑事诉讼中作为反对他自己的证人。"[②]

根据以上的分析，不被强迫自证其罪的规则实际上是有两个分支：一个是被告人的特权，被告人不得被强迫在刑事诉讼中作证，他也不能被强迫进行宣誓和站到证人席上。另一个是证人的特权，民事诉讼和刑事诉讼中的证人有权拒绝回答可能使他们陷于刑事追诉或刑事责任的问题。

对于证人拒绝作证权本书将在下一节详细加以论述，在这里着重探讨一下被告人在刑事诉讼中不被强迫自证其罪的含义。不得被强迫自证其罪，包括两个方面的含义：一是被告人可以选择不作证；二是即使被告人选择作证，也有权拒绝回答特定的问题。当然，既然被告人有选择不作证的权利，即拒绝陈述，控方或者警方就不能强迫被告人开口。

除了英美法中有关于不被强迫自证其罪的规定外，联合国大会1966年12月16日第2200A（XXI）号决议通过的《公民权利和政治权利国际公约》第14条第3款（庚）项将反对强迫自证其罪确立为一项刑事诉讼国际准则，规定："在判定对他提出的任何刑事指控时，人人完全平等地有资格享受以下的最低限度的保证：……不被强迫作不利于他自己的证言或强迫承认犯罪。"[③]如果从字面上理解这条规定，《公民权利和政治权利国际公约》规定的不被强迫自证其罪的权利只是针对刑事案件中的受刑事追诉者，没有包括诉讼中的证人。它强调的是，刑事诉讼中的被追诉者不得被强迫作不利于自己的证言，或者强迫承认犯罪。至于其他国家，《加拿大权利和自由宪章》第11条规定，被告人有权在针对自己的刑事指控中不被强迫作证。[④]

---

① *Evidence: State and Federal Rules*, by Paul F. Rothstein, Myrna S. Raeder and David Crump, West Publishing Co. 1997, p. 247.

② *Leading Constitutional Cases on Criminal Justice*, 1999 Edition, Edited by Lloyd L. Weinreb, Foundation Press, p. 1. 原文是："...nor shall any person be subject for the same offence to be twice put in jeopardy of life or limb; nor shall be compelled in any criminal case to be a witness against himself, ..." 很明显，后半句话在shall后面省略了any person一词，准确的翻译应当是任何人都不能被强迫在任何刑事案件中作为对自己不利的证人。

③ 陈光中主编：《刑事诉讼法［修正］实务全书》，中国检察出版社1997年版，第577页。

④ 转引自陈光中、［加］丹尼尔·普瑞方廷主编：《联合国刑事司法准则与中国刑事法制》，法律出版社1998年版，第107页。

《意大利刑事诉讼法》第64条［讯问的一般规则］第2款、第3款规定：“不得使用足以影响被讯问者自主回答能力或者改变其记忆和评价事实的能力的方法或技术进行讯问，即便被讯问者表示同意。在开始讯问前，除第66条第1款（要求被告人说明自己的身份和一般情况——笔者注）的规定外，还应当告知被讯问者，他有权不回答问题，并且即便他不回答提问诉讼也将继续进行。”①《德国刑事诉讼法》第136条［初次讯问］规定：“初次讯问开始时，……接着应当告诉他，依法他有就指控进行陈述或者对案件不予陈述的权利，……”②《日本国宪法》第38条第1款规定：“对任何人都不得强制其作不利于本人的陈述。”③《法国刑事诉讼法》第116条规定：“预审法官应当告知被审查人，未经其本人同意，不得对他进行讯问。此项同意只有当他的律师在场时方可取得。”④由以上可见，不得强迫自证其罪的权利实际上已经被西方国家普遍采纳，同时又是联合国公约中规定的最低司法准则之一。

二、不被强迫自证其罪与沉默权、拒绝供述权、自白任意性规则的关系

沉默权（The Right to Silence）、拒绝陈述（Refuse to answer questions）、任意性（voluntary），这三个不同的词汇都是指任何人对可能导致自陷于罪的问题有不回答的权利，除非他本人自愿回答某一提问，否则不能强迫他作出回答。“严格地说，就证人在法庭上的回答而言，反对自我归罪的特权扎根于有时被称作‘沉默权’的权利。除了很少的制定法上规定的例外（例如，1920年公务秘密法第6条和1972年道路交通法第162条），如果一个问题是由某个试图发现一项罪行是否已经发生以及是谁所为的人提出的，那么任何人拒绝回答这样的问题都不会构成任何犯罪。一般说来他没有回答这样的问题不能成为相反的评论的对象，并且，确切而言，这当然并不能构成对问题里涉及的任何指控事实的承认。”“沉默权的另外一个方面是被告人在对他的审判中不提供证据的权利。”“反对自我归罪的特权也是关于‘不自愿的’供述的排除规则，以及法官对如果采纳某一证据会导致

① 《意大利刑事诉讼法典》，黄风译，中国政法大学出版社1994年版，第25—26页。

② 《德国刑事诉讼法典》，李昌珂译，中国政法大学出版社1995年版，第62页。

③ 《外国宪法选译》，肖君拥等译校，法律出版社2015年版，第305页。

④ 《法国刑事诉讼法典》，余叔通、谢朝华译，中国政法大学出版社1997年版，第56页。

被告的审判不公正的证据加以排除的自由裁量权的基础或基础之一。”[①]

从以上这段论述中我们可以看出，不被强迫自证其罪、沉默权、拒绝供述权、自白任意性规则指的都是可以拒绝回答可能使自己遭受刑事指控的问题的权利。这些属于具有相似或相同的基础和意义，沉默权是一个人不说话或者停止说话的状态，实际上是以消极形式反对自证其罪的行为；拒绝供述是以明确表示拒绝供述的积极形式反对自证其罪的形式；由于自白任意性规则与反对强迫自证其罪的规则所强调的侧重点相接近，自白任意性规则被许多人视为反对强迫自证其罪的保障性规则。[②]

三、不被强迫自证其罪与无罪推定的关系

无罪推定（The presumption of innocence），是现代各国刑事诉讼中普遍确认的一项重要原则，是国际公约确认和保护的一项基本人权，也是联合国在刑事司法领域制定和推行的最低限度标准之一。《公民权利和政治权利国际公约》第14条第2款规定：“凡受刑事控告者，在未依法证实有罪之前应有权被视为无罪。”无罪推定的基本要求是，证明被告犯罪的责任由控诉一方承担，被告人不负证明自己无罪的义务。“当提到一个被指控的人被推定无罪时，其全部含义就是起诉方必须超出合理怀疑地证明对他的控诉。”[③]因此，无罪推定原则要求对被告人有罪这一主张应当由控诉方来证明，不能因为被告人不能或没有证明自己无罪便认定其有罪，不能将被告人沉默作为认定其有罪的根据。如果这样推理下来，被告人在刑事诉讼中有权拒绝陈述，不被强迫自证其罪就应当是无罪推定的应有之义。

有学者认为，“沉默权既是无罪推定的重要内容，又是被告人在刑事诉讼中依法享有的一项独立的诉讼权利”。[④]笔者同意这一观点。因为，根据无罪推定原则，被告人当然不负证明自己无罪的责任，由此又自然引出被告人有拒绝陈述的权利。同时，为了在刑事司法活动中制止执法人员滥用权利、反对刑讯逼供或使用其他非法方法获取被告人口供，很多国家的立法上在规定无罪推定的同时，又特别强调不被强迫自证其罪的特权，将不被强迫自证其罪作为被告人一项独立

---

① *Outline of the law of Evidence*, Fifth Edition, by Sir Rupert Cross and Nancy Wilkins, London Butterworths, 1980, pp.100–101.

② 参阅陈光中、[加]丹尼尔·普瑞方廷主编:《联合国刑事司法准则与中国刑事法制》，法律出版社1998年版，第275—276页。

③ *Cross on Evidence*, Fifth Edition, by Sir Rupert Cross, London Butterworths, 1979, p.122.

④ 陈光中、[加]丹尼尔·普瑞方廷主编:《联合国刑事司法准则与中国刑事法制》，法律出版社1998年版，第108页。

的诉讼权利加以保护和确认。例如，《公民权利和政治权利国际公约》第14条是关于刑事司法中人权保障的集中规定，在这一条中就既在第2款规定了无罪推定的原则，又在第3款中同时规定了不被强迫自证其罪的权利。

四、我国对这一规则的态度

我国《刑事诉讼法》第52条规定严禁刑讯逼供和以威胁、引诱、欺骗以及其他非法方法收集证据，不得强迫任何人证实自己有罪。同时，第120条第1款规定："犯罪嫌疑人对侦查人员的提问，应当如实回答。"虽然法律没有规定在起诉和审判阶段被追诉者是否有如实回答的义务，但我们可以理解为在起诉、审判阶段，犯罪嫌疑人、被告人对检察、审判人员的讯问，也应当如实回答。要求犯罪嫌疑人、被告人如实回答，实际上就是否定了被追诉者拒绝供述或者说保持沉默的权利。

我国立法规定被追诉人如实陈述的义务，是为了有利于发现案件的真实情况，重视供述在查明案件事实方面的证据价值，有利于提高诉讼效率。在"不得强迫任何人证实自己有罪"和"如实回答"同时存在于刑事诉讼法中的前提下，笔者作如下解读：

1.第52条禁止的重点是"强迫"，而非禁止犯罪嫌疑人作出认罪供述。如果犯罪嫌疑人基于悔罪等理由自愿作出认罪供述，法律是鼓励的。侦查人员可以对其进行法律和政策教育，告知其如实供述可以从宽以及认罪认罚从宽的法律规定。

2.在讯问时，侦查人员可以劝说和教育，但是不能强迫。具体说来，不能采用刑讯和威胁的方法。如果万一采用了刑讯或者威胁的方法，采用"双罚制"：一方面取得的供述作为非法证据排除；另一方面对侦查人员个人进行责任追究，包括纪律制裁、国家赔偿后的追偿直至刑事责任追究。

3.在强迫和自愿之间有一些灰色地带。比如，引诱、欺骗获得的供述，虽然违反行为规则，但是并不导致证据排除的后果。再比如，疲劳讯问没有被司法解释纳入"刑讯"的范围之中，取得的供述也不导致证据排除的后果。

4.通过讯问录音录像制度来预防强迫讯问，并且方便在日后对证据合法性进行审查时控方举证证明强迫行为的不存在。

在一定意义上，我国刑事诉讼法已经确立了不被强迫自证其罪的规则，使我国的刑事诉讼制度与有关的国际条约已经兼容。前面已经提到，不被强迫自证其罪的规则在《公民权利与政治权利国际公约》中有明确规定，而我国已经签署该公约，我国应当结合国情逐步与之兼容。因此，在法律上确定这一规则是我国未来可能需要履行的国际义务。从人道主义观点看，"公权利强迫被告承认犯罪，无异强迫被告在自己头上戴枷锁，诚属于过于残酷而不人道之行为”。[①]确立不被强迫自证其罪的规则，有利于防止在刑事诉讼中使用不正当手段取证的行为，防止警察滥用权力侵犯普通公民的自由、财产和隐私权。[②]

关于我国目前没有承认沉默权，立法者的考虑是符合我国刑事诉讼实际的。我国一方面确立不被强迫自证其罪的权利，另一方面采取鼓励支持犯罪嫌疑人、被告人陈述的措施，使其能够积极地进行供述和辩解，从而有利于查明案件的客观真实。而且，从国外法律发展趋势来看，英国1994年《刑事审判与公共秩序法》对沉默权规则作了较大的改革，规定在一些法定情况下，被告人的沉默可以被用作对他不利的证据。[③]

有一个问题需要探讨，即犯罪嫌疑人、被告人拒绝回答提问的时候，也就是一直保持沉默的时候，应当如何处理？借鉴英国1994年议会通过的《刑事司法和公共秩序法》中对沉默权的限制，笔者认为，对于被告人拒绝在审判中提供陈述的，控诉方可以对其在侦查、审判阶段保持沉默的做法进行评价，或者援引其前后不一致的陈述来说明其陈述的虚假性，但不能强迫要求他必须回答控方的问题。还应当注意的是，即使在某些特定的情况下，法律要求犯罪嫌疑人、被告人负有一定的解释和说明义务，如果被告人选择拒绝提供陈述，法庭也不能以此作为对被告人定罪的唯一根据。

第四节 证人必须履行作证义务规则

一、证人履行作证义务的法律保障

（一）法律对作证的义务的规定

《刑事诉讼法》第62条第1款规定：“凡是知道案件情况的人，都有作证的义

① 田正恒：《刑事被告人之沉默权》，载中国台湾地区《法令月刊》第39卷第2期，第39—41页。转引自陈光中、[加]丹尼尔·普瑞方廷主编：《联合国刑事司法准则与中国刑事法制》，法律出版社1998年版，第277页。

② 参阅易延友：《论反对自我归罪的特权》，载《比较法研究》1999年第2期；姜德水、祖月：《法律如是说：你有权保持沉默》，载《当代法学》2000年第1期。

③ 参阅中国政法大学刑事法律研究中心：《英国刑事诉讼制度的新发展》，载《诉讼法论丛》第2卷，法律出版社1998年版。

务。”在侦查一章中的第125条规定：“询问证人，应当告知他应当如实地提供证据、证言和有意作伪证或者隐匿罪证要负的法律责任。”在第一审程序中的第194条第1款又规定：“证人作证，审判人员应当告知他要如实地提供证言和有意作伪证或者隐匿罪证要负的法律责任。”

根据以上规定，在我国刑事诉讼中，凡是知道案件情况的人，都必须履行提供证言和如实提供证言的义务。要求证人如实提供证言是查明案情的需要，证人是否履行作证义务对能否查明案件的真实情况有着十分重要的意义。“感知案件事实、情节的人向司法机关提供的证言，是各种诉讼中运用最为广泛的一种证据。”①因此，法律应当对证人履行作证义务规定比较严格的保障措施，以保证刑事诉讼任务的实现。对于如实作证的义务，因为刑法上规定有伪证罪，且依照法律规定证人应在法庭上经过控辩双方的主询问和反询问，确保实现的困难不是特别大。在这里，笔者将着重就如何在法律上保障证人义务的履行，哪些人有作证义务，哪些人应当享有拒绝作证权进行探讨。

（二）证人的概念

讨论证人的作证义务，首先必须明确哪些人是证人。我国目前通说中的证人概念是：“证人是指除当事人以外的了解案件情况并向专门机关作出陈述的人。”②这里需要讨论的有以下几点：

第一，在我国刑事诉讼中，证人是指当事人以外的人，即不包括当事人在内，当事人的陈述是另外的证据种类，如犯罪嫌疑人、被告人的供述属于犯罪嫌疑人、被告人的供述与辩解，被害人的陈述属于被害人陈述，均不属于证人证言的范畴；证人的概念也不包括鉴定人，鉴定人的陈述另归于鉴定意见这一证据种类；还不包括专家辅助人、侦查人员、调查人员等。这与英美法系中将被告人、被害人、鉴定人、证人均统称为证人是不同的。③这是因为上述四种证据各有各的特点，在收集和审查判断上应当注意区别对待。但这四种证据都是言词证据，都是以口头陈述的方式向法庭提供的，都要当庭陈述并接受控辩双方的主询问和反询问，因此它们又有很多的共同点。在本书讨论证人证言时，有很多内容对被害人、犯罪嫌疑人、被告人、鉴定人等也是适用的。为了与立法相一致，本书中

① 陈一云主编:《证据学》，中国人民大学出版社1991年版，第287页。

② 陈光中主编:《刑事诉讼法》，北京大学出版社、高等教育出版社2021年版，第85页。

③ 参阅刁荣华主编:《比较刑事证据法各论》，台湾汉林出版社1984年版，第123—124页。

未特别指出的，都是指当事人以外的了解案件情况的人，如果包括其他提供陈述的人，文中将特别指出。

第二，我国的证人既包括向法院提供证言的人，又包括向公安机关、人民检察院提供证言的人。这就是说，侦查阶段和审查起诉阶段，公安机关、检察机关询问的了解案情的人，也是证人。需要注意的是，审前的证人与庭审的证人有以下几点不同：一是庭审中的证人可能被法院强制到庭，还可能被法院处以司法拘留，而审前证人不会受到上述处分；二是庭审中的证人需要在如实作证的保证书上签名，相当于宣誓，而审前没有这个要求；三是庭审中的证人除了接受本方的主询问以外，还要接受对方的反询问。

第三，按照《刑事诉讼法》第108条第4项的规定，证人必须是诉讼参与人之一。而诉讼参与人，“是指在刑事诉讼中享有一定的诉讼权利、负有一定诉讼义务的除国家专门机关工作人员以外的人”。①

按照大陆法系的传统，证人必须是诉讼主体以外的第三人，而所谓第三人，是指当事人及代理该诉讼的法定代理人以外的人。因此，检察官实施侦查所经历的事实，在该阶段并非第三人，所以不能成为证人。也就是说，检察官在侦查中所观察的事实，在审判中不能将其作为证人加以询问。但检察官在诉讼外知悉的事实，可以作为证人进行陈述，只是不能再同时作为检察官支持公诉。至于在起诉前进行侦查的侦查人员或者进行调查的调查人员，如果是发现现行犯，应当以证人身份提供证言；除此以外，应当将其视为检察官的辅助机关，应当与检察官一样，不允许侦查人员或者调查人员就其职务上观察到的资料，作为证人。②

至于英美法系国家，因为诉讼当事人都可以成为合法的证人，所以检察官和司法警察，当然有证人能力，可以作为证人。“英国司法界有句著名的箴言：‘警察是法庭的公仆（Policeman is the public servant of the court）’，讲的是警察有义务为法庭审判的顺利进行、为保证司法公正提供服务的意思。其中作为证人出庭作证是警察服务于法庭审判的一个主要体现。……在司法实践中，警察经常是作为检察官一方的证人，接受控诉一方的传唤而出庭作证的。但是辩护一方根据辩护的需要也可以自行传唤某一警察出庭作证。在出庭作证问题上，警察与其他普通证人负有同样的义务和责任。控辩双方传

① 陈光中主编：《刑事诉讼法》，北京大学出版社、高等教育出版社2021年版，第74页。

② 参阅刁荣华主编：《比较刑事证据法各论》，台湾汉林出版社1984年版，第131—132页。

唤警察出庭作证的目的在于，了解警察实施某一侦查行为的情况，如逮捕、搜查、扣押、讯问、现场勘验等，使法庭明确警察对某一实物证据的保全情况，等等。”[①]

在我国，刑事诉讼法和有关司法解释对侦查人员或者调查人员作证作出了较为详细的规定。具体说来，侦查人员或者调查人员应当在以下几种情形下出庭提供证言：

1.在现场目击犯罪事实的发生，或者当场抓获犯罪人的情况。《刑事诉讼法》第192条第2款规定，人民警察就其执行职务时目击的犯罪情况作为证人出庭作证，适用关于普通证人的规定。比如，警察在值勤时发现某人携带大量海洛因，发现后该嫌疑人逃跑，警察经追捕抓获该嫌疑人，那么日后在对这起案件的审判中，警察应当就如何发现犯罪嫌疑人、如何抓获犯罪嫌疑人出庭作证。

2.实施勘验、检查、搜查、扣押等活动，即便形成了笔录，也应当在庭审时就勘验、检查、搜查、扣押等活动的进行过程提供证言，以便于当庭核实这些笔录的真实性。《高检规则》第413条规定，对于搜查、查封、扣押、冻结、勘验、检查、辨认、侦查实验等活动中形成的笔录存在争议，需要调查人员、侦查人员以及上述活动的见证人出庭陈述有关情况的，公诉人可以建议合议庭通知其出庭。特别是在勘验、搜查活动中获取某种物证或者痕迹的情况，应当当庭陈述获取的地点、时间、当时的位置和物证当时的状态等。对于物证的保管过程，如果当事人对物证是不是原物有异议，或提出物证受到污染，警察应当出庭证明整个物证的提取过程和保管过程。

3.当辩方对证据的合法性提出异议时，应当出庭提供证言，以证实没有刑讯逼供、没有非法搜查等情形，如提出口供的获得是出于犯罪嫌疑人、被告人的自愿，搜查是根据合法的搜查证进行的等。《刑事诉讼法》第59条第2款规定，检察院在对证据收集的合法性进行证明时，现有证据材料不能证明证据收集的合法性的，检察院可以提请法院通知有关侦查人员或者其他人员出庭说明情况；法院可以通知有关侦查人员或者其他人员出庭说明情况。有关侦查人员或者其他人员也可以要求出庭说明情况。经法院通知，有关人员应当出庭。《高检规则》第410条进行了重复规定，并补充规定了也可以提请法庭通知调查人员出庭。

---

① 中国政法大学刑事法律研究中心:《英国刑事诉讼制度的新发展》，载《诉讼法论丛》第2卷，法律出版社1998年版，第373页。

4.当控辩双方对侦破经过等有异议，申请调查人员、侦查人员或者有关人员出庭，人民法院认为有必要的，应当通知上述人员出庭。这是《高法解释》第249条规定的。

那么，侦查人员或者调查人员出庭的身份应当是什么呢？笔者认为，应当归入证人，即在上述情形中应当以证人身份出庭提供证言。这就需要修改证人的定义，扩大可以成为证人的人的范围，即法律上例外规定在上述情形下，侦查人员或者调查人员应当以证人的身份出庭作证。

总结以上三个方面的分析，对证人的概念问题应当进行完善。笔者认为，证人是指就其感知的与本案有关的事实，向公安司法机关进行陈述的当事人以外的第三人，属于诉讼参与人之一。但是在特定情况下，侦查人员或者调查人员应当出庭以证人的身份提供证言。

（三）证人资格

证人资格（competency of witness），又称证人能力，是指能够成为证人的资格。无证人资格的人提供的证言，不具有可采性。证人资格的问题与上述证人的概念问题有交叉的部分，如侦查人员或者调查人员能否作为证人的问题。在这里，我们将只探讨上面没有讨论的对证人资格的限制问题。

对证人资格的限制，一般都是对证人资格进行消极的规定。例如在英美法中，16、17世纪英国普通法限制证人的资格十分严格，随着时代的进步不断地放松对其的限制。今日的英美证据法，任何人，除非不能辨别真假，不能理解真实陈述责任的人，都有证人资格。

我国刑事诉讼法对证人资格的限制也很少，主要有两点：

第一，生理上、精神上有缺陷或者年幼，不能辨别是非、不能正确表达的人，不能作为证人（《刑事诉讼法》第62条第2款）。这一规定可以理解为有三种人不能作证人：（1）由于生理上有缺陷而不能辨别是非、不能正确表达的人；（2）由于精神上有缺陷而不能辨别是非、不能正确表达的人；（3）由于年幼而不能辨别是非、不能正确表达的人。衡量的标准是能否辨别是非、能否正确表达，并不是说只要生理上有缺陷、精神上有缺陷或者年幼就不能成为证人。《高法解释》第87条第2项规定，对证人证言应当着重审查证人作证时的年龄，认知、记忆和表达能力，生理和精神状态是否影响作证。根据这一规定，事实审理者应当衡量证人作证的内容与证人的辨认能力和表达能力是否相适应，只有相适应的才可以作为定案根据。

第二，法人及非法人团体不能作为证人。依我国证据学者的通说，在刑事诉讼中证人必须是自然人，单位不能成为证人。[①]其理由是，单位是无形的权利主体，其行为依赖于自然人的活动才能实现，其“感知”和“陈述”都是由自然人进行的，而直接感知事实的自然人其本身就可以承担作证的义务，不必由单位充当作证的主体。而且，我国《刑法》第305条规定的伪证罪并没有规定单位可以成为伪证罪的主体，而根据《刑法》第30条的规定，单位只有在法律有规定的情况下才能成为犯罪主体。因此，刑事诉讼中的证人只能是感知案件事实的自然人，单位不能成为证人。

（四）保障证人出庭作证的措施

法律虽然规定了凡是知道案件情况的人，都有作证的义务，但如何将其贯彻到实践中，还需要各项措施的保障。目前，法律和司法解释中规定的保障措施有以下几个方面：

1.证人不出庭所要承担的不利的法律后果

《刑事诉讼法》第193条第1款规定，经人民法院通知，证人没有正当理由不出庭作证的，人民法院可以强制其到庭。《高法解释》第255条进一步明确，强制证人出庭的，应当由院长签发强制证人出庭令，由法警执行。必要时，可以商请公安机关协助。

另外，证人没有正当理由拒绝出庭或者出庭后拒绝作证的，予以训诫，情节严重的，经院长批准，处以十日以下的拘留。由此可见，对于拒绝出庭的证人，可能面临的不利的法律后果有两个：一是被强制到庭，二是被司法拘留。

除此以外，刑法中还规定了特定案件中拒绝提供证言的人的法律责任，《刑法》第311条规定：“明知他人有间谍犯罪或者恐怖主义、极端主义犯罪行为，在司法机关向其调查有关情况、收集有关证据时，拒绝提供，情节严重的，处三年以下有期徒刑、拘役或者管制。”根据这一规定，在间谍案件中，了解案件事实的人如果拒绝作证，有可能要被追究拒绝提供间谍犯罪证据罪的刑事责任。但这一罪名只适用于间谍犯罪案件，恐怖主义、极端主义犯罪案件中，且必须达到情节严重的程度，对保证证人履行作证义务能够起到的作用是有限的。

这里有两个值得研究的问题：一是对拒绝作证的证人，谁有权决定对他们进行强制处分？二是是否所有的拒绝作证的证人，都将受到强制处分？

对于第一个问题，笔者在前面已经涉及，只有法院才有对拒绝作证的人的强制处分权。对于在侦查、起诉阶段拒绝提供证言的人，只能由起诉机关在审判时提请

① 陈一云主编：《证据学》，中国人民大学出版社1991年版，第290页。

法庭通知证人出庭作证，而不能由侦查、起诉机关直接决定进行强制或处罚。在庭审阶段，如果证人拒绝服从法院的作证命令，法院则有权对其进行强制处分；如果证人服从了法院的作证命令，则不能对其适用强制处分。总之，强制作证的权力只能属于法院，而且强制只能发生在法院发出作证命令后而证人拒绝服从的情况下。

对于第二个问题，即是否所有拒绝作证的人都一定受到强制处分？依照刑事诉讼法的规定，只有依法不享有拒绝作证权的人拒绝作证才可以被强制作证，如果依照法律他享有拒绝作证权，那么他就不能受到强制处分。具体说来，就是被告人的配偶、父母、子女除外。如果被告人的上述亲属拒绝作证，既不能强制到庭，也不能处以司法拘留。换言之，我国承认了部分的近亲属拒绝作证权。

另外，由于符合法律规定的证人可以不出庭的条件，而经法院准许不出庭的证人，不能作为拒证来处理。证人可以不出庭的情形，参阅《高法解释》第253条的规定，以及笔者在第三章第一节对传闻证据的探讨。

2. 证人保护制度

在现实生活中，证人很有可能因为怕得罪人、怕打击报复等思想顾虑而不愿或不敢作证，从而导致虽然接到法院的作证通知，却拒不到庭接受询问。针对这种情况，刑事诉讼法规定了事中保护和事后保护两方面的措施。

首先，事中保护制度。《刑事诉讼法》第64条规定，对于危害国家安全犯罪、恐怖活动犯罪、黑社会性质的组织犯罪、毒品犯罪等案件，证人、鉴定人、被害人因在诉讼中作证，本人或者其近亲属的人身安全面临危险的，人民法院、人民检察院和公安机关应当采取以下一项或者多项保护措施：不公开真实姓名、住址和工作单位等个人信息；采取不暴露外貌、真实声音等出庭作证措施；禁止特定的人员接触证人、鉴定人、被害人及其近亲属；对人身和住宅采取专门性保护措施；其他必要的保护措施。

证人等认为因在诉讼中作证，本人或者其近亲属的人身安全面临危险的，可以向公检法机关请求予以保护。公检法机关依法采取保护措施，有关单位和个人应当配合。

从可行性的角度来看，我国目前无论是从经费上还是从人员上，都无法做到对所有证人预先保护的程度。但对特殊案件的证人应当提供由公检法机关进行及时保护，以防止对证人进行伤害或报复。

其次，事后保护制度。对此，《刑事诉讼法》第63条规定："人民法院、人民检察院和公安机关应当保障证人及其近亲属的安全。对证人及其近亲属进行威胁、侮辱、殴打或者打击报复，构成犯罪的，依法追究刑事责任；尚不够刑事处罚的，依法给予治安管理处罚。"与此相对应，《刑法》第308条的"打击报复证人罪”规定：“对证人进行打击报复的，处三年以下有期徒刑或者拘役；情节严重的，处三年以上七年以下有期徒刑。”

3.证人经济补偿制度

《刑事诉讼法》第65条规定，证人因履行作证义务而支出的交通、住宿、就餐等费用，应当给予补助。证人作证的补助列入司法机关业务经费，由同级政府财政予以保障。有工作单位的证人作证，所在单位不得克扣或者变相克扣其工资、奖金及其他福利待遇。

首先，补助的阶段和机关。在我国，侦查、起诉和审判阶段，证人都可以得到经济补偿，每个阶段由对应的公检法机关具体支付。

《公安机关办理刑事案件程序规定》①（以下简称《公安规定》）规定，在侦查阶段，证人因履行作证义务而支出的交通、住宿、就餐等费用，应当给予补助。证人作证的补助列入公安机关业务经费。②《高检规则》规定，证人在人民检察院侦查、审查逮捕、审查起诉期间因履行作证义务而支出的交通、住宿、就餐等费用，人民检察院应当给予补助。③在审判阶段，证人出庭作证所支出的交通、食宿、就餐等费用，人民法院应当给予补助。④

其次，补助的标准。按照上述司法解释，证人因作证实际支出的交通、住宿、就餐等必要费用，必须给予补助。所谓必要费用，是指维持证人正常生活状态和履行出庭作证义务所应当支出的费用。具体应当按照机关事业单位工作人员差旅和补贴标准计算，因为机关事业单位对工作人员的差旅和补贴标准有明确规定，依这种标准计算简便易行；且该标准在社会中处于中游，不存在畸高畸低的情况。

刑事诉讼中的证人经济补偿没有明确包含误工损失。笔者认为，应当区分两种情况来对待：有工作单位的，单位照发工资和奖金，不用支付误工损失；没有工作单位的，应当支付误工损失，按照国家上年度职工日平均工资的标准来计算。⑤

---

① 《公安机关办理刑事案件程序规定》（2020年9月1日起施行）。

② 《公安规定》第77条第2款。

③ 《高检规则》第80条。

④ 《高法解释》第254条。

⑤ 例如，2019年日平均工资为346.75元。国家统计局2020年5月15日发布的2019年全国城镇非私营单位就业人员年平均工资数额，2019年全国城镇非私营单位就业人员年平均工资为90501元。按照人力资源社会保障部提供的日平均工资的计算公式，日平均工资标准为90501（元）÷12（月）÷21.75（每月工作日数）计346.75元。

最后，关于专家辅助人的补偿问题。笔者认为，专家辅助人的劳务费用应当由聘请方与其协商确定，不限于上面论述的证人补助的数额。

4.保证证人出庭的具体负责的机关

最高人民检察院在司法解释中规定，证人应当由人民法院通知并负责安排出庭作证。对于经人民法院通知而未到庭的证人的证言笔录存在疑问，确实需要证人出庭作证，且可以强制其到庭的，公诉人应当建议人民法院强制证人到庭作证和接受质证。[①]这一规定有其合理性。证人是依照法院的出庭通知出庭进行陈述的人，而且对不出庭的证人的处罚权也只有法院才有权决定，所以保证证人出庭的义务应当由法院承担，如果证人收到法院的出庭通知后不肯出庭提供证言，法院则可以决定强制到庭或者决定拘留，由司法警察负责将证人强制带到法庭。而控辩双方并不享有强制证人人身自由的权利，让他们强制证人到庭没有法律根据，如果控辩双方真的用拘束证人身体的方法将证人带到法庭反而可能构成非法拘禁罪。

虽然保证证人出庭的责任是法院的，但是控辩双方在申请通知证人作证时应当提供证人的姓名、住址、工作单位、联系方式。人民法院通知有关人员出庭的，可以要求控辩双方予以协助。[②]

二、对特定情形的证人应当赋予证人特权

在西方主要国家的刑事诉讼立法中，几乎都有拒绝作证权的规定。拒绝作证权是指公民在法定情况下可拒绝充当证人或对某些问题拒绝陈述的权利。在英美法中，拒绝提供证言的权利被称为特权（privilege），享有特权者可以拒绝提供证言或者阻止其他人对同一事项提供证明。立法规定拒绝作证权，目的在于保护特定的关系或利益，这些关系或利益从社会整体来考虑比有关证人可能提供的证言更为重要。从拒绝作证权的范围来看，除某些规定是为了维护国家利益外，主要是为了避免某些人履行作证义务与其“良心”和“职业利益”相抵触，是出于现实的考虑。

有美国学者认为，虽然欧洲大陆的法律思想可能会认为至少某些特权是与正确地查明事实这一目标相一致的，因为这些特权有助于防止伪证，但是英美法学家的分析一般是从这样一个前提出发，即承认这些特权构成了在诉讼中查明事实

① 《高检规则》第405条。

② 《高法解释》第252条。

的一个不断的阻碍。假设这个前提是成立的，这就没有争议地证明了，对人类的自由来说，存在比准确的司法更为重要的东西。这其中之一就是在特定的人与人之间的关系问题上，人们有不被政府干扰的权利。无论承认这些特权会给审判程序造成多大的障碍，这是普通法的历史选择，显然也是欧洲法的选择并且被整个西方社会普遍接受。为了保护特定的交谈关系——夫妻之间、当事人与律师之间以及忏悔者和神职人员之间——这个代价并不是特别大。①

拒绝作证权与证人资格不同。证人资格是指一个人能否作为证人提供证言，如果不具有证人资格，就不能向司法机关提供证言。而拒绝作证权是指具有法律规定情形的人可以拒绝提供证据，但他也可以放弃这项权利向司法机关提供证据，他提供的证据是可以采用的。换句话说，拒绝作证权是一种权利，可以行使也可以放弃；证人资格是证人提供证言的资格、条件或能力，不以证人本身的意志为转移。

下面，我们首先比较一下西方各国关于证人拒绝作证权的规定并试对之进行简单的评价，然后再讨论我国应该如何对待证人拒绝作证权。

（一）西方各国对证人特权的规定②

1.不被强迫自证其罪特权

不被强迫自证其罪特权是指证人因陈述而可能使自己受到刑事追究或处罚时，有权拒绝作证。在英国法中，这一权利的含义是，当证人回答了某个问题就会自陷于罪时，享有拒绝回答该问题的特权。证人向法庭提出理由之后，法庭根据案情和问题内容以决定是否允许其拒绝回答，在一般情况下，不能强迫该证人作证。在刑事诉讼中，被告人有权不充当证人，这也是不被强迫自证其罪特权的一种表现。美国《联邦证据规则》第501条规定，除联邦宪法、国会制定法和联邦最高法院根据授权确定的规则另有规定外，关于证人、个人、政府、州或有关政治组织的特权适用普通法的原则，由联邦法院根据理性和经验加以解释。但

---

① *Evidence: Cases and Materials*, Ninth Edition, by Jon R. Waltz and Roger C. Park, University Casebook Series, New York Foundation Press, 1999, pp.553–554.

② 本部分资料来源：1. 英国部分：王以真主编：《外国刑事诉讼法学》，北京大学出版社 1990 年版。2. 美国部分：《美国联邦刑事诉讼规则和证据规则》，卞建林译，中国政法大学出版社 1996 年版。3. 日本部分：《日本刑事诉讼法》，宋英辉译，中国政法大学出版社 2000 年版。4. 德国部分：《德国刑事诉讼法典》，李昌珂译，中国政法大学出版社 1995 年版。5. 意大利部分：《意大利刑事诉讼法典》，黄风译，中国政法大学出版社 1994 年版。6. 法国部分：《法国刑事诉讼法典》，谢朝华、余叔通译，中国政法大学出版社 1997 年版。

是，在民事诉讼中，如关于一项诉讼主张或辩解的内容需适用州法做出决定时，关于证人、个人、政府、州或有关政治组织的特权将按照州法确定。美国宪法修正案第5条规定，任何人，在刑事案件中，不得被强迫作为反对他自己的证人。这一规定的目的在于禁止政府使用暴力、强制或其他非法手段取得陈述、承认或坦白。这一特权只适用于自然人，而且只适用于强迫提供证词。不被强迫自证其罪的特权既适用于证人也适用于刑事被告人，在适用于被告人时有时被称为被告人的沉默权。日本刑事诉讼法（1999年版，下同）第一编第十一章询问证人第146条［拒绝证言权］规定，任何人，都可以拒绝提供有可能使自己受到刑事追诉或者受到有罪判决的证言。在第二编第三章审判第311条第1款同时规定了被告人的拒绝供述权，被告人可以始终沉默或对各项质问拒绝供述。德国刑事诉讼法（1994年修正，下同）第55条［拒绝证言权］规定，每个证人均可以对如果回答后有可能给自己、给第52条第1款所列亲属成员中的一员造成因为犯罪行为、违反秩序行为而受到追诉危险的那些问题，拒绝予以回答。对证人要告知他享有拒绝证言权。意大利1988年刑事诉讼法第198条［证人的义务］第2款规定："证人无义务就他可能因之而承担刑事责任的事实作证。"

以上这些国家的立法规定反对强迫自证其罪的特权是诉讼基本原则的必然要求。这一特权是基于无罪推定这一原则确立起来的，根据无罪推定原则，任何人在未被宣告为犯罪之前应被推定为无罪，而证实被告人犯罪的责任在起诉方，被告人没有证明自己无罪的义务，被告人在诉讼中享有沉默权。因而，刑事诉讼的被告人在法庭上可以沉默，可以拒绝作证。检察官不得依此向陪审团或法官发表被告人有罪的评论和辩论意见，一旦作出这种评论，有罪判决将被推翻。此项特权适用于刑事诉讼的一切阶段，即在整个刑事诉讼过程中，被追诉人都有权拒绝作证。这项特权继而扩大到证人，任何一名证人，不论是否被告人，对倾向于使自己牵连入犯罪的问题，都有权拒绝回答。证人的这种特权可以认为是被告人沉默权的一种延伸，因为根据无罪推定原则任何人都没有义务证明自己犯了罪，所以不能强迫证人提供证据来证明自己有罪，否则就违背了无罪推定原则。立法之所以规定这项特权，也正是为了禁止政府使用暴力、高压或其他非法手段取得有罪陈述和供述。

2.配偶、近亲属之间的拒绝作证权

英美法主要规定了配偶之间的拒绝作证权，称之为婚姻特权，是指不能强迫夫妻中的一方提供在婚姻存续期间从对方处获知的情况。但是，能够证明夫妻间交谈内容的其他证人，可以在法庭中予以披露。此外，如果夫妻一方已经死亡或婚姻关系已经解除，这项特权亦即消失。日本刑事诉讼法第147条［拒绝证言权］

规定：“任何人，都可以拒绝提供有可能使下列的人受到刑事追诉或者受到有罪判决的证言：一、自己的配偶、三代以内的血亲或者二代以内的姻亲，或者曾与自己有此等亲属关系的人；二、自己的监护人、监护监督人或者保佐人；三、由自己作为监护人、监护监督人或保佐人的人。”德国刑事诉讼法第52条［因个人原因的拒绝作证权］第1款规定：“以下人员，有权拒绝作证：被指控人的订婚人；被指控人的配偶，即使婚姻关系已不再存在；与被指控人现在或者曾经在旁系三亲等内有血缘关系或者在二亲等内有姻亲关系的人员。”意大利刑事诉讼法第199条［近亲属的回避权］规定：“被告人的近亲属没有义务作证。但是，当他们提出控告、告诉、或申请时或者他们的近亲属受到犯罪侵害时，应当作证。法官应当告知上述人员有权回避，并且询问他们是否行使此权利。上述规定还适用于同被告人有收养关系的人。上述规定还适用于下列人员，但以在配偶共同生活期间发生或者从被告人那得知的事实为限：（1）虽然不是被告人的配偶，但与其像配偶一样共同生活的人或者曾经与其共同生活的人；（2）已同被告人分居的配偶；（3）对其宣告撤销、解除或者终止同被告人缔结的婚姻关系的人。”

以上这些国家的立法之所以规定配偶、近亲属之间的拒绝作证权是为了维护特定的社会关系，如婚姻特权维护的是配偶间的信赖关系，而这些信赖关系对于整个社会的正常运转是至关重要的，如果让配偶的一方证实另一方的犯罪，那么夫妻之间就不可能相互信任，从而动摇家庭关系的稳固，甚至会动摇整个社会正常发展的基础。

3.关于职业秘密的拒绝作证权

英国法中关于职业秘密的特权只规定了律师有权对与当事人之间的秘密交谈和通信，包括有关诉讼的问题以及非诉讼的法律事务拒绝作证。但是，任何策划犯罪的或欺骗行为的交谈和通信不在此列。在英国，医师与病人之间，牧师与忏悔者之间的通信，并不享受特权。

美国法中关于职业秘密的特权较英国法宽泛，主要有律师与委托人之间的特权、医生与病人之间的特权、心理医生与病人之间的特权、牧师与信徒之间的特权、为提供情报者身份保密的特权。律师与委托人之间的特权的基本规则是，委托人可以拒绝泄露，也可以阻止他人（通常是律师）泄露他与律师之间的秘密交谈和通信的内容，但是在律师的帮助是企图犯罪或进行欺诈，或者当委托人因律师渎职而对其提起诉讼等情况下，不能主张这一特权。

日本刑事诉讼法第149条［拒绝证言权］规定：“医师、牙科医师、助产士、护士、律师（包括外国法事务律师）、代办人、公证人、宗教职业者或者曾经担任以上职务的人，对由于受业务上的委托而得知的有关他人秘密的事实，可以拒绝提供证言。但本人已经承诺或者拒绝证言可以认为只是为了被告人的利益而滥用权利（被告人为本人时除外）时，以及具有法院规则规定的其他事由时，不在此限。”

德国刑事诉讼法第53条［因职业上的原因的拒绝作证权］规定，因职业的原因而享有拒绝作证权的人包括：（1）神职人员，对于在作为心灵感化人时被信赖告知或者所知悉的事项；（2）被指控人的辩护人，对于在行使职务时被信赖告知或者所知悉的事项；（3）律师、专利代理人、财会师、宣过誓的查账员、税务顾问和税务全权代表、医生、牙科医生、药剂师和助产士，对于在行使职务时被信赖告知或者所知悉的事项；（4）特定的咨询人员，包括1992年7月27日颁布的《启蒙、避孕、计划生育和咨询法》第3条所规定的咨询点之成员或者受任人，以及由部门、团体、机构依据公法成立的基金会所认可的或者设立在其处的麻醉药品依赖问题咨询点的咨询人员，对于在行使职务时被信赖告知或者所知悉的事项；（5）联邦国会、州议会或者下院的成员，对于那些因为他们是这些机构的成员而向他们信赖告知事实的人员以及这些事实本身，或者对于他们以联邦国会、州议会或者下院成员的身份而向其信赖告知事实的人员以及这些事实本身；（6）因职业原因参与或者曾参与定期刊物或者无线电广播的准备、制作或者发行的人员，对于刊物或者无线电广播文稿与资料的作者、投稿人或者提供消息人的个人情况以及这些人员的工作内情，以这些情况涉及编辑部分的文稿、资料和报道为限。第53条a［职业帮助人的拒绝作证权］进一步规定，对上述人员中第1种至第5种人员的帮助人员和为了准备执业而参加职业活动的人员，等同于这些所称人员。帮助人员是否行使拒绝作证权，由第1种至第5种人员决定，但如果近期内不能获得决定时除外。

意大利刑事诉讼法第200条［职业秘密］、第201条［职务秘密］规定，下列第1类至第5类人员没有义务就因自己职务或职业原因而了解到的情况作证，第6类有义务不就特定事实作证，但他们有义务向司法机关作汇报的情况除外：（1）其章程与意大利法律制度不相抵触的宗教职业的司铎；（2）律师，法律代理人，技术顾问，公证人；（3）医生，外科医师，药剂师，产科医师，以及其他从事卫生职业的人员；（4）行使其他依法有权不就职业秘密作证的职务或职业的人员；（5）在职业登记册中注册的职业记者，他们有权对在职业活动中取得信赖性消息的来源保密，但是如果上述消息对于证明犯罪来说是必不可少的并且其真实性只能通过核实消息来源的方式加以确定，法官则命令该记者指出向其提供消息的人；（6）公务员、公共职员和受委托从事公共服务的人员有义务不就因其职务原因而了解到的并且应当保密的事实作证。

以上这些国家的立法之所以规定基于职业秘密的拒绝作证权与规定配偶、近亲属的特权的原因是类似的。即为了维护特定的社会关系，维护的是特定职业者与其服务对象的信赖关系，而这些信赖关系对于整个社会的正常运转是至关重要的，如果让律师证实委托人的犯罪，让牧师证明忏悔者的犯罪，那么委托人就不会如实向律师陈述案情，宗教的教化作用就会减小或消失，从而动摇特定社会关系的稳固。

4.关于公务秘密的拒绝作证权

英美法中确认了公务特权，即证人有权就有关公务秘密的问题拒绝作答。政府机关的行政首脑，代表政府的律师或检察官可享有此特权。

日本刑事诉讼法第144条［公务秘密与证人资格］规定，对公务员或者曾任公务员的人得知的事实，本人或该管公务机关声明是有关职务秘密的事项时，非经该管监督官厅的承诺，不得作为证人进行讯问。第145条进一步具体规定了享有这项权利的人员范围和承诺的机构，即包括众议院或参议院的议员，或者曾经担任过该项职务的，这些人员须经众议院或参议院承诺；内阁总理大臣或其他国务大臣，或者曾经担任过该项职务的，这些人员须经内阁承诺。众议院、参议院或者内阁除有妨害国家重大利益的情形外，不得拒绝承诺。

德国刑事诉讼法第54条［对法官、公务员的作证许可］规定，对以法官、公务员和其他公职人员为证人，就他们对此负有保守秘密义务的事项予以询问，以及对于是否许可他们作证，适用公务员法规中的特别规定；对于联邦政府或者州政府成员，适用对他们以此为准的特别规定；予以作证如果将给联邦或者德国某州带来不利的，联邦总统可以拒绝作证。以上人员不再担任公职时，对事关他们任职期间所发生或者为他们所知悉的事实，仍然适用前面的规定。

意大利刑事诉讼法第202条［国家秘密］规定，公务员、公共职员和受委托从事公共服务的人员有义务不就属于国家秘密的事实作证。如果证人以国家秘密作为不作证的根据，法官应当通知内阁总理，请求他对此作出确认。如果该秘密得到确认并且有关证据对于完成诉讼来说是至关紧要的，法官宣布因存在国家秘密而不应当进行诉讼。如果自送达上述请求后的60日内内阁总理未确认国家秘密，法官则命令证人提供证言。第203条［司法警察和安全机构的情报人员］规定，法官不得强令司法警察和警员以及情报和军事或安全机构的工作人员泄露其情报人员的名字。如果对这些情报人员不作为证人加以询问，则不得调取和使用由他们提供的情报。同时，刑事诉讼法第204条［排除秘密的情况］规定，与旨在颠覆宪政制度的犯罪有关的事实、情报或文件不得列入上述公务秘密的范围之内。

以上这些国家的立法之所以规定基于公务秘密的拒绝作证权是为了维护国家利益，在特定的人提供证据就可能使国家利益遭受损害时，法律规定这些人可以拒绝作证，有的国家甚至规定有义务不就这些事实作证。

从整体上说，西方国家立法规定拒绝作证权是价值权衡的结果。法律要求证人履行作证义务并如实作证是为了保障刑事诉讼的顺利进行，以完成惩罚犯罪和保护人权的最终目的。从个案来说，目的主要是使某一特定的犯罪受到刑事追究。但是，在查明案件事实、追究和惩罚犯罪的同时，不能不考虑其他社会价值，如法律的基本原则的要求、婚姻家庭的稳定、律师制度的贯彻、宗教对社会的影响、个人隐私权的保护以及国家利益的维护等。当其他社会价值大于追究某一特定犯罪者的刑事责任时，立法就必然选择保护更为重要或重大的利益，也就是所谓的“两利相较取其重，两害相较取其轻”。这样，虽然可能会放纵某一个犯罪者，但是更为重大和基本的社会利益或国家利益得到了维护，最终更有利于达到法律所追求的终极目标维护正常的社会秩序或者说维护统治阶级的统治。

从立法上说，西方国家刑事诉讼立法明确而又详细地规定证人在法定条件下有权拒绝作证，与各国刑事诉讼法中规定的证人拒绝作证的法律后果是相互呼应、相互配套的。也就是说，一方面立法详细规定了证人在哪些情况下有权拒绝作证，另一方面立法也详尽规定了证人作伪证或有隐瞒、拒绝作证的法律后果。如德国刑事诉讼法第70条［无理拒绝作证、宣誓］第1款、第2款规定，证人无法定理由却拒绝作证、宣誓的，要承担因拒绝造成的费用。对他同时还要科处秩序罚款和不能交纳罚款时易处秩序羁押。为了强制作证，也可以命令羁押，但羁押时间不得超过本诉讼审级程序的终结时间，也不得超过六个月。意大利刑事诉讼法第207条［作伪证或有隐瞒的证人，拒绝作证］第1款规定，如果在调查中证人的陈述自相矛盾、不完全或者与已掌握的证据相抵触，庭长或者法官应向其指出上述情况，重申第497条第2款（庭长告诫证人承担哪些刑事法律为虚假证明或沉默行为规定的责任——笔者注）提到的告诫。如果证人在法律明确规定的情况外拒绝作证，也应当重申上述告诫；如果证人继续拒绝作证，立即将有关文书移送公诉人，以便依法进行处理。日本刑事诉讼法第160条［拒绝宣誓、拒绝证言与罚锾、赔偿费用］规定，证人没有正当理由而拒绝宣誓，或者拒绝提供证言时，可以裁定处以10万元以下罚锾，并可以命令赔偿由于拒绝所产生的费用。第161条规定，犯这种罪的可根据情节并科以罚金及拘留。第162条［同行命令、拘传］规定，法院在必要时，可以以裁定命令证人同行到指定的场所。证人没有正当理由而不接受同行时，可以拘传。法国刑事诉讼法第110条规定，如果证人没有到庭，预审法官可以对拒绝出庭的证人采取传讯措施，通过警察强制其到庭，以传讯通知书进行并处第五级违警罪的罚款。如果证人出庭但拒绝宣誓作证，预审法官也可对其处以同样的刑罚。第111条规定，对任何公开声称认识某种重罪或轻罪的犯罪人而又拒绝回答预审法官为此向他提出问题的人，应判处11天至1年的监禁和375法郎至2万法郎的罚款。在英美法中，法院可以向证人发出传证令或传票命令证人出庭，证人无正当理由而拒绝出庭，可对其发出逮捕证或以藐视法庭罪予以惩罚。可见，西方各国在明确规定了证人拒绝作证权的同时，在立法中也明确规定了除法律规定可以拒绝作证的以外拒绝作证或作伪证的法律后果。这样就使立法显得格外严谨和科学，便于证人准确地理解自己的权利和义务；也只有在立法中明确、详尽地规定证人拒绝作证权的范围，才能将证人无正当理由拒绝作证的法律后果落到实处，真正得到贯彻实施。

（二）我国刑事诉讼法中规定的证人特权

在2012年刑事诉讼法修改以前，我国诉讼法学界对拒绝作证权的探讨较少，证据学教材对此问题一般只是概括性介绍，对它的评价一般趋向于否定，如认为“关于公务秘密、神职人员的职业秘密等可以拒绝作证的规定，无疑是为了维护资产阶级的统治”。①有的学者认为，证人拒绝作证权“是封建法律亲亲相隐原则的继续，并不符合现代诉讼精神”。②我国在立法上规定了解案件真实情况的人都有作证的义务，不论这种人与当事人有无亲属关系。学者们认为，这种规定有利于发挥他们作证的积极性，有利于查清案件的客观真实。③至于我国是否应当确立证人拒绝作证权，较早提出的是关于辩护律师的拒绝作证权，多数观点主张辩护律师基于职业秘密应当享有拒绝作证权。④也有学者在论文中提及我国应建立适合国情的证人特权规则（证人拒绝作证权），但没有详细进行论证。⑤

2012年我国修改刑事诉讼法时，借鉴了西方国家刑事诉讼法中有关证人拒绝

① 巫宇甦主编:《证据学》，群众出版社1983年版，第200页。

② 胡锡庆主编:《诉讼证据学通论》，华东理工大学出版社1995年版，第43页。

③ 陈一云主编:《证据学》，中国人民大学出版社1991年版，第291页。

④ 参阅陈一云主编:《证据学》，中国人民大学出版社1991年版，第293—295页；陈光中、严端主编:《中华人民共和国刑事诉讼法修改建议稿与论证》，中国方正出版社1995年版，第156—160页。

⑤ 程荣斌:《内地的刑事证据制度》，1999年1月内地与香港诉讼制度研讨会论文。

作证权的规定，在我国刑事诉讼法中规定证人在特定情况下有权拒绝作证。理由主要有两点：一是价值权衡的要求。在我国刑事诉讼法中同样存在比追究个案犯罪者刑事责任更为重要的价值，如近亲属之间的信任、律师的职业秘密保护等，立法明确规定了保护更重大价值的拒绝作证权。二是解决我国刑事诉讼中证人拒绝作证问题的必要手段。我国刑事诉讼法规定了对无正当理由不出庭的证人可以强制到庭并且可以处以司法拘留，那么就必然涉及是否所有拒绝作证的证人都要受到制裁的问题，如果不是，那么哪些证人是有权拒绝作证的就必须由法律明确规定，除了法律明确规定的情形外，其他证人必须作证并且必须如实作证，否则就要受到法律的制裁。所以，立法增加规定证人拒绝作证权是解决我国司法实践中证人拒绝作证现象的一个有效的并且必要的手段。

从以上引用的西方各国刑事诉讼法条文来看，对证人作证问题的规定有两大特点或者说是趋势：一是对无正当理由拒绝作证的证人的处罚规定得越来越详细，处罚越来越严厉；二是拒绝作证权日益扩大，如意大利，有权拒绝作证的人包括可能自陷于罪的人，被告人的近亲属，宗教职业的司铎，律师、法律代理人、技术顾问、公证人，医生、外科医师、药剂师、产科医师以及其他从事卫生职业的人员，职业记者，公务员、公共职员和受委托从事公共服务的人员，司法警官和警员以及情报和军事或安全机构的工作人员等。德国更进一步扩大到职业帮助人。我国刑事诉讼法目前承认了三种证人特权：

1.不被强迫自证其罪的特权

《刑事诉讼法》第52条规定，不得强迫任何人证实自己有罪。这意味着我国承认了不被强迫自证其罪的特权（The Privilege Against Self-Incrimination）。同时，在第120条第1款规定，犯罪嫌疑人对侦查人员的提问，应当如实回答。由于条文使用的词汇是“任何人”，因此这一特权不仅犯罪嫌疑人、被告人享有，而且证人、被害人也享有这一权利。

2.配偶、近亲属之间的证人特权

《刑事诉讼法》第193条第1款规定，被告人的配偶、父母、子女，即使在法院通知出庭后没有正当理由不出庭作证，也不能被强制到庭。

对于近亲属之间的拒绝作证权，我国古代《论语·子路》中有“父为子隐，子为父隐，自在其中”。在法律上规定始自汉朝，汉律规定了“亲亲得相首匿”，即亲属之间可以互相隐匿犯罪，而不负或少负刑事责任。汉宣帝地节四年（公元前66年）诏：“父子之亲，夫妇之道，天性也。”[1]到了唐朝，基于“屈法以伸伦

① 《汉书·宣帝纪》。

理”的“亲亲”观念，于《唐律疏议·名例》“同居相为隐”条确立了同居相隐不为罪的刑法原则。其相容隐的范围，较之汉律的“亲亲得相首匿”有进一步扩大，包括同财共居之人，大功以上亲属，外祖父母、外孙、孙之妇、夫之兄弟及兄弟妻，相互之间包庇犯罪而不负刑事责任；部曲、奴婢包庇主人也不追究刑事责任；小功以下亲属之间容隐犯罪，减凡人三等治罪。但唐律的以上规定，不适用于谋反、谋大逆和谋叛罪。同居相为隐原则反映出封建的家、国关系。统治阶级注重伦常，从正父子之伦、明尊卑之序到严君臣之分，最终目的是巩固皇权，也就是巩固当时的统治秩序。

我国刑事诉讼法赋予犯罪嫌疑人、被告人的配偶、近亲属拒绝作证权，目的是维护夫妻之间、近亲属之间相互的信任关系，避免证人证实配偶、近亲属犯罪时的心理矛盾和为难情绪，也就是“屈法以伸伦理”。[①]至于享有特权的人员范围，比《刑事诉讼法》第108条第6项规定的人员范围要狭窄，不含“同胞兄弟姐妹”。

需要指出的是，近亲属之间的拒绝作证权可以放弃，如果犯罪嫌疑人、被告人的配偶、近亲属愿意提供证言或其他证据，应当许可。而且，在侦查或者调查、审查起诉阶段，近亲属并没有拒绝提供证言的权利。

3.关于律师职业秘密的特权

《刑事诉讼法》第48条规定了辩护律师的证人特权及其例外。辩护律师对在执业活动中知悉的委托人的有关情况和信息，有权予以保密。但是，辩护律师在执业活动中知悉委托人或者其他人，准备或者正在实施危害国家安全、公共安全以及严重危害他人人身安全的犯罪的，应当及时告知司法机关。

关于职业秘密的拒绝作证权，除了上述西方国家法律中规定的基于职业秘密的拒绝作证权的立法例外，世界刑法学协会第十五届代表大会《关于刑事诉讼法中人权问题的决议》第14条规定：“一切证据调查必须尊重职业秘密特权。”[②]

（三）我国证人特权完善展望

1.职业秘密特权是否应当扩大

我国目前没有规定其他职业秘密的拒绝作证权。对于神职人员，由于宗教在

---

① 同意赋予配偶、直系血亲和姻亲拒绝作证权的观点，参阅刘荣军：《论证人的证言拒绝权》，载《法学》1999年第5期。

② 陈光中主编：《刑事诉讼法（修正）实务全书》，中国检察出版社1997年版，第613页。

我国社会生活中的作用不像基督教国家那样大，佛教、道教也不奉行向神职人员忏悔的做法，因而没有必要规定。对于记者，因为其职业秘密相对于诉讼的正常进行来说不属于更重大的社会价值，法律不应赋予其拒绝作证权。对于医生（含心理医生，以及牙科、外科、产科等）行使职务时被信赖告知或者知悉的事项应当根据不同的情况区别对待，如果知悉的事项系个人隐私，医生应当为之保守秘密，应当享有拒绝作证权；如果仅是在行使职务过程中了解到的其他事项，如伤的严重程度、治疗过程等，不应作为职业秘密，不能对这类事实拒绝作证。将来在修改立法中，可以考虑增加医生对在履行职务时被信赖告知或者知悉的事项中的个人隐私享有拒绝作证权。

2.公务特权是否应当确立

刑事诉讼法目前仍然没有承认公务秘密的拒绝作证权。对于公务秘密的拒绝作证权，有的学者提出，我国行政法中已有先例：《外交特权与豁免条例》[①]第14条第4款规定："外交代表没有以证人身份作证的义务。"外交代表的配偶及未成年子女，如非中国公民，也享有此项权利。《领事特权与豁免条例》[②]第15条第1款规定：领事成员"没有义务就其执行职务所涉及事项作证"。第15条第2款规定："领事官员拒绝作证，不得对其采取强制措施或者给予处罚。"从而，认为这是我国已经承认的拒绝作证权。[③]笔者认为，这属于外交特权与豁免的范围，适用于外国公民，似乎不应当作为证人拒绝作证权来看待，而应当视为外交特权及领事特权的一个组成部分。

笔者认为，借鉴以上对西方国家公务秘密特权的比较和分析，我国刑事诉讼法将来也可以考虑确认公务人员在提供证据将严重损害国家利益时享有拒绝作证权，但范围不宜太宽，应当仅限于国家主席、国务院总理、副总理、政府各部部长。国家主席、国务院总理可以自行决定是否基于公务秘密行使拒绝作证权，其他人员基于公务秘密拒绝作证应当由国务院总理确认是否属于公务秘密。但是，如果要求上述人员提供的证据是与旨在推翻现政权的犯罪有关的事实、情报或文件，则不得以公务秘密为由拒绝作证。

---

① 《外交特权与豁免条例》，1986年9月5日第六届全国人民代表大会常务委员会第十七次会议通过。

② 《领事特权与豁免条例》，1990年10月30日第七届全国人民代表大会常务委员会第十六次会议通过。

③ 武鼎之：《证人拒证，良策何在——完善中国证人权利保障制度构想》，载《人民检察》1999年第3期。

第五节　令状主义规则

一、令状主义规则的含义

令状，是对英文中warrant的翻译。根据《牛津现代高级英汉双解词典》的解释，warrant的含义首先是“根据”“权威”，第二个含义是“令状、授权状或者委任状”。对令状的英文解释是，“written order giving official authority for sth.”，[①]准确地译成汉语应当是：“对某件事授予官方的权力的书面命令。”在刑事诉讼中，令状是指逮捕状、搜查状、扣押状。

所谓“令状主义”，是我们在研究介绍国外的刑事司法制度时对下面一种现象的归纳：在英美法系国家和现代的大陆法系国家，执行侦查职能的警察（或其他侦查人员）只有获得了法官签发的令状的许可，才有权力执行逮捕、搜查和扣押。对于“令状主义”，很多教材、专著和文章都只是直接使用这一词汇，对它进行全面的定义较为少见，笔者这一定义是根据学者们通常使用这个术语的习惯自己归纳的。由此可见，令状主义的要求有以下几个方面：

1.对公民的自由权、财产权和隐私权的侵犯，必须根据令状才能进行。

2.对公民自由权、财产权和隐私权的侵犯的决定，只能由中立的法官作出，不能由侦查机关自己决定。

3.法官在签发上述令状时必须根据法律规定的理由。

4.禁止颁发普遍适用的逮捕、搜查、扣押的令状，即general warrant，不指定具体的被逮捕、搜查、扣押的人或物或地点的令状。

令状主义是司法权与行政权相互分离的结果。行政机关的权力只限于行政行为，而确认不法行为与命令制裁，则保留于法院。“为了要确认不法行为的发生和处以惩罚，行政机关必须求助于法院。同样地，也只有法院才有权处理行政机关和私人当事人之间因契约所产生的争端。在整个政府活动里，公共行政只是一个很低级的机关。[②]通过国家行政机关所代表的国家，在法院

---

① 《牛津现代高级英汉双解词典》第1295页，商务印书馆、牛津大学出版社1988年版。

② 参阅罗斯柯·庞德：《法院的组织》，载《美国司法协会季刊》（1927）第2期，第69—70页。——原注

面前处于和私人一样的地位。”[①]从而形成“司法控制下的行政”的状态。公民的基本权利是始终享有、不可剥夺的，如果侵犯公民的基本权利，则必须依照严格的法定理由，并且由合适的机关作出这种决定。如果允许行政机关自行决定对公民基本权利的侵犯行为，那么公民的这些基本权利就很难得到保障，因为行使侦查权的机关的目的就在于追究犯罪，它将很轻率地决定对公民的权力进行侵犯。而将是否允许这种侵犯的决定权交给法院，那么法院就可以成为暴政的防御力量。把侵犯公民基本权利的决定权赋予中立的法院，是最大限度地减少国家对个人权利践踏的最好方法。“令状的意义在于，合理根据的决定（更实际地看）是由司法行政长官作出的，他不是警方人员，所以就会更公正地检查那些促使警察决定搜查的证据。”[②]正因如此，现代的刑事诉讼几乎毫无例外地规定对公民进行逮捕、搜查和扣押必须根据法官签发的令状进行，即“令状主义”。

二、国外立法及国际条约的规定

对令状主义的规定最为经典的是美国宪法修正案第4条的表述：“人民保护其人身、住房、文件和财物不受无理搜查扣押的权利不得侵犯；除非有合理的根据认为有罪，以宣誓或代誓宣言保证，并详细开列应予搜查的地点、应予扣押的人或物，不得颁发搜查和扣押证。”[③]根据这一规定，警察或其他侦查官员在执行逮捕、搜查、扣押之前，必须获得令状。除了传统意义的搜查和扣押外，必须获得令状的情况还包括电子和机械窃听、搭线窃听等侦查活动。[④]令状由治安法官（magistrate）签发，警察需要提供给治安法官足够的证据，证明可成立的理由（probable cause）的存在，法官才可能签发令状，准许警察进行搜查、扣押或者逮捕。当然，在有证搜查之外，还允许紧急状况下的无证搜查，包括逮捕附带的搜查、由于情况紧急而来不及获得搜查证的情况下所进行的搜查。逮捕也分为有证逮捕和无证逮捕，所谓无证逮捕是由于情况紧急，事先未取得逮捕的令状而进

① ［奥］凯尔森著:《法与国家的一般理论》，沈宗灵译，中国大百科全书出版社 1996 年版，第 306—307 页。

② ［美］理查德·A. 波斯纳著:《法律的经济分析》，蒋兆康译，中国大百科全书出版社 1997 年版，第 895 页。

③ 《外国宪法选译》，肖君拥等译校，法律出版社 2015 年版，第 172 页。

④ *Evidence: State and Federal Rules*, by Paul F. Rothstein, Myrna S. Raeder and David Crump, West Publishing Co. 1997, p. 256.

行的逮捕，它是一种紧急情况的例外。

在英国，在一般情况下，警察对嫌疑人进行搜查时，必须事先向治安法官提出书面申请，由治安法官批准后签发搜查证，由警察负责执行。搜查证自签发后1个月以内有效，每张搜查证只能使用一次。如果是有证逮捕，则可以在逮捕后进入犯罪嫌疑人的房屋进行搜查而不必另用搜查证。但如果是无证逮捕，则不允许在逮捕后直接进入嫌疑人的房屋进行搜查。在情况紧急时，警察可以没有搜查证而对犯罪嫌疑人的人身与车辆进行搜查。逮捕也一样需要法官签发的令状，在通常情况下，警察认为需要逮捕犯罪嫌疑人时，需要向法庭证明为什么要逮捕他，然后由治安法官签发逮捕令，才能执行逮捕。无证逮捕适用的范围是非常有限的，是在紧急情况下的例外。

德国刑事诉讼法第98条规定："是否扣押，只允许由法官，在延误就有危险时也可以由检察院和它的辅助官员做出决定。对于第97条第5款第2句的在编辑部、出版社、印刷厂或者广播电视台房间里的扣押，只允许由法官决定。"接着在同一条中又规定，对于未经法官决定而当事人又有异议的扣押，应当在3日以内提请法官确认扣押。第98条b、第100条、第100条b、第100条d、第111条、第111条e规定，对于排查、传送数据，对于信件、邮件和电报的扣押，对电讯往来是否监视、录制，秘密侦查手段的使用，是否设立检查卡，决定扣押、假扣押，只允许由法官，在延误就有危险时也可以由检察院决定。检察院决定后，应当不延迟地提请法官确认。在3日内（扣押、假扣押为1周）未得到法官确认的，决定失去效力。第114条规定，决定待审羁押时，法官签发书面逮捕令。[①]从以上规定我们可以看出，在德国的刑事诉讼中，所有的对人身、财产、隐私权利的侵犯都必须由法官做出决定，即只能依据法官的令状实施，在紧急的情况下检察院也有决定权，但必须在事后获得法官的确认，否则无效。而且，由法官决定的侦查行为不仅包括逮捕、扣押和搜查，还包括排查、传送数据，对电讯往来的监视、录制，秘密侦查手段的运用等。

法国刑事诉讼法第92条规定："预审法官可以到必要地点进行一切有效的调查，或者进行搜查。"第100条规定："在重罪或轻罪案件中，如果可能判处的刑罚为2年或2年以上监禁，预审法官为了侦查的必需，可以决定截留、登记和抄录邮电通讯。此项措施由他授权并监督。"第122条规定："预审法官可以根据情况的需要，签发传票、拘传证、拘留证或逮捕证。"[②]因此，法国的搜查、扣押和

① 《德国刑事诉讼法典》，李昌珂译，中国政法大学出版社1995年版，第27—50页。

② 《法国刑事诉讼法典》，余叔通、谢朝华译，中国政法大学出版社1997年版。

逮捕以及其他强制性的侦查行为的决定权由预审法官行使。对于预审法官是否属于执行司法职能的法官，法国国内也有过争论，因为预审法官负责领导和指挥侦查，由他决定这些强制行为似乎与应由执行司法职能的法官决定不相一致。1993年1月4日通过的法案曾将预审法官的双重职能分开，但同年8月24日的法案又恢复了原来的做法。

日本刑事诉讼法第99条、第100条、第102条规定，查封、扣押、搜查都必须由法院决定。[①]逮捕、搜查、羁押、查封、勘验、鉴定处分和拘禁鉴定等强制行为，都必须由检察官、检察事务官和司法警察提出请求，法官认为请求合法且有理由时，签发令状予以许可。[②]

除了上述美、英、德、法、日五国刑事诉讼法规定了令状主义外，世界刑法学协会第十五届代表大会《关于刑事诉讼法中人权问题的决议》第8条规定，影响被告人基本权利的任何政府措施，包括警察所采取的措施，必须有法官授权，并且可受司法审查。第9条规定，除第8条所述的情况外，任何由警察采取的措施或起诉机关的关于强制措施的决定，均应在24小时内取得法官的认可。[③]根据这两条规定，警察采取的强制公民人身权利、侵犯财产权利和隐私权的行为都必须事先获得法官的授权，换句话说，侦查人员进行强制侵犯公民人身权利、财产权利和隐私权的行为，必须依照法官签发的令状进行。

三、我国立法的相关规定

我国刑事诉讼法中规定的对人身、财产、隐私权的侵犯措施，共有三类：第一类是强制性的侦查行为；第二类是刑事诉讼的强制措施；第三类是技术侦查措施。

第一类，是刑事诉讼法第二编第二章侦查中规定了大量的强制性的侦查措施，包括强制检查人身、搜查、扣押等，这些都是对公民人身、财产、隐私权利的侵犯。对于这些措施，我国的刑事诉讼法将适用的决定权完全交给了侦查机关（在检察院直接受理的案件中由检察院决定），不实行由法官签发令状的制度。侦

---

① 《日本刑事诉讼法》，宋英辉译，中国政法大学出版社2000年版。

② 程味秋主编:《外国刑事诉讼法概论》，中国政法大学出版社1994年版，第183—186页。

③ 陈光中主编:《刑事诉讼法（修正）实务全书》，中国检察出版社1997年版，第613页。

查机关可以自行决定人身的强制检查，自行决定搜查，自行决定扣押物证、书证和邮件、电报，不受法官的制约。在监察委员会调查的案件中，搜查扣押等行为由监察委员会决定，也不需要获得法院的令状。

第二类，是总则的强制措施一章中规定的限制人身自由的各种强制方法和手段，包括拘传、取保候审、监视居住、拘留和逮捕。对于这些强制措施的适用，侦查机关除了不能自行决定逮捕以外，其他四种强制措施都可以由侦查机关自行决定。根据《刑事诉讼法》第91条的规定，拘留的最长羁押期限可以达到37天，对于如此严重地限制公民人身权利的措施由侦查机关自身就可以决定。而且，虽然侦查机关不能自行决定逮捕，对侦查机关提请批捕是由检察院决定而非法院决定。也就是说，侦查机关在采取这一类限制人身自由的措施时，全部都不需要法官签发令状，即使是长期羁押的逮捕这种措施，也不必由法官决定，直接由检察机关批准就可以了。在监察委员会调查的案件中，留置由监察委员会决定，也不需要获得法院的批准。

第三类，是技术侦查措施。技术侦查措施包括窃听、电话窃听、秘密搜查、秘密提取物证、邮检、秘密录音录像等方法。这些手段的使用比上述两类强制手段对隐私权的侵犯更加严重。

在我国，技术侦查措施按照决定机关的不同，又分为技术侦查措施和技术调查措施。刑事诉讼法规定的称为“技术侦查措施”，公安机关、检察院有权决定采用技术侦查措施。对于批准的权限，《刑事诉讼法》第150条第2款仅规定了“经过严格的批准手续”，公安机关的规定对此予以了明确，即由设区的市一级以上公安机关负责人批准，制作采取技术侦查措施决定书。①由这条规定可以看出，侦查机关只需要内部审核批准，并不需要外部批准，更不需要法院签发令状。

监察法规定的称为“技术调查措施”。监察机关调查涉嫌重大贪污贿赂等职务犯罪，根据需要，经过严格的批准手续，可以采取技术调查措施。②从这条法律规定可以看出，监察机关有技术调查措施的决定权，与侦查机关类似，也是通过内部审批的方式防止滥用，并不需要法院签发令状。

从以上分析可以看出，在我国，无论是对人身权、财产权、隐私权的侵犯，都是由侦查机关或者调查机关自行决定，不需要事先获得法官的令状，事后也不受法院的审查。更明确地说，在我国目前的刑事诉讼法和监察法中，并没有实行

① 《公安规定》第265条。

② 《监察法》第28条。

上述的令状主义规则。

四、建议吸收令状主义规则

我国刑事诉讼法之所以没有规定令状主义规则，而将强制性侦查行为的决定权交由侦查或者调查机关自行行使，笔者认为其原因主要有：第一，我国立法机关在制定刑事诉讼法时认为，实施搜查、扣押等行为主要是收集证据，至于实施措施时可能出现的强制性，则认为是次要的。第二，受历史和文化影响，我国刑事诉讼法中对真实查明的价值非常重视，对约束警察权、保障人权的具体措施则重视不足。近年来逐步完善的非法证据排除规则在这方面取得了很大的进展，同时也应该在源头上即事前授权角度进一步防止警察权的滥用。第三，是因为我国侦查或者调查机关与法院的关系问题尚未理顺。依《刑事诉讼法》第7条关于公、检、法三机关分工负责、互相配合、互相制约的规定，公、检、法三机关中法院并不拥有特别的权威，法院和公安机关一样都只是法律的执行者而已。

从长远来看，我国可以考虑在立法上确立令状主义规则，即侦查机关或者调查机关在进行侵犯公民人身、财产、隐私权利的行为之前，必须获得由法官签发的令状才能进行，只有在法律明确规定的紧急情况下才可以无证进行，但事后须经法官确认，否则该项搜查、扣押、逮捕等行为获得的证据原则上应当作为非法证据予以排除。

吸收令状主义规则的理由，最重要的一点是，实行令状主义是在刑事司法领域保护人权的重要方面。侦查或者调查机关进行的强制人身检查、搜查、扣押、拘留、逮捕等措施不仅可能对被追诉人的人身权、财产权、隐私权进行侵犯，还有可能侵犯案外人的财产权和隐私权。这既不利于社会文明程度的提高，甚至不利于社会的稳定。因此，国家对公民的人身权、财产权和隐私权进行侵犯只能是为追究犯罪所必需时才可使用，即国家是在不得已的情况下才能决定对公民的人身权、财产权和隐私权进行侵犯。那么，应当由哪个机关来判断采取的这些行为是追究犯罪所必需的呢？由于侦查机关、调查机关和起诉机关的职责就是追究犯罪，由他们来决定可能会导致使用这些措施的随意性。只有由法官来签发实施这些行为的令状才是最为合适的，因为从理论上说法官在诉讼中是处于中立的地位，他没有自己的主张，也没有自己的利益，由他签发可以保证令状签发程序的公正性。

此外，实行令状主义有利于制止侦查或者调查机关的任意拘留、搜查、扣押的行为。由于令状主义要求侦查或者调查机关在实施侵犯公民人身权、财产权、隐私权的行为之前要获得法官的同意，所以侦查或者调查机关在进行这些行为时就有了限制，减少了任意性。

对于我国实行令状主义的具体设计，笔者认为，应当在刑事诉讼法和监察法中明确规定，侦查或者调查机关在对公民采取强制其人身、财产和隐私权利的行为之前，必须获得由法官签发的令状。这里有几个问题需要进一步说明：

1.这里的侦查机关，包括依照刑事诉讼法行使侦查权的一切机关，即包括公安机关、人民检察院、国家安全机关、军队保卫部门、海警局和监狱。调查机关，是指监察委员会。

2.这里的强制人身、财产、隐私权利的行为，包括上述的那三类强制行为，即强制检查人身、搜查、扣押；拘传、取保候审、监视居住、拘留和逮捕；各种技术侦查或者调查手段，包括窃听、电话窃听、秘密搜查、秘密提取物证、邮检、秘密录音录像等。特别是第三类强制手段，应当尽快规定这些行为只能根据法官签发的令状进行，以切实保护公民的基本权利不受国家的随意侵犯。

3.对于应当由谁来签发这些令状，我国学者曾有人提出由检察官签发。"各国立法对强制性处分的运用均采取令状主义原则。对强制性处分权行使的监督与制约，也可以考虑不同方案或几种方式并用：派员直接参与案件的某些强制性侦查活动，如搜查、扣押等；公安机关先行拘留犯罪嫌疑人后，应在一定期限内（如24小时以内）将拘留的有关情况向检察官通报，以便其实施监督；借鉴其他国家强制处分采取令状主义的经验，结合我国实际情况，公安机关在采取搜查、扣押等涉及公民基本人权的侦查行为时，除紧急情况外，应当事先取得有检察机关签发的许可证。"[①]笔者不能赞同，具体理由已经在上面阐述过了。那么，应当由哪一级法院的哪一个法官签发呢？

笔者的建议是，应当由侦查或者调查机关所在地的基层人民法院中的法官签发。为了避免事先受到案件情况的影响，签发令状的法官与将来审理该案的法官不能是同一个人，因此可以在各基层人民法院内部增设独立的令状审查庭，由该庭的法官专门负责令状的签发。

4.对于签发令状的具体标准，应当根据不同的手段而不同。例如，签发拘留和逮捕令状的标准可以就依照目前刑事诉讼法规定的拘留、逮捕的条件进行；而强制检查人身、搜查、扣押和采取技术侦查或者调查手段则应当是已经有一定的

---

① 宋英辉、张建港:《刑事程序中警、检关系模式之探讨》，载《政法论坛》1998年第2期。主张将搜查、扣押等强制侦查行为决定权收归检察机关的观点，另参阅左为民、刘涛：《非法证据排除规则的确立与完善》，载《法商研究》1999年第5期。

证据表明被追诉人有犯罪行为，或者说有充分的理由认为他有犯罪嫌疑。

5.法官在签发令状的时候，必须在令状中载明要拘捕的人、要搜查的地点或人身、要强制检查的人、要扣押的物证或书证等，以及有效期限，禁止签发普遍使用的一般性令状。

6.令状主义也应当规定例外，即侦查人员或者调查人员在情况确实紧急，来不及申请签发令状的情况下，可以先实施该强制手段，在三日内请求法院加以确认。如果法院不予确认，则该行为取得的证据也就不具有可采性。

第三章　采证规则

谈到采证规则，首先应当探讨一下应当由谁来确定证据是否具有可采性，是只有法院才存在排除不具有可采性的证据的问题，还是检察院、公安机关也有义务排除不具有可采性的证据的问题。可采性是解决一项证据是否能够被法庭采纳的问题，从可采性的概念上分析，证据的可采性问题是针对法院而言的，而不是针对检察院或者侦查机关而言的。对可采性有争议的证据，应当由控辩双方提出动议，由法官进行听审，最后决定是否具有可采性。

但是，不可否认的是，法院的证据可采性的判断规则对检察院将有重大影响。检察院在提起公诉之前，应当参照法院确定证据可采性的标准来衡量自己的控诉证据，决定哪些证据在法庭上提出，哪些证据不向法庭提出，以保证起诉的质量。不仅如此，证据的可采性规则还会对侦查机关或者调查机关的取证行为产生巨大的影响，因为如果违反了法院的要求，侦查机关或者调查机关的取证活动就会失去意义。

第一节　传闻证据规则

一、域外法律中关于传闻证据的规定

（一）传闻证据的定义

在采取当事人主义立法例的国家，经常因为顾及证据的真实可靠性，而排除缺乏可信性的证据资料，使其根本不能作为证据使用，其中最为重要的，莫过于传闻证据的排除。

传闻证据排除规则（The rule against hearsay），简单地说，就是传闻证据不具有可采性，在审判中不能作为证据使用。美国《联邦证据规则》第802条规定："传闻证据，除联邦制定法、本证据规则或由联邦最高法院制定的规则另有规定外，不能采纳。"①

① FRE Rule 802, United States Code Annotated.

那么，什么是传闻证据呢？

“最为广义的普通法（与成文法不同的判例法）中传闻证据的定义是：在审判或询问时作证的证人以外的人所表达或做出的，被作为证据提出以证实其所包含的事实是否真实的，一种口头或书面的意思表示或有意无意地带有某种意思表示的非语言行为。”[①]依据上述普通法中的定义，传闻证据可以是：（1）口头的；（2）书面的；（3）行为，即动作。传闻证据可以分解为一个三步过程：（1）一种意思表示（或动作—作为—转变成一种意思表示，例如指着某人作人身辨认）；（2）这种意思表示是由在法庭上作证的证人以外的人（也可以称为庭外陈述者或行为者）作出或完成的；（3）它们是作为证据被提出，以证明它们所包含的事实是否真实。确定一项证据是否为传闻证据，与该项证据指向的争论点密切相关。例如，证人在法庭上作证时回答律师的提问：“1996年5月2日，被告对我说，‘昨天我在A市’。”如果争论点是被告人1996年5月1日是否在A市（也就是说，如果被告的庭外陈述是被提供出来证实包含与其中的意思表示是否真实），这个证言就是标准的传闻。然而，如果争论点是1996年5月2日被告是否讲过这样的话，那么上述证言就不是传闻。

有学者在解释传闻证据规则的时候介绍了一个生动的例子：“丑陋的证人。”这个例子讲的是一位检察官在起诉一个案件时，发现其中的一个控方证人的形象非常讨人厌。该证人长相丑陋，神情猥琐，口齿不清。该检察官在开庭前把他藏在法院的地下室里，然后找了一个形象英俊、说话标准的话剧演员代替该丑陋的证人出庭。开庭后，检察官向替身提出问题，替身到地下室问出答案，再回到法庭上回答该提问，如此往复。这样做固然可以防止这个证人给陪审团留下不好的印象，但同时也阻止了辩方律师对丑陋证人的反询问，从而无法检验丑陋证人的感知、记忆和陈述能力。该丑陋证人在地下室向英俊小伙作出的陈述就是传闻，因为这份原始陈述作出者的未经宣誓的证言被提交到法庭上证明陈述的真实性。[②]

在真实案件的报告中所能找到的有关标准性传闻最有利的例证，是Raleigh案。[③]正是该案导致了排除传闻证据规则的形成。在两名庭外证人陈述的基础上，Raleigh被指控犯有谋反罪。第一个陈述是Lord Cobham写给枢密院的一封信，大

① ［美］乔恩·R. 华尔兹著：《刑事证据大全》，何家弘等译，中国人民公安大学出版社1993年版，第81页。

② ［美］乔恩·R. 华尔兹著：《刑事证据大全》，何家弘等译，中国人民公安大学出版社1993年版，第84—85页。

③ Ben Trachtenberg, *Coconspirators*, “*Coventurers*,” *and the Exception Swallowing the Hearsay Rule*, 61 Hastings L. J. 581 (2010).

意是说二人一同参与了推翻伊丽莎白一世女王的阴谋活动。第二个陈述由一位葡萄牙绅士作出，而由一名英国水手Dyer转述的，内容是Raleigh将割破英国国王的喉咙。尽管被告人辩称控方的传闻证据不可靠，法庭还是准许了这两项证据，导致被告人被认定有罪。正是由于这些不公正的叛国案件的审理程序，光荣革命后的改革者们开始论述有缺陷的诉讼程序会导致不公正的结果，最终发展出了传闻证据规则。

（二）排除传闻证据的理由

传闻证据的排除规则，从理论上说，实际上是直接审理主义的当然结果。虽然英美法和大陆法都实行直接审理主义，但其各自的着眼点不同。在大陆法系，直接审理主义的主要目的是依证人的态度，形成法官正确的心证，即偏重态度证据（demeanor evidence）；但在英美法则以给予当事人以反询问（cross examination）的机会为主要目的。两者之所以存在上述的差异，是因为大陆法是以职权主义为基础的，即法院应依职权收集证据，询问证人，对被告有利或者不利的情况，都应当一律加以注意，因而没有所谓的反询问权的保护问题；反过来看英美法，因为采取彻底的当事人主义，不仅证据由当事人自行收集，证人也由当事人自行询问，在这种主询问和反询问的制度下，主询问人（即举出该证人的一方当事人）大都只就对自己有利的事项进行询问，证人也只是作对主询问人有利的答复，所以需要反询问（即对方当事人为发现真实而做的询问）来确定它的真实性。所以，原供述人不亲自到场，而由他人代为陈述的，这种证据由于原陈述者本人不出庭，因而无法通过反询问的方式检验证据是否存在不确实的危险，对方当事人被剥夺了审查庭外陈述者或行为者的感知能力、记忆力是否诚实以及语言表达能力的机会，而这些方面的可靠性正是法庭上证言的可靠性所依据的因素。因此，由他人代为陈述的证言因为没有经过反询问的，一般认为缺乏可信性，应当原则上加以排除。这就是英美法中的传闻证据规则。

应当排除传闻证据的理由，除了上述的原因外，还有以下两点：第一，传闻证据没有经过原供述人的宣誓，所以不承认其可采性；第二，传闻证据具有很大的误传的危险性，所以不足采信。[①]

（三）英美法中确定传闻规则的例外的原因

一般认为，传闻证据多缺乏真实性，因而加以排除。但是，传闻证据规则又

① 刁荣华主编：《比较刑事证据法各论》，台湾汉林出版社1984年版，第218—219页。

设立了种种的例外情况，致使传闻证据规则变得非常复杂。

传闻证据应当加以排除的主要理由，是为了确保证人陈述的真实性；因此，如果其陈述足以认为具有真实性，即使不赋予对方当事人反询问的机会也不伤害其真实性的，就没有理由排除。换句话说，在“特别可信用的情况的保障”下所作出的陈述，就无疑可以赋予其可采性，在法律上以例外的形式加以规定。但是根据直接审理主义的要求，除了要赋予当事人以反询问的机会外，还要求根据证人陈述时的态度、表情等以形成心证，因此除了要求有可信性的保障外，还需要符合必要性的条件，才可以采纳。例如存在原陈述人已死亡，疾病或其他有不能或不便到庭的理由。如果原陈述人还健在能够到庭，就应当令其到庭，而不能允许传闻的第三人到庭陈述。

（四）英美法中传闻证据的例外

英美法关于传闻证据规则的例外，学者们有不同的分类。美国《联邦证据规则》第803条和第804条规定了两种例外：一是陈述者可否作证无关紧要；二是陈述者不能到庭作证。下面简单介绍一下这些例外的内容：

第一种例外，对于关于陈述者可否作证无关紧要的例外，即使陈述者可以作证，这些证据也不受传闻证据规则的排除具体列了24种：（1）表达感觉印象；（2）刺激的发泄；（3）当时存在的精神、感情或身体状态；（4）出于医疗诊断或治疗目的的陈述；（5）被记录的回忆；（6）关于日常行为、活动的记录；（7）在关于日常行为、活动的记录中没有记载；（8）公共记录或报告；（9）重要统计资料；（10）缺乏公共记录或没有记载；（11）宗教组织的记录；（12）婚姻、洗礼和类似证明；（13）家庭记录；（14）反映财产利益的文件记录；（15）文件中反映财产利益的陈述；（16）在陈年文件中的陈述；（17）市场报告，商业出版物；（18）学术论文；（19）关于个人或家庭历史的名声；（20）关于边界和一般历史的名声；（21）性格方面的名声；（22）先前定罪的判决；（23）关于个人、家庭或一般历史，或边界的判决；（24）其他例外。[①]

第二种例外，是陈述者不能到庭作证的例外，美国《联邦证据规则》列举了5种情况：（1）先前证词；（2）临终陈述；（3）对己不利的陈述；（4）关于个人或家史的陈述；（5）一方当事人非法导致陈述者无法出庭，当证据不利于该当事人时。[②]

---

① FRE Rule 803, United States Code Annotated.

② FRE Rule 804, United States Code Annotated.

1. 先前证词（Exception for Former Testimony）。在前一诉讼程序中被提出并被记录下来的一名证人的证言是传闻，它是一位庭外陈述者（现在的法庭之外）所作的陈述，现在被提出以证明其内容的真实性。例如：一个刑事案件经审理判决被告人有罪，被告人上诉，第一次重新审理已安排就绪，然而就在这第一次审判与第二次审判之间，一位证人死亡。在第二次审理中，第一次审理法庭的记录员被传唤到证人席上，由他来宣读前一程序中对现已死去的证人主询问和反询问的记录。根据美国现行的传闻规则的例外，这是允许的。

先前证词的例外有四个基本的条件：第一，先前证词必须是经宣誓作出或经正式确认作出的；第二，该证言必须是在前一程序中因一方当事人的请求或针对一方当事人而被提出，并给予该当事人通过主询问、反询问、再主询问审查发现该证言的动机和利害关系的机会，另一方当事人也通过同等的机会对该证言进行审查，这样的证言现在被提出；第三，两个审判程序中所涉及的必须是实质相同的争论点，这样才能保证第一次审理对证言的审查适用于第二次审判程序的争论点；第四，前一程序记录的证言被作为证据提出时，必须是该证人不能出庭提供证言。[①]

2. 临终陈述（Dying Declarations Exception）。在普通法中，临终陈述的传闻例外只限于谋杀案件中庭外陈述者说出凶手的名字，或极为详细地描述凶手特征的情况。一般认为，临终陈述的可靠性具有内在的保证，没有必要进行反询问。这种见解是说，一个即将死去的人，在他得知这一点后，去见上帝之前会立即变得诚实可靠起来。用句中国的俗语来说，就是“人之将死，其言也善”。普通法上的临终陈述的例外有六个主要的必要条件：（1）庭外陈述者必须是谋杀的受害者，而不是第三者；（2）受害者在作陈述时，必须是已经知道死亡临头，而且必须是知道死亡在即且已无法挽救；（3）受害者在临终陈述中，必须能够直接准确地说明事实真相；（4）受害者的陈述必须是与其即将死亡的直接原因有关的内容，而不是在时间上相距较远的事实；（5）受害者所陈述的必须是事实，而不是意见或推测；（6）在陈述者的陈述被作为证据提出时，必须是陈述者确已死亡。

证据法上规定的临终陈述与普通法略有不同，美国《联邦证据规则》第804条第2款第2项规定，临终陈述的例外被扩大到民事案件，而不再限于谋杀案件。而且，受害者的陈述被作为证据提出时，不再要求被害者必须死亡，但必须具有

① ［美］乔恩·R.华尔兹著：《刑事证据大全》，何家弘等译，中国人民公安大学出版社1993年版，第95页。

不能作证的情形。《加利福尼亚州证据法典》第1242条也作了相同的规定。①

3. 对方当事人的陈述（An Opposing Party's Statement）。允许接受一名当事人的承认为证据，是一项重要的传闻规则的例外，因为这一例外不论在民事诉讼还是在刑事诉讼中都是最为常见的。在许多刑事案件中，涉及被告人在审判以前所作的承认。这些承认既可能是在谈话中无意作出的，也可能是在回答警察或控诉机关官员的询问时作出的。被告人自己的陈述被看作是传闻，有点不容易理解。实际上，被告人的承认或供述被绝对地看作是传闻，最重要的原因仅在于它是庭外陈述。美国《联邦证据规则》则在第801条规定对方当事人的陈述不是传闻。②承认例外的基本理论是，如果一个人的陈述被提出作为针对他的证据的话，他很难解释为他没有得到反询问自己的机会。这样的解释是有悖常理的。现行例外规定适用于任何被告人在审判之前作出的，而在审判中对其不利的陈述或行为。这种承认可以由当事人作出，也可以由他的代理人或同谋者作出。

4. 对己不利的陈述（Exception for Statements Against Interest）。对己不利的陈述的例外所根据的理由是，人们不会说出可能有损自己利益的话，除非他们讲的是事实。这种例外与承认的例外的区别主要是，承认例外适用于诉讼当事人的庭外陈述，而对己不利的陈述的例外适用于非当事人。对己不利的陈述应当具备以下几个要素：（1）陈述不利于陈述者所有权或金钱利益或其他重大利益；（2）陈述作出之时（以及作出之后）陈述者意识到陈述有损其利益；（3）是依据个人经验就事实所作的表达，而不是推测或意见；（4）陈述者没有说谎的动机；（5）在审判或询问时，陈述者不能被作为证人提出。这项例外在制定法上的表现是美国《联邦证据规则》第804条（b）（3）的规定。

5. 心理状态（State of Mind Exception）。这种例外的理论依据是，传闻的两种主要风险在这种陈述中都不存在，关于陈述者当时心理状态的陈述，既不存在感知力的问题，也不存在记忆力的问题。当一个人的心理状态成为争论点时，除了依据他本人对此的陈述外，没有其他更好的方法去证明它。一个人关于他当时心理状态的庭外陈述，其可以被采纳为证据的条件是：（1）案件中的争论点是关于该人在某一特定时间的心理状态；（2）他关于心理状态的陈述是在其诚实得到证明的条件下作出的。

当一个陈述被用于证明当时存在的将来要做某件事情的意图，它也可以被采

---

① ［美］乔恩·R. 华尔兹著：《刑事证据大全》，何家弘等译，中国人民公安大学出版社1993年版，第98页。

② FRE Rule 801, United States Code Annotated.

纳为证据。其理由是，人们通常要做他们说过要做的事。

6. 表达感觉印象和刺激的发泄（Exception for Excited Utterance and Related Statement）。表达感觉印象是指陈述者感受有关事件或情况时当场作出或随即作出的描述或解释该事件或情况的陈述；刺激的发泄是指陈述者因受某事件或情况的刺激而处于极度兴奋状态中所作的与该令人吃惊的事件或情况有关的陈述。确定这一项例外的原因是这些陈述具有自发性和及时性，其可靠性有保障。有时又把这种例外叫作现实的情况（Res gestae）。[①]英国法的传统观点认为，陈述作为构成事实的一部分而予以采纳，则陈述不是传闻证据。但现代英美法的倾向，是把采纳这样的陈述作为传闻规则的例外。现实的情况，例如强奸案件中被害妇女哭泣的声音，或伤害案件中被害人的呼救声等。

7. 出于医疗诊断或治疗目的的陈述（Exception for Statements to Medical Personnel）。出于医疗诊断或治疗目的的陈述，描述医疗史、过去或现在的症状、疼痛，或知觉、病因的发端或一般症状，或外部根源的陈述，限制在与诊断或治疗合理相关的范围内。这是因为，由于陈述者叙述的是他当时的自我感觉，因而不存在对外界的感知力问题。在陈述涉及现在的症状时，也不存在记忆力的问题。而且，病人向医生提供虚假症状的可能性很小。

8. 被记录的回忆（Exception For Past Recollection Recorded）。被记录的回忆的传闻例外所依据的理论是，证人记忆十分清晰时制作的文件，比审判时的回忆可能更为可靠。被记录的回忆被采纳的条件是：（1）该陈述是关于证人曾经知道的某种事情的备忘录或记录；（2）对于这种事情，证人目前缺少使他能充分作证的足够记忆；（3）关于证人曾经知道的某种事情的备忘录或记录，被证明是在证人对事情的记忆十分清晰的情况下作出，并正确反映了证人对事件的了解。

（五）日本对传闻规则的吸收

日本战后修改了刑事诉讼法，相当大程度地吸收了英美法的传闻证据规则，

① “Res gestae”的意思是 the facts of the litigated transaction or occurrence itself，翻译过来的含义是“诉讼争议的行为或事件的事实本身”。这是普通法上的一项例外，是指随着事实的发生而发出的惊叹、呼喊、声音、言词以及人之表情等，使事实发生的情况更加真实可信的言词的传闻陈述。刁荣华主编：《比较刑事证据法各论》，台湾汉林出版社 1984 年版，第 227 页。也有的学者译为构成事实的一部分的陈述（Statement Forming Part of the Res gestae）。欧阳涛等著：《英美刑法刑事诉讼法概论》，转引自《程序法论》，中国政法大学教务处 1993 年印，第 197 页。

在该法第320条至第328条作了十分详尽的规定。第320条是原则性的规定，条文名称是“排除传闻证据的原则”，规定：“除第321条至第328条规定的以外，不得以书面材料作为证据代替公审期日的供述，或者将以公审期日外其他人的供述为内容所做的供述作为证据。”从而确立了日本刑事诉讼法中的传闻证据规则。从第321条以下，分别就各种例外情形加以规定。日本刑事诉讼法承认传闻证据规则的例外的理论根据，从条文规定来看，与英美法是相同的，但是具体的规定却存在不同之处。[①]

二、我国关于传闻证据的法律规定

我国刑事诉讼法中并没有规定传闻证据的可采性问题，无论是立法还是司法解释，都没有使用传闻证据这一词汇，证据学教材也只有在介绍英美法的证据规则时才提到这一术语。《刑事诉讼法》第61条的规定似乎可以理解为反对部分传闻证据。该条规定，“证人证言必须在法庭上经过公诉人、被害人和被告人、辩护人双方质证并且查实以后，才能作为定案的根据”。这一条可以理解为在法律上，证人不出庭以书面陈述代替出庭作证，是不具有证据能力的。但是，该法第195条同时规定，“公诉人、辩护人……对未到庭的证人的证言笔录、鉴定人的鉴定意见、勘验笔录和其他作为证据的文书，应当当庭宣读。”由此可见，刑事诉讼法没有吸纳传闻证据排除规则，因为该法第195条仍然允许证人不出庭，可以在法庭上宣读未到庭证人的证言笔录，而对具备什么特定条件才许可证人不到庭也未做出界定，这就使在法庭审判中通过主询问、反询问查明事实的方法难以完全实现。

笔者认为，我国应当吸收传闻证据规则，以防止有不真实、不可靠、可能性的证据作为定案的根据，同时保障控辩双方能够行使法律规定的反询问的权利。但是，如果效仿英美法系的做法规定传闻证据一律不具有可采性，然后再规定大量的传闻证据规则的例外，很有可能使司法实践人员感到不易理解甚至困惑，短时间内很难得到实施。如果只是规定传闻证据规则，即传闻证据一律排除而不规定例外，则可用于审判的证据将会局限在很小的范围内，不利于诉讼的进行。考虑到以上情况，笔者建议：目前先在立法上规定哪些证据不具有可采性，即只采取否定性列举的办法，而不作笼统性规定。然后，学术界加强对传闻证据

① 本部分资料来源主要是刁荣华主编：《比较刑事证据法各论》，台湾汉林出版社1984年版，第220—226页；《日本刑事诉讼法》，宋英辉译，中国政法大学出版社2000年版。

规则的内容、国外立法例的比较等问题的研究，待条件成熟后再规定完整的传闻证据规则。

笔者对应当予以排除的陈述的具体建议是：

（一）证人（含被害人）法庭外的陈述

证人的法庭外陈述，包括证人在侦查阶段的证人证言笔录、审查起诉阶段的证人证言笔录、证人提供的书面证言等，这些法庭外陈述不能直接作为证据使用，证人必须亲自到庭，进行如实作证的保证、接受控辩双方的询问后，才可以作为证据采纳。当然，也要规定例外情形，但应当明确并且严格。

1.证人出庭的条件

《刑事诉讼法》第192条第1款规定，公诉人、当事人或者辩护人、诉讼代理人对证人证言有异议，且该证人证言对案件定罪量刑有重大影响，人民法院认为证人有必要出庭作证的，证人应当出庭作证。《人民法院办理刑事案件第一审普通程序法庭调查规程（试行）》对此作出了细化规定，控辩双方对证人证言、被害人陈述有异议，申请证人、被害人出庭，人民法院经审查认为证人证言、被害人陈述对案件定罪量刑有重大影响的，应当通知证人、被害人出庭。[①]

与刑事诉讼法的条文相对比，有两个变化。最大的变化就是把证人出庭的三个条件（有异议、有影响、有必要）改成了两个条件（有异议、有影响），删除了“有必要”这一条件。这样，除非证言的内容是证明案件的“细枝末节”，只要控辩双方认为证言是虚假的而提出申请，法院就必须通知证人出庭。另一个变化就是明确了被害人出庭条件与证人出庭条件完全相同。被害人作为犯罪直接侵害的人，其对案件事实的感知对于查明事实具有重大意义，通常他也是控方的重要证人。要求被害人出庭接受反询问，无论对于查明事实还是保障被追诉人的对质权都是有积极作用的。

2020年《高法解释》没有吸收上述两点变化，即仍然保持了三个条件，仅规定了证人和被害人。笔者的理解是《人民法院办理刑事案件第一审普通程序法庭调查规程（试行）》作为试行的改革措施，仍然需要在实践中继续探索，待条件成熟后再吸收到《高法解释》或者《刑事诉讼法》中。

2.证人无法出庭的替代方法

《高法解释》第253条规定，证人具有下列情形之一，无法出庭作证的，人

① 《人民法院办理刑事案件第一审普通程序法庭调查规程（试行）》第13条第1款。

民法院可以准许其不出庭：在庭审期间身患严重疾病或者行动极为不便的；居所远离开庭地点且交通极为不便的；身处国外短期无法回国的；有其他客观原因，确实无法出庭的。具有上述情形的，可以通过视频等方式作证。[①]证人视频作证的，发问、质证参照证人出庭作证的程序进行。根据这条规定，只要人民法院通知证人出庭，要么亲自出庭，要么视频等方式作证。这样，更有利于保证证人接受反询问，也有利于事实审理者能够看到证人的言行举止。

《高法解释》第91条第3款规定："经人民法院通知，证人没有正当理由拒绝出庭或者出庭后拒绝作证，法庭对其证言的真实性无法确认的，该证人证言不得作为定案的根据。"这一规定意味着我国目前对证人庭外陈述采用"可靠性标准"来决定是否可以作为定案的根据。对于有可靠性保障的证言，即使证人没有出庭接受反询问，其庭外证言也可以采用；对于没有可靠性的庭外陈述，如果证人没有经过反询问，其庭外证言不能作为定案的根据。

笔者认为，除了可靠性保障的庭外陈述可以采纳外，还应当增加下列三项例外：（1）控辩双方同意将该书面陈述作为证据；（2）证人在先前的审判程序中的证言笔录，而且该笔录记载的争议之点与当前争议之点一致，控辩双方已行使过反询问的权利；（3）当证人在法庭上的陈述与先前陈述不一致时，其先前陈述可以用来质疑法庭上陈述的可信性。

（二）鉴定人的书面鉴定意见

《刑事诉讼法》第192条第3款规定，公诉人、当事人或者辩护人、诉讼代理人对鉴定意见有异议，人民法院认为鉴定人有必要出庭的，鉴定人应当出庭作证。由此可见，我国鉴定人出庭作证的条件有两个，一是控辩双方有异议，二是人民法院认为有必要。

对鉴定人拒不出庭的，不能强制到庭或者处以司法拘留。其不出庭的后果，一方面是刑事诉讼法规定的"经人民法院通知，鉴定人拒不出庭作证的，鉴定意见不得作为定案的根据"；另一方面是从鉴定人管理的角度，情节严重的，撤销登记。

那么，未出庭的鉴定意见能否作为定案的根据呢？这取决于法院是否对鉴定人发出了出庭通知书。如果通知其出庭而不出庭，鉴定意见不能作为定案的根据；如果法院没有通知其出庭，则鉴定意见可以作为定案的根据。

也就是说，如果控辩双方同意将鉴定人的法庭外陈述作为定案根据，或者法

---

① 《人民法院办理刑事案件第一审普通程序法庭调查规程（试行）》第14条。

院认为鉴定意见的真实可靠性不需要通过当庭反询问来检验，未出庭的鉴定意见是可以作为定案根据的。

（三）被追诉人的法庭外供述

犯罪嫌疑人、被告人的法庭外陈述只有在犯罪嫌疑人、被告人完全自愿、清楚陈述的后果的情况下做出的，才可以作为证据使用。当被告人在法庭上的陈述与以前的陈述不一致时，其符合以上条件的法庭外陈述可以用来质疑他这一陈述。

（四）证人等在法庭外向司法工作人员以外的人作出的陈述

这种陈述误传的可能性更大，比上面所讨论的法庭外陈述具有更大的危险性。在我国的证据学理论中，将前面的证据划归原始证据，将这种证据划归传来证据。我国现行法律并不排斥传来证据的可采性。笔者认为，传来的言词证据不能不加分辨地一律采纳，理由是：第一，由于传来的言词证据经过了转述，内容失真的可能性极大，可靠性没有保证；第二，原始陈述者没有在法庭上作如实陈述的保证，即没有在如实作证的保证书上签名；第三，控辩双方无法对其进行反询问。所以，立法应当增加规定转述者向警察、检察官或法庭提供的证人、被害人、犯罪嫌疑人、被告人在法庭外所作的陈述不具有可采性。其例外情形只能是原陈述者已经死亡或者其他特殊情形，并且必须有特别可信的情况证据支持其转述的可信性，同时转述的环节不能过多。对于道听途说、报纸报道而来的信息，绝对不能在审判中作为证据来使用。

（五）侦查机关制作的各种笔录的可采性问题

《刑事诉讼法》第50条第2款第7项规定，证据包括勘验、检查、辨认、侦查实验等笔录。对于这些笔录的制作人和见证人是否应当出庭接受辩方反询问，最高检察院司法解释中作出了明确规定。对于搜查、查封、扣押、冻结、勘验、检查、辨认、侦查实验等活动中形成的笔录存在争议，需要调查人员、侦查人员以及上述活动的见证人出庭陈述有关情况的，公诉人可以建议合议庭通知其出庭。①

由此可见，侦查机关或者调查机关制作的上述笔录，如果辩方提出异议，公诉人可以建议合议庭通知调查人员、侦查人员以及上述活动的见证人出庭作证。

---

① 《高检规则》第413条。

是否通知的决定权在于法院，如果法院认为这些笔录的真实性需要通过对制作人和见证人的主询问、反询问加以查明，法院应当通知这些人员出庭作证。

需要特别注意的是，这里出庭人员的范围明确包括调查人员。这是因为，对于公职人员利用职权实施的犯罪，是由监察委员会调查终结移送审查起诉的，这类案件的搜查等笔录的主持人和制作人都是监察委员会的调查人员，如果需要查明笔录的真实性，调查人员应当和侦查人员负有同样的出庭作证义务。

第二节　最佳证据规则

一、最佳证据规则的含义

最佳证据规则（Best Evidence Rule）是英美法中的一项关于文字材料的证据可采性规则。大陆法系由于实行自由心证主义，没有规定证据的优先原则。“大陆法，因采职权主义，对于证据之收集与调查，本属法院之职权，固无优先法则之存在，即我刑事诉讼法虽兼采当事人进行主义，认当事人有举证责任及提出证据责任；但仍以职权主义为其基础。故当事人所提出之证据，既不受优先法则之限制，即何种证据，应先行调查，属于法院之职权，亦不受优先法则之拘束。至文书证据之调查，原本是否存在，应否提出，乃法院调查证据职权之范围。因之，应扣押之物，属于他人所有，持有或保管中，得对于所有人，持有人或保管人命其提出或交付，无正当理由拒绝提出或交付或抗拒扣押者，得用强制力扣押之。”①

对于最佳证据规则的含义，有学者定义为：“所谓最佳证据法则，在现在则为关于文书内容之证据容许性之法则。该法则需要文书原本之提出，如不能提出原本，直至有可满意之说明以前，则拒绝其他证据，其理由至为明显。盖文字或其他符号，如差之毫厘，其意义则可能失之千里；观察时之错误危险甚大，尤以当其在实质上对于视觉有所近似时为然。因此之故，除提出文书之原本以供检阅外，于证明文书之内容时，诈伪及类似错误之机会自必甚多。”②美国《联邦证据规则》第1002条［要求原件］规定：“为证明文字、录音或照相的内容，要求提

① 陈朴生著:《刑事证据法》，台湾三民书局1979年版，第342页。

② Edmund M. Morgan著:《证据法之基本问题》，李学灯译，台湾世界书局1982年版，第385页。

供原件，除非本证据规则或联邦制定法另有规定。”[①]

对于这条规则的名称，有的学者认为叫作“原始文书规则”或许更为妥当，因为它仅是一项规定原始文字材料作为证据有优先权的简单原则。[②]

通常认为最佳证据规则仅适用于文字材料，如信件、电文等。然而，现代案件和法规中都明确认为该规则同样适用录音和照片，包括电影胶片和X光片。这条规则规定了原始文字材料优先于它的复制品，或回忆其内容所作的口头陈述。正如在Herzig v. Swift & Co.案[③]（第二巡回法院，1945年）的判决中所说的：“最佳证据规则在其现代的应用中仅指这样一条规则，即一份文字材料的内容必须通过引入文书本身来证明，除非对原始文书的缺失提出令人信服的理由。”当然，并非所有文字材料都是写在纸上的。换言之，从这项规则涉及的意义上讲，它可以不仅仅是一份文件。例如，它可能是带编号的警官徽章；可能是一块刻有碑文的墓碑；也可能是刻字的订婚戒指；它还可能是带序号的发动机的主要部分。不过，这条规则毕竟只适用于文字材料，一张粉末显现的指纹照片可以作为证据使用，起诉方不必向法庭提供指纹所在的载体。

最佳证据规则不适用于那些仅具有附属或表面意义的文字材料。换言之，该规则仅适用于与案件中重大问题相关的文字材料。例如，一个证明被告供认的证人作证说，供认日期是在案发的第二天。他说他能确定是这个日期因为他在当天的地方报纸上获悉了这起案件。证人提到的这份报纸仅是附带的或表面的证据，法庭上无需出示报纸本身，更不必追究记者报道这起案件的原始材料。决定一份文字材料是否为附属的证据，法庭需要考虑：第一，它看起来是否是案件中重大问题的核心；第二，它相关部分的复杂状况；第三，有关其内容是否真正存在争议。

所谓的最佳证据规则要求其内容对案件非常重要的文字材料的提出者，提供原始材料或其逼真的复制品如复印件，或对其不能提供以上材料给出充分的理由。“原始”是诉讼当事人力求达到的，因而尽管案件中确实存在一些混乱，该规则不适用于过去证言的录音，或已形成笔录的招供。一个耳闻口头证言或陈述的人可以在法庭上复述，因为他是在给口头的证言或陈述作证，而不是它们的复本。尽管如此，一些法庭在最佳证据规则的正确适用上仍存在一些混乱，他们认

① FRE Rule 1002, United States Code Annotated.

② ［美］乔恩·R. 华尔兹著：《刑事证据大全》，何家弘等译，中国人民公安大学出版社1993年版，第335页。

③ Herzig v. Swift & Co., 146 F.2d 444 (1945).

为副本也应提供因为它“本身就说明问题”，而且是文字材料内容的“最佳”证据。这些法庭只是要求在孤立的案件中提出最有力、最可靠的证据。

二、英美法中最佳证据规则的例外

如果一份重要文字材料的原件，如一封信的原本，不能在审判期间作为证据提出，那么采用第二手证据的必要基础包括以下三个方面：第一，证明原件在某个时候曾确实存在；第二，证明原件是真实的；第三，提出不能提供原件的理由。对于“原件”的定义，美国《联邦证据规则》第1001条第4款规定：“原件。文字或录音的‘原件’即该文字或录音材料本身，或者由制作人或签发人使其具有与原件同样效力的副本。电子信息的‘原件’是指准确地反映了该信息的打印件或者肉眼可读的载体。照相的‘原件’包括胶片或任何由胶片冲印的相片。”①

不能提供原件的合法理由包括以下情形：（1）提供第二手证据的一方将该文书原件丢失，并且经过努力寻找而没能找到。（2）该文书原件被提供第二手证据的一方（在态度诚实的前提下）毁坏了。（3）该文书原件被提出者的对方掌握，且尽管提议者要求，对方仍未提供该文书原件。（4）文书原件在某个第三者手中，且尽管由提议者一方发出通知（假如该第三者在此法庭的司法管辖权之内），或为获取原件作出合理的努力（假如该第三者在此法庭的司法管辖权之外），他仍然拒绝提供文书原件。（5）提供大量而笨重的文书存在实际的不便，这种情况下可以采用所谓“摘要证人”，通常是有一位会计总结记录（例如在逃税案中大量注销的支票）。对手一方必须能对原件进行检查。有时照片允许被用来代替独立的却很笨重的文书（比如一张发动机主体部件序号的照片）。

许多司法实践中都将第二手证据划分为不同的程度或等级。例如：文书的复本或影印件优于证人对文书内容回忆所作的证言。美国《联邦证据规则》第1001条第4款规定：“复制品。‘复制品’指通过机械的、照相的、化学的、电子的或者其他类似的过程或者技术，准确地再现原件内容的对应物。”②第1003条［复制品的可采性］规定：“复制品可与原件在同等程度上采纳，但下列情况除外：（1）对原件的真品性提出了有根据的质疑；（2）出现了采纳复制品将导致

① FRE Rule 1001, United States Code Annotated.

② FRE Rule 1001, United States Code Annotated.

不公正的情形。”①

三、我国刑事诉讼中对最佳证据规则的态度

我国《刑事诉讼法》中没有规定最佳证据规则。《高法解释》第84条第1款规定：“据以定案的书证应当是原件。取得原件确有困难的，可以使用副本、复制件。”

上述规定可以理解为在我国刑事诉讼中，是采纳了最佳证据规则的。根据前面对英美法中最佳证据规则的含义和适用范围的介绍，这一规定与最佳证据规则的要求是一致的。与英美法系的规定相比，这一规定有两点不足：

第一，虽然规定了书证必须是原件，但没有规定不提出原件的后果是非原件不可采纳。英美法证据法中的要求是，如果不能提出原件，又不能提出法律规定的理由的，非原件的文书证据不具有可采性。而我国最高人民法院在上述司法解释该条的第3款接着规定：“书证的副本、复制件，经与原件核对无误、经鉴定或者以其他方式确认真实的，可以作为定案的根据。”这种限制并非对证据可采性的限制，可以理解为这种证据仍然可采，只是证明力比原件弱而已。

第二，对于可以不提出原件的条件规定得过于宽泛。可以不提出原件的情形，或者说最佳证据规则的例外，应当有明确的条件限制，否则该规则在适用上就会发生困难，甚至成为一纸空文。该条规定“取得原件确有困难的，可以使用副本、复制件”，而对“取得原件确有困难”的情形，则没有规定。

针对上述两点不足，笔者建议：

第一，增加规定非原件的文书证据不能被采纳为证据。

第二，明确规定最佳证据规则的例外情形，可以参照英美法的规定，允许不提出原件必须能够证明以下三个方面：第一，证明原件在某个时候曾确实存在；第二，证明原件是真实的；第三，提出不能提供原件的理由。

至于不能提供原件的理由，可以规定以下情形：（1）提供第二手证据的一方将该文书原件丢失，并且经过努力寻找而没能找到。（2）该文书原件被提供第二手证据的一方（在态度诚实的前提下）毁坏了。（3）该文书原件被提出者的对方掌握，且尽管提议者要求，对方仍未提供该文书原件。（4）文书原件在某个第三者手中，且尽管由提议者为获取原件作出合理的努力，仍然不能从他处获得文书原件。（5）提供大量而笨重的文书存在实际的不便，这种情况下可以采用文书的节录本，但对方当事人必须能够对原件进行查核。

---

① FRE Rule 1003, United States Code Annotated.

关于复制品的可采性，笔者认为，我国也可参照美国《联邦证据规则》的规定一般承认其可采性，但当对复制品是否忠实于原件产生疑问时，不能采纳。在司法实践中，对文书的复印件的采纳应当十分谨慎，应当要求当事人提供原件与之进行对照，两者一致后才可以采纳复印件，如果当事人无法提供原件，应当受最佳证据规则的限制，即按照最佳证据规则的例外条件来确定其是否可采。不加辨别地直接采纳复印件的做法是不妥当的，极易给当事人造成伪造、变造证据的机会。例如，在提供某一证书时，向他人借这样一个证书，拿去先复印一份，然后将写有名字的位置用写上他自己名字的纸条覆盖住，再复印一遍，这个证书就成了他的合法证书了。如果我们在司法实践中不要求原件，类似的情况是很难避免的。

第三节 意见证据规则

一、意见证据规则的含义

证人，是诉讼中陈述其观察到的事实的人，英美法系将证人分为普通证人（lay witness）和专家证人（expert witness）两种，大陆法系则把证人和鉴定人区分开来。证人陈述的内容，应仅限于其所观察到的事实的描述，至于根据这一事实，对争议事实的存在与否所作的推断，其证据能力及证据价值如何，就是意见证据（opinion evidence）的问题。普通法上对普通证人的要求是，普通证人必须只陈述他们所知道的第一手资料并且只能就事实提供证言，即他们不可以提供意见、推论或者结论。[①]所以在审理事实时，常沿用古老的法谚，即“证人应具备亲身之见闻”，如果只是证人的意见，则不能采用为证据。[②]后来因为实际需要，意见证据规则在英美法中盛行，经长期的演进现已十分普遍。大陆法系对一般证人的意见证据，除了日本和我国台湾地区外，都没有进行像英美法这样的规定。

在英美法中，证人的意见除特殊情形外不得采纳为证据，这就是意见证据的

---

① *Evidence: State and Federal Rules*, by Paul F. Rothstein, Myrna S. Raeder and David Crump, West Publishing Co. 1997, p. 320.

② C. T. McCormick, *Handbook of the Law of Evidence*, Ch. 3, Sec 10. 转引自刁荣华主编：《比较刑事证据法各论》，台湾汉林出版社 1984 年版，第 258 页。

排除规则。意见证据原则上不认为其有可采性，其法理根据一般认为有两个：第一，侵犯审理事实者的职权。由事实产生推测和意见的判断作用属于事实的认定作用，事实的认定应当由审理事实的人进行。证人是依照其证言，提供可据以认定资料的客观事实，对系争事实的存在与否，应当没有提供意见的资格，如果允许证人提供意见陈述，无异于允许证人代替行使审理事实者的权力。第二，有影响公正认定事实的危险。意见并非证人亲身体验的，如允许证人提供意见，其陈述的客观事实中混杂有证人的个人见解，有误导审理事实者的危险，以至于可能错误地认定案件事实。陪审团最初的性质，是据其亲身经历的事实以认定事实，与证人对事实的关系，最初并没有区别。后来陪审团发展成为不以亲身经历者为限，然而多数案件的事实都错综复杂，证人不能据其客观事实作出明确陈述的话，陪审团就无法圆满完成任务。在实务中，为帮助法院，使法院能给予陪审团适当的指示，实有采纳意见证据的必要。于是，普通证人的意见陈述，在例外情形下可以采纳为证据，专家证人的意见陈述，则一般都可以采纳。

二、普通证人的意见证据

对普通证人的意见陈述的证据能力问题，英美法均予严格限制，日本和我国台湾地区也是如此。一般而言，普通证人的意见陈述，不允许采纳为证据，但是英美法判例规定在特殊情形下可以采纳，日本法则明确规定可采纳的范围。

（一）英美法

普通证人的意见陈述，原则上当然不能采用，但有时其意见陈述的内容，或者与事实陈述无异，或者其对某种特别事项的意见陈述与专家证人的意见无异，则可以采用。对这些例外情形，学者们的意见不一致，各州的判例也没有一致。

1. 同时察觉的事实（Facts Simultaneously Perceived）。所谓同时察觉的事实，是指从外观、情况、人或动物的身心状况及其他同时呈现于感觉上的不同事实，一经观察，就产生的结论而言，这样的事实，可以视为对事实的感知，所以允许作为证据。例如证人陈述曾见被告人在杀人当天“看来似乎他在幻想、仿佛心中有事”等，就可以允许作为证据。

2. 接续察觉的事实（Facts Successively Perceived）。所谓接续察觉的事实，是指对于人或事的状态所得的结合而产生的心理印象，这种心理印象，是从一连串的物理现象而来，可以视为事实的陈述，所以可以采纳。例如证人驾车距火车有20米的距离，对火车速度观察所得印象的意见陈述，被法院准许采为证据。

3. 总括式的陈述（where the whole story can not be given without a summing up the witness）。有时证人在陈述各项待证事实后，如果不作一综合的结论，对陪审团认定事实仍没有帮助时，法院为使陪审团了解证言的真实意思，对其总括式的结论，也予以准许。例如证人于陈述各项事实后陈述："公路确系安全无异常。"只要意见证言是适当的，证人可以就其受询问的事实，关于其可能性、或然性或精确性表示其意见，这种陈述并非侵犯陪审团的职权，即使涉及需陪审团决定的主要事实也是如此。

4. 印象之陈述（Impression）。证人对其记忆已经模糊时，法院可以允许就其记忆所涉及的印象而作陈述，但证人不得以非基于其本人观察事实的结果所得的印象，或本于其他事实所作的推测而进行陈述。

5.视同专家的意见陈述（Layer as witness）。普通证人对某一事实了解真相时，法院也可以允许其陈述意见，因为此时的意见陈述与专家进行的并无区别。例如证人十分熟悉附近土地的价值，就可以让他证明该土地的价格。

6. 品格的意见陈述（opinion as to character）。证人对某人的性格陈述自己的意见的，一般法院都认为其有可采性。

美国《联邦证据规则》第701条对一般证人的意见证词的规定是："如果证人不是以专家的身份作证，限于以下情形才能以意见的形式作证：合理地基于证人的感知、对于清楚地理解证人的证言或者解决待证事实有帮助并且并非基于专家证人领域的科学、技术或者其他专门知识。"[①]

（二）日本法和我国台湾地区的规定

日本现在的刑事诉讼中，证人仅就其自己体验的事项，提供陈述；推测事项属于意见，而不是事实。所以日本刑事诉讼规则第199条第13项规定，原则上禁止对证人进行要求其提供意见的询问，也允许对方当事人对该证人提供的不必要的意见声明异议。所以，日本现在的制度对意见陈述并不认为有可采性。但根据日本刑事诉讼法第156条的规定，对证人可以使其供述根据实际经历过的事实推测的事项。前款的供述，即使属于鉴定的事项，也不妨碍作为证言的效力。推测事实，有与经验的事实不相关联的，有与经验的事实相关联的，与经验的事实不相关联的单纯推测事项，或由其他事实推测的意见，当然不承认其可采性，但与经验的事实相关联的推测事项，其推测是依据特别的知识经验的，具有鉴定的性

① FRE Rule 701, United States Code Annotated.

质，其可采性没有问题。普通经验的事实，常含有推测的因素，证人依据经验的事实所作的推测，根据该规定也承认其有作为证言的效力，依据经验的事实所推测的事项的内容如何，日本现行法并无明文规定，其具体内容有待于法官来裁量。

我国台湾地区“刑事诉讼法”第160条规定：“证人之个人意见或推测之词，除以实际经验为基础者外，不得作为证据。”这条规定的目的在于保障被告的利益，真实求证。但是该条仅就证人意见陈述的可采性作了一般规定，与英美法的有例外情形的规定，显然有所差异，与日本法只规定其可采性的例外情形而不作一般规定的做法也不相同。

三、专家证人的意见陈述

（一）英美法

英美法上，专家证人的意见陈述，形成意见证据排除规则的例外，而被适当地称为专家意见（expert opinion），通常被称为专家证言（expert testimony）。让专家在意见或结论中做出证言是合理的，专家具有专门性的培训知识和技能，在推断结论时有肯定性的证据，而非专业人员组成的陪审团则没有。专家证人和他们的意见是可采的，在非专业人员组成的陪审团无法做出结论或很难做出结论的情况下则是最好的。[①]

专家证言，是指由于相当的调查、研究、实习或经验，对某问题具有特别知识、技术或消息的证人所陈述的意见，这种有资格陈述专家证言的人，叫作专家证人。专家证人可以分为两种：一种是对于待证事实已经知悉的专家证人，如治疗受伤病人的医生，陈述病人在院经过的情形及其预料的复原日期；另一种是不知待证事实的专家证人，如证人为未经其诊治的医生，仅让他根据他人的证言，判断病人的复原日期。“专家”并非像人们平时想象的那样只限于少数具有大学或研究生程度的专业队伍，其实，专家的条件十分宽泛，如专业汽车修理工、电视修理工、砖瓦工、木工和电工都可以被称为专家。当然，“专家”这一称号也适用于枪弹、指纹和笔迹的同一认定技术，它又适用于掌握并能够操作和分析类似雷达传播速度的测定装置和测定血液中酒精含量的装置等特殊仪器的警察。

---

① ［美］乔恩·R.华尔兹著：《刑事证据大全》，何家弘等译，中国人民公安大学出版社1993年版，第345页。

布莱克法律辞典广义地解释专家的定义是：“经过该学科科学教育的男人（和女人），或者掌握从实践经验中获得的特别或专有知识的人。”[①]

对专家的资格，专家证人须在特殊的工作、商业、艺术、科学或其他需要的经验上，具有足够的经验。专家证人作证以前，应先由法院就该证人关于其教育、训练或经验等作必要的询问，以决定他是否有此资格。此时，应立即提出其作为专家的初步证据，这项程序的名称叫作“审查证人程序”（Qualifying the witness），证人经审查合格后，才可以开始陈述其意见。依据美国《联邦证据规则》第706条的规定，法庭可以要求当事人提名专家证人。在获得专家同意的前提下，法庭可以指定双方当事人取得一致的专家也可以指定法庭自己选择的专家。[②]

专家证人在陈述其意见时，须先陈述其所根据的事实。陈述的方式有两种：一是先由询问人询问站在证人席上的专家证人：“审判中你是否始终在场，某证人的陈述，是否完全听到？”在该证人回答“是”后，才可以开始陈述。二是由询问人以假设问题（Hypothetical Question）询问证人，例如问他“如果某事确实如此，你的意见如何？”然后由证人回答。

（二）大陆法

在大陆法的立法例，证人是就其观察事实而作陈述的人，其作证是因为偶然的际遇，具有不可替代性。而鉴定人则是依其特别知识，就具体事实所进行的判断，陈述其意见的人。鉴定人的资格，以有特殊学识、经验为限，不限于特定人，所以是可以替代的。英美法上专家证人大体上与大陆法的鉴定人类似，只是程序上有所不同。

四、我国是否应当规定意见证据规则

意见证据规则之所以引起学者和实务工作者的重视，是从英美法系开始的。证人依据他所知道的情况陈述事实，如果对证人动则吹毛求疵予以制止，其结果往往是使证人无法陈述。韦格穆尔对美国所实行的意见规则，认为只是一种“误解术语之逻辑上的技术之发展而已”。还评论说：“较其他任何程序法则，更足使

---

① ［美］乔恩·R. 华尔兹著：《刑事证据大全》，何家弘等译，中国人民公安大学出版社1993年版，第344页。

② FRE Rule 706, United States Code Annotated.

吾人诉讼制度贬低至一种合法化赌博之境界。”[①]在适用上发生很大的困难，而且由于一个单纯错误的裁决，实质上对诉讼当事人所可能引起的偏见又很渺小，所以受诉法院的决定，应当少加干涉。这在证人陈述其经验时更是如此，在近代的法院裁判中已经逐渐体现出了这种认识。所以最近的趋势，意见证据规则在英美法上的适用，已逐渐趋于弹性。

（一）关于普通证人的意见证据

《高法解释》第88条第2款确立了我国的意见证据规则。该款规定，“证人的猜测性、评论性、推断性的证言，不得作为证据使用，但是根据一般生活经验判断符合事实的除外”。

笔者赞同在司法解释中规定普通证人的意见陈述的可采性问题。这是因为，证人应当是向法庭提出其所感知的事实的人，至于根据事实而进行推论的权力，应当属于审理者，允许证人提出意见陈述，有可能将事实和判断或推论相混淆，从而影响案件事实的认定。至于具体的立法设计，我们既不宜完全按照英美的立法例完全排除意见证据同时确立大量的例外，也不宜仿效我国台湾地区的做法对意见证据一律予以排除。比较可行的立法选择是，参照日本的做法，即明确规定什么样的普通证人的意见陈述是可采的。根据以上的分析，笔者赞同上述高法解释的规定，即证人可以就他所经历的事实进行推测的事项提供证言，条件是符合一般生活经验。换句话说，如果证人依据其体验的事实提供的意见，或推测的事项与体验的事实难以划分开来，而且必须混合起来才能发现事实真相，又不能够代替的，应当承认其有可采性，以利于案件事实的查明。

（二）关于鉴定人的鉴定意见

首先，关于鉴定体制的问题。我国目前的鉴定机构分为两种，一种是侦查机关根据侦查工作需要设立的鉴定机构，不得面向社会接受委托从事司法鉴定业务；另一种是经省级人民政府司法行政部门登记的鉴定机构。法律明确规定，人民法院和司法行政部门不得设立鉴定机构。[②]根据以上规定，行使侦查权的公安

---

① 转引自刁荣华主编:《比较刑事证据法各论》，台湾汉林出版社1984年版，第278页。

② 《全国人民代表大会常务委员会关于司法鉴定管理问题的决定》（2005年2月28日第十届全国人民代表大会常务委员会第十四次会议通过根据2015年4月24日第十二届全国人民代表大会常务委员会第十四次会议《关于修改〈中华人民共和国义务教育法〉等五部法律的决定》修正）第3条、第7条。

机关、人民检察院可以设立鉴定机构，接受侦查机关的指派从事司法鉴定工作。法院不得设立鉴定机构，如果决定重新鉴定，应当委托列入名册的鉴定机构，由鉴定机构指派鉴定人进行鉴定。

之所以在改革中保留侦查机关内设的鉴定机构，是因为侦查工作具有及时性这一要求。英国国防部警察局是专业警察机构中规模最大的，设有自己的法庭科学实验室，下属的各区警察署设有罪证摄影中心，负责刑事案件的现场勘查和物证检验工作；英国的警察机构往往聘有固定的警医，鉴定嫌疑人是否有病及病情轻重，对毒品案件的嫌疑人进行检验，在强奸案件及其他性犯罪案件中进行人体检验和精斑检验，鉴定被告人是否适宜出庭受审。美国联邦调查局的执法服务处下设三个科，其中指纹鉴定科向联邦调查局和其他有关机构提供指纹检索和比对等服务，实验室科负责管理联邦调查局实验室，该实验室下设枪弹和工具痕迹检验、爆炸物检验、文书检验、血清学检验、毒物化学检验、显微镜分析、仪器分析等部门，负责各种物证的检验和鉴定。各州、县警察局也都设有法庭科学或物证技术部门。[①]法国的国家警察总局下属的司法鉴定中心，在现场勘查、物证检验、人身识别等方面向各地警察机构提供服务。德国的联邦刑事警察局的刑事技术研究所，就有物理、化学、生物、文书、笔迹、枪弹工具痕迹等实验室进行刑事技术鉴定，各州的刑事警察部门也都有自己的刑事技术检验和鉴定机构。日本东京警视厅下属的鉴定课和科学侦查研究所为犯罪侦查提供技术服务，鉴定课负责现场勘查、指纹鉴定和警犬搜查等工作，科学侦查研究所负责有关血液、体液、毛发、声纹、毒品、枪弹、笔迹、伪造货币等物证的鉴定工作。[②]通过以上比较，各国的警察部门都有自己的鉴定机构和人员，这是侦查犯罪和发挥物证证明价值的必备手段。因此，在侦查机关内部设立鉴定部门和人员是必需的。

其次，关于辩方能否委托鉴定的问题。刑事诉讼法规定公安机关、检察院和法院有权决定鉴定，并指派或者聘请鉴定人进行鉴定。对于辩护方而言，只有重新鉴定的申请权，是否启动重新鉴定由办案机关决定。

《高检规则》规定增加了辩方的启动鉴定申请权。在侦查阶段和审查起诉阶段，犯罪嫌疑人的辩护人或者近亲属以犯罪嫌疑人有患精神病可能而申请对犯罪嫌疑人进行鉴定的，鉴定费用由申请方承担。对于辩方的这一申请，检察院可以

---

① 何家弘编著:《外国犯罪侦查制度》，中国人民大学出版社 1995 年版，第 67 页、第 71 页、第 105 页、第 111 页、第 113 页。

② 何家弘编著:《外国犯罪侦查制度》，中国人民大学出版社 1995 年版，第 182—183 页、第 237 页、第 270 页。

决定进行鉴定。[①]根据这一司法解释，辩方只有申请权而无决定权，而且有以下几点限制：一是只限于检察院办理案件的情形，二是只限于精神病鉴定，三是要承担鉴定费用。

由此可见，我国目前的法律规定是不允许辩方私自委托鉴定机构进行鉴定的。

再次，关于专家辅助人的问题。在法庭审理中，控辩双方对鉴定意见有异议，可以申请法庭通知有专门知识的人出庭，就鉴定人作出的鉴定意见提出意见。[②]法院经审查认为有必要的，应当通知有专门知识的人出庭。专门知识的人出庭的目的，是协助本方就鉴定意见进行质证。有专门知识的人可以与鉴定人同时出庭，在鉴定人作证后向鉴定人发问，并对案件中的专门性问题提出意见。[③]这里的“有专门知识的人”就是专家辅助人。辩方虽然没有权利委托鉴定，但是可以聘请专家辅助人帮助辩方对鉴定意见进行质证。专家辅助人出庭适用鉴定人的有关规定，包括辩方应当协助专家辅助人到庭，不受分别发问规则的限制等。

最后，关于法庭是否依职权通知鉴定人和专家辅助人出庭的问题。法庭对鉴定意见有疑问的，可以重新鉴定。[④]法庭对控方或辩方提出的鉴定意见有疑问时，法庭有权依职权通知上述人员到庭。[⑤]对法庭依职权通知到庭的鉴定人和专家辅助人，控辩双方都可以进行反询问。

第四节　非法证据排除规则

非法证据排除规则（Exclusionary Rule of Illegally Obtained Evidence），是对非法取得的供述和非法搜查、扣押取得的证据排除的统称。非法取得的证据材料，能否在法庭上作为证据提出，能否作为对被告人定罪的根据，是刑事诉讼中最易发生价值冲突的问题。“由于法律文化传统等的不同以及特定时期控制犯罪与保障人权的需要，不同国家之间以及同一国家在不同时期有关这一问题的诉讼理论和具体对策往往存在着许多差异。不过，随着人类社会的进步和对刑事诉讼规律认识的提高，各国对违法取证的危害性的认识也日趋深刻，并在一些原则问

---

① 《高检规则》第 221 条第 2 款、第 333 条。

② 《刑事诉讼法》第 197 条第 2 款。

③ 《人民法院办理刑事案件第一审普通程序法庭调查规程（试行）》第 13 条、第 26 条。

④ 《人民法院办理刑事案件第一审普通程序法庭调查规程（试行）》第 46 条。

⑤ 《人民法院办理刑事案件第一审普通程序法庭调查规程（试行）》第 13 条第 4 款。

题上达成了共识。”[①]

一、国外立法中非法取得的被追诉人的供述的可采性

（一）英国

英国证据法上的被告人供述是指被告人就其被指控的犯罪所作的对自己不利的供认和陈述。由于实行有罪答辩制度，被告人在法庭审判之前的答辩程序中一旦作出有罪的答辩，也就是承认自己有罪，法庭一般直接对其作出有罪裁断，而不再对案件的事实问题举行法庭审判。因此，英国证据法上的被告人供述主要不是指被告人在法庭审判过程中的有罪供述，而是指被告人在审判前阶段——尤其是在警察讯问过程中——做出的有罪供述。这种供述通常是以警察书面记录的方式保存下来。

根据英国普通法的原则，被告人的有罪供述可以成为对其进行定罪的唯一证据，但是这种供述必须是可以信赖的，而保证供述可信性的关键在于确保被告人自由、自愿地供述自己的罪行。如果警察采用强制或者压迫的手段，供述的自愿性就会大受影响，司法程序的公正性就会受到损害。因此从18世纪开始，将以刑讯、强迫等方式获取的证据予以排除就被英国法官作为保障被告人权利的重要手段。被告人是否自愿是判明其供述能否采用的关键因素。在一般意义上，自愿性意味着行为完全出于“自己的自由意志”。在英国大量的司法判例中，对自愿性的检验通常都是看供述是否以压迫（oppression）的方式取得的。在被告人供述的可采性问题上，英国曾制定专门的法官规则加以规定，以对警察的逮捕、羁押、讯问等事项加以调整。目前，规范这一领域的法律主要是1984年警察与刑事证据法以及根据这一法律制定的执行守则（Codes of Practice）。1984年警察与刑事证据法第76条第1款规定：“在任何诉讼中，被告人所作的供述都被采纳为对其不利的证据，只要它与该诉讼中的任一待证事实具有关联性，并且没有被法庭根据本条的规定加以排除。”进而在第2款和第3款规定了排除非法取得的被告人供述的具体条件：“（2）在控诉一方计划将被告人供述作为本方证据提出的任何诉讼中，如果在法庭上有证据证明供述是或者可能是通过以下方式取得的：（a）由对被告人采取压迫的手段，或者（b）该供述的作出是那些在当时情况下可能使所有供述都不可信的任何语言或行为的结

① 陈光中、［加］丹尼尔·普瑞方廷主编：《联合国刑事司法准则与中国刑事法制》，法律出版社1998年版，第261页。

果，那么，法庭应当不允许将该供述作为对被告人不利的证据，除非控诉一方向法庭证明该供述（尽管它可能是真实可靠的）没有采取上述手段取得，这种证明要达到排除合理怀疑的程度。”“（3）在控诉一方计划将被告人的供述作为本方证据提出的任何诉讼中，法庭可以自行要求控诉一方证明供述并非采取本条（2）所提及的手段而取得的，并以此作为采纳该供述的条件。”

按照英国学者的观点，上述规定实际上确定了有关对非法取得的被告人供述的自动排除（automatic exclusion）原则。也就是说，法庭遇有上述规定的任一情况，都必须无条件地将被告人供述予以排除，而不享有任何自由裁量权。上述规定实际上包含了以下几个方面的内容：（1）排除这种非法取得的被告人供述是法庭的义务，除非控诉一方能够证明他提出的作为指控根据的供述并非采用这种手段取得的；（2）为了确保被告人获得公正的审判，法庭甚至可以在辩护一方没有提出任何有关请求的情况下，自行要求控诉一方证明被告人供述的可采性；（3）对被告人供述的可采性的检验标准并非它的可靠性，而是获得它的方式，不论供述真实可靠与否，它都必须被排除，除非控诉一方能够证明它不是采用上述手段取得的，至于供述本身是否真实可靠，那要陪审团加以判断，而可采性问题，法官必须事先做出判断；（4）如果被告人一方提出异议或者法庭自行提出要求，证明被告人供述的可采性的责任就在控诉一方，而且证明标准要达到排除一切合理怀疑的程度。

对于被告人供述的可采性问题，除了上述自动排除的原则以外，在英国普通法中还存在一种原则，即法庭可以根据案件的具体情况，自由决定是否将某一供述加以排除，即所谓的“自由裁量的排除”（judicial discretion to exclusion）。这通常是指被告人供述的取得方式违反了1984年警察与刑事证据法以及实践法典的其他规定，导致供述的取得方式对于诉讼的公正性产生了不利影响，因而法庭可以运用自由裁量权，对供述加以排除。这种自由裁量的排除通常是因为警察在进行逮捕、羁押及讯问的过程中，被告人的诉讼权利受到了非法的限制。例如在一起案件中，警察在对被告人讯问之前没有告知他所享有的诉讼权利，导致被告人在不了解自己应有权利的情况下做出了有罪供述。而在另一起案件中，警察在被告人作出供述之前、之后甚至在对他起诉以后都没有为他提供事务律师的帮助，被告人的供述是在没有及时得到警察和律师的法律建议、不了解自己行为的法律后果的情况下做出的。这些案件中的供述最终都被上诉法院排除。①

---

① 英国法对被告人供述的可采性的规定，其资料来源主要是中国政法大学刑事法律研究中心：《英国刑事诉讼制度的新发展》，载《诉讼法论丛》第2卷，法律出版社1998年版，第359—364页。

（二）美国

美国对被告人供述的可采性问题的规定可以说是十分复杂的。对被告人的询问可以分为两个阶段：

1. 向法院正式起诉之前。在美国，众所周知的米兰达[①]警告必须在“羁押性讯问”之前告知给每一个犯罪嫌疑人。那些警告不需要以一种特定的形式告知，只要警察以合理的方式告知嫌疑人他享有的权利。[②]这些权利包括：保持沉默的权利，他所说的每一句话都可能被用作不利于他的证据，他有权请律师，并且如果他无法负担请律师的费用，将为他指定一名律师。最高法院已经拒绝扩展对警告的要求，认为不应超过上面列举的告知要求。

2. 被告人被正式起诉之后。在一个被告人被大陪审团的公诉书或检察官的“起诉书”正式起诉犯有某种罪行之后，或者在平常的案件里，在他逮捕后第一次出庭（传讯）之后，规则将发生改变。现在他是正式的“被告人”而不再是一个“嫌疑人”，并且美国宪法修正案第6条中规定的他的“在所有的刑事起诉中”的律师帮助权已经发生效力。（在这以前，他的宪法保护，包括米兰达规则的要求，只是从美国宪法修正案第5条中规定的反对自我归罪权引申出来的。）这样的被告人不需要主张他的律师帮助权，因为这项权利自动生效。

通过违反被正式起诉的被告人的第六修正案的权利而获得的陈述无论是直接地还是间接地都不能够被使用。

（三）其他国家

法国对于刑讯逼供和其他非法手段取得的言词证据，立法和判例均持否定态度。[③]《德国刑事诉讼法》第136条a［禁止的讯问方法］第3款规定：“第一、二款的禁止规定，不顾及被指控人承诺（指被指控人同意或者甚至要求采用禁止使用的方法），必须适用。对违反这些禁令所获得的陈述，即使被指控人同意，也不允许使用。”而该条第1款、第2款的禁止规定是：“（一）对被指控人决定和确认自己意志的自由，不允许用虐待、疲劳战术、伤害身体、服用药物、折磨、欺诈或者催眠等方法予以侵犯。只允许在刑事诉讼法准许的范围内实施强制。禁止以刑事诉讼法的不准许的措施相威胁，禁止以法律没有规定的利益

---

① Miranda v. Arizona, 384 U.S. 436 (1966).

② Duckworth v. Eagan，492 U.S. 195 (1989).

③ 参阅刁荣华主编：《比较刑事证据法各论》，台湾汉林出版社1984年版，第285—287页。

相许诺。(二)有损被指控人记忆力、理解力的措施，禁止使用。”[①]根据上述规定，通过非法手段取得的供述是绝对不能作为证据使用的。日本也实行非法取得的供述排除规则，日本国宪法第38条第2款规定：“以强迫、拷问或威胁所得的口供，或经过非法的长期拘留或拘禁后的口供，均不得作为证据。”[②]日本刑事诉讼法也在第319条［自白的证据能力和证明力］第1项作了相同的规定。

（四）国际公约

除了以上国家的立法或司法实践中已经确立了非法取得的供述排除规则外，联合国大会1984年12月10日第39/46号决议通过并开放供签署的《禁止酷刑和其他残忍、不人道或有辱人格的待遇或处罚公约》第15条规定：“每一缔约国应确保在任何诉讼程序中，不得援引任何业经确定系以酷刑取得的口供为证据，但这类口供可用作被控施用酷刑者刑讯逼供的证据。”这一规定是对有关国家禁止违法取证和排除违法所获证据的肯定，也为各缔约国提供了处理这一问题应遵守的规则。需要注意的是，该公约将证据排除的范围限于言词证据，并未包括违法搜查、扣押获得的物证、书证。

二、国外立法中非法搜查、扣押获得的证据的可采性

（一）英国

英国在对待非法搜查、扣押取得的证据问题上，将是否排除证据的决定权交给主持审判的法官，由他来自由裁量。有关对非法取得的证据加以排除的规则过去主要存在于大量的司法判例之中，1984年警察与刑事证据法颁行之后，该法第78条成为这一问题的主要成文法根据。该法第78条规定：“(1)在任何诉讼中，法庭在考虑到包括证据收集在内的各种情况以后，如果认为采纳这一证据将会对诉讼的公正性产生不利的影响，以至于不应将它采纳为证据，就可以拒绝将控诉一方所据以提出指控的这一证据予以采纳。(2)本条的规定不应对任何要求法庭排除证据的法律规则的适用产生不利影响。”这一规定要求法官在排除某一证据的时候必须对该证据的证明价值与它对诉讼的公正性所产生的不利影响加以权衡。法官在行使这种自由裁量权方面所要把握的基本尺度是：保证被告人获得公

① 《德国刑事诉讼法典》，李昌珂译，中国政法大学出版社1995年版，第62—63页。
② 《外国宪法选译》，肖君拥等译校，法律出版社2015年版，第305页。

正的审判，并排除所有严重妨碍被告人获得公正审判的证据。与美国证据法对待非法取得证据的明确排除态度相比，英国证据法将排除非法证据纳入了法官自由裁量权的范围之内，而法官在行使这种自由裁量权时往往带有较强的主观色彩，没有相对客观、可操作性的法律标准，只有一个所谓的“保证被告人获得公正审判”这一弹性较大的尺度。[①]

（二）美国

美国对违法搜查扣押所获得的证据采取的是强制排除的态度。美国宪法修正案第4条禁止无理搜查，但是并非所有在平时用语中可能认为是“搜查”的活动都在美国宪法修正案第4条的保护之列。事实上，最高法院已经把“搜查”定义为警方侵入某人有“预期合理的隐私”一定范围的场所。

如果警方的特定行为被认定是“搜查”，它必须有可成立的理由来证明，虽然如上面提到的那样，逮捕附带的搜查可以基于逮捕的可成立的理由，即使警方对在被逮捕人的财产中发现证据没有特定的预期。对可成立的理由的要求没有紧急情况的例外。而且，如果是在建筑物内的“搜查”，如没有紧急情况，它必须根据由法官签发的书面搜查证进行，并且在搜查证的申请上必须明确写明可成立的理由。在卡罗一案中警方没有获得搜查证许可其使用无线电遥控装置导致证据被排除，即使他们已经基于无线电遥控装置提供的信息获得了搜查该房屋的搜查证。然而，就像上面讨论的那样，如果警方的一项行为不被认为是“搜查”，那么它既不需要可成立的理由也不需要搜查证来证明它的合法性。

搜查证通常只是在搜查建筑物时才需要。对汽车的彻底搜查，包括行李箱，以及在里面发现的箱包，可以只依据可成立的理由，不需要搜查证。

如果一个人是在他的家里或者其他人的家里被逮捕，该逮捕需要有逮捕证，但是不需写明逮捕附带的对被逮捕人的人身或“他能直接控制的区域”进行搜查的理由。对房屋邻近的部分进行“保护性的清查”也是允许的，以便于寻找可能对警方构成威胁的人。然而，在没有紧急情况的时候，对不在被逮捕人直接控制下的房屋的任何部分进行彻底搜查只能根据搜查证进行。

如果警方能够让嫌疑人同意搜查，包括同意对他的家搜查，以上规则就都不适用了。同意被广泛用作一种手段以避开搜查时的各种要求。然而，对同意有一个推定的限制：如果警方非法临时扣留或逮捕嫌疑人，任何同意都将是无效的，

① 中国政法大学刑事法律研究中心:《英国刑事诉讼制度的新发展》，载《诉讼法论丛》第2卷，法律出版社1998年版，第364—366页。

即使该同意可能不是从使用威胁或强迫意义上的“非自愿的”。

在美国，与其他国家不同，排除规则是强制性的，不属于审判法官的自由裁量权。这就是说，一旦警方的行为被认定违反了“规则”，就像讨论过的案例中表明的那样，那么作为违法行为的结果所获得的证据（包括非直接的“毒树之果”）不能在法庭上使用，至少不能在检察官的主诉中使用。

最高法院对排除规则的目的是阻止警方的非法行为这一观念的坚持已经导致它适用上的一些其他限制，虽然这些不被认为是“例外”。例如，最高法院认为，如果被告人作证并且做出陈述导致证据从检察官的主诉中被排除，而这种排除已是对警方错误行为的足够的惩罚，那么非法获得的实物证据和供认（但不包括强迫取得的供认），都可以被用作反驳证据。相似地，非法获得的证据在大陪审团决定是否起诉被告人时是可以使用的。

与排除规则的理论基础是为了阻止警察的非法行为这一点有些不一致的是，最高法院坚持被告人必须有要求适用排除规则的“身份”。这样如果警方非法讯问甲，或非法搜查他的家，他们获得的任何证明乙有罪的证据都可以在对乙的审判中运用（但在甲的审判中不能用）。最高法院论证道，因为乙的权利没有被侵犯，他没有权利要求排除那些证据。然而，可争辩的是，既然警方从事了非法行为，如果排除规则的目的是阻止警方的非法行为，那么任何被影响的一方应当能够排除那些证据。“身份”原则显示出最高法院对排除规则总体的厌恶感，然而仍然保留它是因为它似乎对警方存在有意义的威慑性的影响。

（三）其他国家

对于非法取得的物证，德国以权衡原则为标准予以处理，及侵犯人的尊严和人格自由所得的证据应予禁用，但对于重大犯罪，前者应当让步。[①]在日本，1978年最高法院判例宣示，在符合以下条件下应否定非法搜查、扣押取得的证据：（1）证据物的收集程序有忘却令状主义精神的重大违法的；（2）从抑制将来的违法侦查的角度看认为是不适当的。[②]

① 陈光中、[加]丹尼尔·普瑞方廷主编:《联合国刑事司法准则与中国刑事法制》，法律出版社1998年版，第265页。

② 陈光中主编:《刑事诉讼法[修正]实务全书》，中国检察出版社1997年版，第734页。

三、"毒树之果"理论

对于"毒树之果"(fruits of the poisonous tree)的概念，我国法学研究者在使用时往往不加解释，有的介绍性著作对这一规则写得过于模糊，有时不免使读者认为毒树之果与非法搜查、扣押取得的证据是一回事，两者没有什么区别。如有学者写道："在美国的刑事司法制度中有一个颇为著名且颇具特色的法则，即'毒树之果'法则。按照该法则的规定，通过不符合法律规定的搜查、讯问等侦查活动获得的证据材料不得在审判中作为证据。尽管这些证据材料是可靠的，而且确能证明案件真实情况，但它们也必须被排除在证据之外，因为获得这些材料的行为是不合法的。换言之，有毒的树结出来的果实也一定有毒。"[①]实际上，"毒树之果"这一词中的毒树指的是违法收集的刑事证据，毒树之果指的是从毒树线索中获得的证据。[②]换句话说，凡经由非法方式取得的证据，是"毒树"，由其中获取资料进而获得的其他证据，则为毒树的"果实"。这种证据与非法搜查、扣押取得的证据相比较，其不同点在于非法搜查、扣押取得的证据所排除的证据物其收集程序本身是违法的，而毒树之果的收集程序本身是合法的，只是在发现该证据之前的程序有违法的情形。这种现象，在美国称为"毒树之果"，在德国称为"波及效"。[③]

(一)英国

英国在对待"毒树之果"的问题上，在普通法和成文法中都采取了"排除毒树"但"食用毒树之果"的原则，即对于从被排除的被告人供述中发现的任何证据和事实，只要具备相关性和其他条件，就可以采纳为定案的根据。例如，警察利用刑讯手段，强迫被告人交待了作案用的凶器的存放地，并依此供述找到了该凶器。在法庭审判过程中，法官依法排除了被告人供述本身的可采性，但是警察从供述中发现的证据即凶器能否作为定案的根据？根据以上原则，排除被告人供述这一事实并不影响从该供述中发现的证据的可采性，所以该凶器可以成为定案的根据。确立这一原则的法律根据是1984年警察与刑事证据法第76条第4款的规定："供述根据本条的规定被全部或部分排除这一事实不应影响以下事实作为

---

① 何家弘编著:《毒树之果——美国刑事司法随笔》，中国人民公安大学出版社1996年版，第2页。

② 傅宽芝:《违法证据的排除与防范比较研究》，载《外国法译评》1997年第1期。

③ 宋英辉:《关于非法搜查、扣押的证据物的排除之比较》，载《政法论坛》1997年第1期。

证据的可采性——（a）从被告人供述中发现的任何事实；”根据这一规定，尽管被告人供述本身被排除了，但是由该供述所派生的证据，或者说警察以该证据为直接线索所发现的其他证据，仍然可以具有可采性。

（二）美国

美国的证据排除规则不仅适用于违反证据规则而获得的实物证据或者言词证据，而且适用于“毒树之果”。由此，如果警方非法搜查甲的家，发现了标明被盗的钱款藏匿地的地图，那么因此而找到的钱款也必须从起诉方的指控中排除。相似地，在非法临时扣留以及（或者）逮捕后获得的对搜查的同意以及显示有罪的陈述是不能使用的。然而，如果后来取得的证据的非法性变得“相当的弱”，它就可以被使用。这样，如果一个被告人被非法逮捕后，他又被释放了，在这以后警方来到他的家里并且获得他出于自愿的同意搜查他的院子，这样的做法就是合适的。但是，仅仅是在非法逮捕后告知嫌疑人他享有米兰达规则中的权利，对非法逮捕将不能起到“洗雪污点”的作用。因此，即使是自愿的并且是在完全理解其享有的权利的情况下，这种被告人的任何显示有罪的陈述都必须被排除。

然而，警方违反米兰达规则并不会引起“毒树之果”的后果，不论是随后的经过警告（告知米兰达规则规定的嫌疑人的权利）的陈述，还是通过原始的、不可采的陈述而获得的实物证据都可以在政府的主诉中使用。

毒树之果理论存在必然发现的例外和独立来源的例外。如果该项证据将被警方或其他执法官员在合法活动中“必然发现”，那么它是经过非法行为得到的这一事实可能不会迫使它被排除。相似地，如果一名警察非法进入一座仓库并发现大麻，而其他警察，对他的行为的违法性一无所知，正带着搜查证赶往这座仓库，那么得到的大麻将是可采的。因为它是依靠一种独立于该非法进入之外的来源被发现的（就是指第二次，有搜查证授权的进入）。

四、我国非法证据排除规则的完善

非法证据排除规则是否在刑事诉讼法中确立，是一个价值权衡的问题。如果允许将非法取得的证据作为定案根据，对查明案件的真实情况、实现国家的刑法权是有益的，但这样做是以破坏国家法律所确立的秩序和侵犯宪法保障的公民基本权利为代价的。反过来，如果对非法证据予以排除，又会阻碍对犯罪的查明和惩治。因此，一个国家是否确立非法证据排除规则，以及在多大程度上排除非法取得的证据，与该国的刑事诉讼的目的、主导价值观念、对公民个人权利的重视程度等因素都是相关的。我国在这一领域有效的司法解释是最高人民法院、最高人民检察院、公安部、国家安全部、司法部《关于办理刑事案件严格排除非法证据若干问题的规定》(以下简称《非法证据规定》)。[①]

(一)非法证据排除规则的作用

1.制止侦查或者调查人员的非法取证行为。要想制止侦查或者调查人员的非法取证行为，最有效的办法就是宣告其违法获得的证据不具有可采性。虽然我国已经存在对非法取证行为的制裁措施，包括刑讯逼供罪、非法搜查罪、暴力取证罪等的刑事追诉、降职直至开除的纪律制裁以及国家赔偿后的追偿，但是这些制裁措施并不能充分地抑制侦查或者调查人员非法取证的冲动。无论是其他国家刑事诉讼发展的历史，还是我国刑事诉讼的现状，都已经证明了其他替代方法是有缺陷的，并不能起到制止侦查或者调查人员非法取证的作用。

2.保持法律规范的完整性。我国刑事诉讼法一方面规定了严禁非法取证，另一方面对非法取得的证据如何处理却没有规定。没有惩罚措施的行为规则会被侦查或者调查人员视为仅仅是一种倡导。只有明文规定哪些非法手段取得的证据不可采，该非法行为才可能真正被重视起来，成为不可违反的、有执行力的法律。

(二)我国非法证据排除规则的现行规定

1.对于非法取得的犯罪嫌疑人、被告人的口供

目前我国司法解释排除三种情形下取得的口供：刑讯、威胁和非法拘禁。

首先，刑讯取得的口供。“采取殴打、违法使用戒具等暴力方法或者变相肉刑的恶劣手段，使犯罪嫌疑人、被告人遭受难以忍受的痛苦而违背意愿作出的供述，应当予以排除。”[②]依照这一规定，刑讯获得的口供排除有两个条件：一是手段只限于三种，作为暴力方法的殴打、违法使用戒具、作为恶劣手段的变相肉刑。如果不属于这三种手段，就不能认为是遭受了刑讯。二是必须达到了难以忍受的痛苦的程度。如果上述三种手段并没有导致被追诉人遭受难以忍受的痛苦，则不导致证据排除的后果。排除刑讯逼供获得的被告人的口供是各国的一致做法，也是联合国《禁止酷刑和其他残忍、不人道或有辱人格的待遇或处罚公约》的要求。我国已于1988年9月批准加入该公约，有义务遵守公约的有关规定。

---

① 最高人民法院、最高人民检察院、公安部、国家安全部、司法部《关于办理刑事案件严格排除非法证据若干问题的规定》(法发〔2017〕15号)。

② 《非法证据规定》第2条。

其次，威胁取得的口供。“采用以暴力或者严重损害本人及其近亲属合法权益等进行威胁的方法，使犯罪嫌疑人、被告人遭受难以忍受的痛苦而违背意愿作出的供述，应当予以排除。”[①]由此，我国司法解释明确了威胁可以作为非法证据排除的理由。对这个法条进行分析可以发现，威胁的方法可以是暴力，也可以是严重损害合法权益。也就是说，不以即将到来的暴力作为唯一手段，还包括即将严重损害近亲属的合法权益。威胁的对象可以是被追诉人本人，也可以是被追诉人的近亲属，但不包括其他人例如恋人、情人、远亲等。威胁的程度必须达到难以忍受的痛苦的程度，否则不导致证据排除的后果。

最后，非法拘禁取得的口供。“采用非法拘禁等非法限制人身自由的方法收集的犯罪嫌疑人、被告人供述，应当予以排除。”[②]对于没有拘传证、拘留证、逮捕证就限制被追诉人的人身自由的情况下取得的口供，作为非法证据排除。

还有，重复性供述的问题。刑讯逼供取得的口供，之后被追诉人再次作出了重复性供述，原则上予以排除，但是存在人员变更的例外和阶段变更的例外。[③]

2. 对于证人证言和被害人陈述

证人证言和被害人陈述的排除理由与口供基本相同，也是三个：一是暴力，二是威胁，三是非法限制人身自由。[④]

国外也有这样的立法先例：“德国刑事诉讼程序的关于证据可采性的规则则是证据在一般情况下具有可采性，但承认一个主要的例外：通过肉体上的折磨、催眠、服用药物或者其他的违反自愿性的方法获得的被告人或者证人的陈述，禁止作为证据使用。”[⑤]德国刑事诉讼法第136条a的规定，以虐待、疲劳战术、伤害身体、服用药物、折磨、欺诈或者催眠等方法，或者有损被指控人记忆力、理解力的措施，获得的被指控人的陈述，禁止使用；再参照第69条第3款的规定，对证人的询问相应地适用第136条a的规定。[⑥]

笔者认为，最高人民法院将非法取得的证人证言、被害人陈述也列入证据排除的范围，可以更好地实施我国在反酷刑公约中的义务，防止侦查人员或者调查人员使用酷刑或者其他残酷方法获得证言和陈述。

---

① 《非法证据规定》第3条。

② 《非法证据规定》第4条。

③ 《非法证据规定》第5条。

④ 《非法证据规定》第6条。

⑤ *Comparative Criminal Procedure: Germany*, by John H. Langbein, West Publishing Company, 1977, p.69.

⑥ 《德国刑事诉讼法典》，李昌珂译，中国政法大学出版社1995年版。

3.对于物证和书证

“收集物证、书证不符合法定程序，可能严重影响司法公正的，应当予以补正或者作出合理解释；不能补正或者作出合理解释的，对有关证据应当予以排除。”[①]由此可见，物证、书证的排除要求同时具备三个条件，一是收集不符合法定程序；二是可能严重影响司法公正；三是不能补正，也不能作合理解释。

主张不排除或者有限地排除非法搜查、扣押取得的证据的理由之一是，非法搜查、扣押取得的实物证据虚假的可能性不大。但是，笔者认为，正如笔者在前面分析的那样，非法证据排除规则的理论基础并不在于排除不真实、不可靠的证据，而是为了防止侦查或者调查人员的非法取证行为。非法搜查、扣押的行为和刑讯逼供一样，也是对公民权利的非法侵犯。我国《宪法》第37条第3款规定，禁止非法搜查公民的身体；第39条规定，禁止非法搜查或者非法侵入公民的住宅。由此可见，不受非法搜查是公民的宪法权利，对于侵犯公民宪法权利而获得的证据如果予以采用，实际上就是对侵犯公民宪法权利的行为的默许和纵容，其危害的不仅是某个公民的隐私权，更是对宪法尊严的侵犯。也就是说，不排除非法搜查、扣押取得的证据，宪法的权威就得不到维护，司法公正就没有办法达到。因此，笔者认为，对非法搜查、扣押取得的证据，也必须予以排除，以制止和预防侦查或者调查人员的非法取证行为，保障宪法和刑事诉讼法中的有关规定得到切实的遵守。

主张不排除或有限地排除非法搜查、扣押取得的实物证据的另一个重要理由是，如果对这种证据完全予以排除，会导致审判所能使用的证据很少，造成对犯罪惩罚的不力。针对这个问题，解决的关键是如何确定违法搜查和扣押的界限。

笔者认为，非法搜查、扣押只有达到违反令状主义规则的时候，取得的证据才必须予以排除。[②]也就是说，当侦查或者调查人员实施搜查、扣押的时候，必须是在获得法官签发的搜查证的授权之后并且在授权的范围，或者符合法律规定的紧急情况下根据法官签发的逮捕证或者拘留证而进行的逮捕、拘留所附带的搜查，或者在法律允许的无证逮捕时进行的逮捕附带的搜查，这样获得的证据才能作为证据使用。这样主张的理由是，非法证据排除规则的目标是制止侦查或者调查人员在没有合法授权的情况下任意侵犯公民的人身、住宅、财产方面的权利，如果侦查或者调查人员的行为是经过授权的，那么就没有必要排除其已授权进行

① 《非法证据规定》第7条。

② 主张只排除无证搜查、扣押的实物证据，而不排除违反搜查、扣押具体程序获得的实物证据的观点，另见章礼明:《非法证据的证据能力研究》，载《华东政法学院学报》1999年第1期。

的搜查所获得的证据。

至于除此以外的违反刑事诉讼法关于搜查程序的其他规定而获得的证据，具有可采性。但是，最高人民法院根据审判经验，可以规定违反其他规定的一些情况影响证据证明力。

对于没有纳入最高人民法院司法解释中规定的影响证明力的情形，即使违反了刑事诉讼法及其相关规定的取证要求，也具有可采性，且证明力由事实审理者自由判断。

（三）对于现行规定的探讨

1.行为规则与决定规则的问题

所谓行为规则，是指侦查（调查）人员在收集证据时应当遵守的规则。所谓决定规则，是指对于侦查（调查）人员违反行为规则收集的证据，是否作为非法证据排除的规则。

在我国刑事诉讼中，这两类规则是不重合的。违反行为规则未必导致证据被排除。例如，刑事诉讼法禁止引诱、欺骗的方法获得证据，但是违反这一要求获得的供述却不属于非法证据。这和德国的证据收集禁止、证据使用禁止不重合是类似的。再如，死刑等重大案件讯问应当录音录像，但是违反这一要求获得的供述也不是非法证据。

2.冻、饿、晒、烤、疲劳讯问的问题

2013年10月9日，最高人民法院发布《关于建立健全防范刑事冤假错案工作机制的意见》（以下简称《意见》）。《意见》第8条第1款规定，采用冻、饿、晒、烤、疲劳讯问等非法方法收集的被告人供述，应当排除。

2017年6月20日，最高人民法院、最高人民检察院、公安部、国家安全部、司法部颁布《关于办理刑事案件严格排除非法证据若干问题的规定》（以下简称《规定》），没有把“采用冻、饿、晒、烤、疲劳讯问等非法方法收集的被告人供述”纳入非法证据的范围。由于2017年《规定》的颁布时间在后，制定主体是两高三部，因此应当按照2017年《规定》来理解和执行，即“采用冻、饿、晒、烤、疲劳讯问等非法方法收集的被告人供述”在刑事诉讼中不属于应当排除的非法证据。

之所以两个文件在这个问题上有变化，是因为冻、饿、晒、烤、疲劳讯问缺乏明确的认定标准，与刑讯逼供的手段在程度上并不相当，公检法之间对是否应当排除看法不一致，因此2017年的规定没有纳入。

3.非办案场所讯问的问题

2013年《意见》还规定，除情况紧急必须现场讯问以外，在规定的办案场所外讯问取得的供述，应当排除。

2017年《规定》没有采纳上述规定，而是将讯问地点是否符合规定与取得的供述是否排除区分开来。无论在哪里取得的供述，只要不存在刑讯、威胁和非法拘禁，都是可采的，与讯问地点无关。因客观原因侦查机关在看守所讯问室以外的场所进行讯问的，只需作出合理解释。侦查机关是否解释、解释是否合理，都不影响证据的可采性。

4.未对讯问进行录音录像的问题

2013年《意见》规定，未依法对讯问进行全程录音录像取得的供述，应当排除。

2017年《规定》对此也没有采纳。没有对讯问进行全程录音录像的后果，仅仅是检察院在证明刑讯、威胁和非法拘禁不存在的时候举证困难，但并不必然导致证据排除。只有检察院无法证明非法取证行为不存在时，才导致证据排除的后果。

例如，虽然讯问没有全程录音录像，但是法院根据侦查人员、看守所管教等人的证言，可以认定非法取证行为不存在，那么该证据就是可采的。

5.未进行取证合法性核查的问题

2017年《规定》要求，对重大案件，人民检察院驻看守所检察人员应当在侦查终结前询问犯罪嫌疑人，核查是否存在刑讯逼供、非法取证情形，并同步录音录像。这一制度有利于及时发现非法取证行为，及时排除非法证据，同时可以减少后续程序中的无根据的非法证据排除申请。

那么，如果该进行取证合法性核查，但是检察机关没有在侦查终结前进行此行为，会产生什么样的后果呢？答案是会增加检察院对证据合法性举证的负担。检察院需要提出体检记录、讯问笔录、侦查人员和其他人员的证言、讯问录音录像来证明非法取证行为的不存在。如果当时进行了取证合法性核查，后续程序中就可以省略这些烦琐、困难的举证程序。

6.侵犯律师帮助权获得的供述问题

在美国，侵犯被追诉人第五修正案或者第六修正案律师帮助权的情况下，获得的供述可能会被作为非法证据排除。我国目前的法律和司法解释都对此未作规定。

7.毒树之果

对毒树之果是否应当予以排除，同样面临着上述两个方面的难题：如果加以排除，是将保护被告人的权利高于对犯罪人追诉和惩治，不利于警察获得罪证，并且会削弱对犯罪的控制。如果不加以排除，则不利于宪法规定的公民权利的保护的实现，不利于制止警察的非法取证。

我国目前对待毒树之果的态度是，非法取得的证据派生出来的证据原则上具有可采性，但有两项例外：第一个例外，重复性供述如果不存在人员变更或者阶段变更的情形，该重复性供述不可采。对于重复性供述而言，第一次刑讯等手段获得的供述是毒树，之后讯问获得的内容相同的供述是果实。第二个例外，非法拘禁获得的供述、陈述和证言不可采。在这个例外中，没有拘捕手续而拘禁的人是毒树，他作出的陈述是果实。

五、与非法证据排除规则有关的几个问题

（一）秘密侦查手段获得的证据

秘密侦查手段获得的证据的可采性问题，是一个与非法证据排除规则有关的问题。我国刑事诉讼法中规定了技术侦查措施，监察法中规定了技术调查措施。因此，公安机关、国家安全机关和人民检察院的侦查人员以及监察委员会的调查人员在侦查或者调查过程中，都在使用秘密侦查手段收集犯罪证据，以增强打击犯罪的力度，更迅速、更准确地侦破案件。在侦查中使用秘密侦查手段是世界各国普遍使用的侦查策略之一，但很多国家都是在刑事诉讼法中明确规定秘密侦查手段的种类、方法、令状的获得、令状的签发权限等，以防警察任意采用秘密侦查手段侵犯公民的隐私权。显而易见，如果秘密侦查手段不能受到一定的制约，其对公民权利侵犯的程度要远远大于普通的搜查和扣押，因为秘密侦查手段往往是采用一定的技术手段进行的，对公民权利侵犯的强度更深，而且一般是该行为进行后被侵犯权利者还毫不知情。

关于对秘密侦查手段的规定，美国对电子监控也要求必须符合宪法修正案第4条对搜查证的要求。所谓电子监控，包括很多种情况，例如使用微型窃听器进行“无线电窃听”，有的高灵敏度的话筒的尺寸只有火柴头那么大，甚至有的还更小，能贴在家具的下面，或者藏在电话机里、钟表里、画框里、灯罩里、花瓶里以及任何能够想到的地方。除此以外，还有手提式的激光话筒通过发射和接收一种不可见的红外光束来接收室内的谈话，贴在墙上的接触式传声器窃听隔壁的谈话，对电话进行搭线窃听，将窃听器藏在容器里放在特定的地点进行窃听等。1970年美国的《综合犯罪控制和街道安全条例》禁止任何人在没有法院授权的情况下以电子的、机械的或者其他类型的设计装置来达到窃听或企图窃听谈话或电话线传输的目的。①

① ［美］乔恩·R.华尔兹著:《刑事证据大全》，何家弘等译，中国人民公安大学出版社1993年版，第247页。

法国刑事诉讼法第100条规定，在重罪或轻罪案件中，如果可能判处的刑罚为两年或两年以上监禁，预审法官为了侦查犯罪的必须，可以决定截留、登记和抄录邮电通讯。第100条之一规定，根据第100条规定制作的决定，应当载明截留的对方通讯人的姓名及特征、导致截留的罪行，以及截留的期限。①

德国刑事诉讼法在第一编通则中专门设了一章规定“扣押、监视电信通讯、扫描侦查、使用技术手段、派遣秘密侦查员、搜查”，第98条b规定，对于排查、传送数据，只允许由法官，在延误就有危险时也可以由检察院决定。检察院决定后，应当不延迟地提请法官确认。第100条b规定，对电讯往来是否监视、录制，只允许由法官决定，在延误就有危险时也可以由检察院决定，检察院的命令如果在3日内未获得法官确认的，失去效力。第100条c和d规定，在一定的事实使得某人具有实施了第100条a所述之一犯罪行为嫌疑，并且采用其他方式不能或者难以查清案情、被指控人居所的时候，允许使用技术手段，窃听、录制非公开的言论。同样，这种措施的进行，只允许由法官决定，在延误就有危险时也允许检察院决定。第110条b规定，秘密侦查员只有经过检察院的同意才准许派遣。在延误就有危险并且不能及时得到检察院的决定时，警察机关可以先派遣，然后提请检察院同意。检察院在3日以内未予同意的，要将措施停止。在下列情形的派遣，须经法官同意：（1）针对特定的被指控人派遣，或者（2）执行任务时秘密侦查员要进入不能公共出入的住房。情况紧急时检察院或警察也可以决定，但法官在3日内未予同意的，要将措施停止。②

意大利刑事诉讼法第266条规定，针对特定的犯罪（详见该条的规定），允许对谈话、电话和其他形式的电讯联系进行窃听。第267条规定，公诉人要求负责初期侦查的法官决定进行第266条规定的活动。当存在重大犯罪嫌疑并且为进行侦查工作必须实行窃听时，采用附理由命令的形式给予批准。在紧急情况下，当确有理由认为可能会因延误而严重影响侦查工作时，公诉人以附理由命令的形式决定窃听，他应当立即将此决定通知法官，在任何情况下不能超过24小时。法官在做出上述决定后的48小时内决定是否予以认可。如果公诉人的决定在规定的期限内未获得认可，不得继续进行窃听，窃听获得的材料也不得加以使用。③

---

① 《法国刑事诉讼法典》，余叔通、谢朝华译，中国政法大学出版社1997年版，第51页。

② 《德国刑事诉讼法典》，李昌珂译，中国政法大学出版社1995年版，第27—39页。

③ 《意大利刑事诉讼法典》，黄风译，中国政法大学出版社1994年版，第89—90页。

从以上比较我们可以看出，在我国实践中存在的而法律上没有规定的秘密侦查手段，在上面的国家中都是在刑事诉讼法中明确加以规定，并且都是只适用于特定的案件，更重要的是，必须由法官决定才能进行，或者是由法官在一定期限内认可。参考以上国家的做法，我国目前的秘密侦查手段的审批权限有待于进一步完善。从长远来看，可以考虑确立由法官签发许可证进行秘密侦查的制度。前面我们讨论了对搜查、扣押应当实行令状主义，即由法官签发令状来批准进行搜查和扣押。同样道理，秘密侦查手段的事实也应当由法官来决定是否实施，这样才能保证决定的公正性，才能对警察的权力进行有效的制约。当然，如果情况紧急，检察官也应当有权决定，但必须在48小时或者3日内得到法官的认可。如果秘密侦查手段事先没有得到法官的决定，或者检察官的决定没有得到法官的认可，则该秘密侦查手段获得的证据不具有可采性。至于由哪一级、哪一个法院的法官签发这种令状，应当与签发搜查、扣押令状的法官一样，应当由侦查机关所在地的基层人民法院内部增设独立的令状审查庭中的法官签发。

（二）私人不正当获得的证据的可采性

前面主要探讨的是侦查人员非法收集的证据的可采性问题。排除侦查人员非法获得的供述或者物证，其主要价值基础是限制国家的权力，防止国家权力对公民宪法权利构成侵犯。那么，非法证据排除规则是否适用于私人不正当获得的证据呢？这里我们进行一下简单的比较研究。

美国的各州和联邦法院都认为在刑事案件中非官方人员获得的证据可以在刑事诉讼中用来反对被告。在伯杜诉麦克道尔一案（1921年）中被告要求禁止使用一些证据，因为这些证据是一些非官方人员从他那里偷出来之后交给助理检察长的。最高法院推翻了禁止使用该证据的命令，指出第四修正案仅仅意味着限制某个主权实体的活动。在合众国诉安德鲁斯一案（1980年）中，一名航空公司的雇员搜查了一个可疑空运包裹，并发现了可卡因。对这种情况排除规则是不适用的。在库利奇诉新汉姆普郡一案（1971年）中，杀人嫌疑犯的妻子主动地搜查出她丈夫的枪和衣服并送到警察局，对这种情况排除规则是不适用的。当有争议的搜查和获得证据是个人以非官方的身份从事的，很明显排除规则是不适用的。但是一旦执法人员介入，如介入非法的私人搜查或者某人在一名警官的指使下从事非法搜查，那么发现的证据将不得采用。如在夏威夷州诉博因顿一案（夏威夷最高法院，1978年）中，一名被警察主动招募并付钱的情报员为获得有关毒品的情报越过私宅的院墙，他的行为构成了政府的无理搜查，因此所获得的证据不被承认。[①]在辛普森案的审判中，劳拉·哈特·麦金尼提供的与马克·福尔曼谈话录音的磁带证明了福尔曼曾经使用过种族歧视的词汇，进而证明福尔曼在先前的作证中说了谎，从而使福尔曼的证言的可信性大大降低。而这份录音磁带，就是劳拉·哈特·麦金尼在福尔曼为他提供写剧本的信息时录下来的，目的是使麦金尼女士了解一些人对非洲裔美国人的信息和观点。[②]

德国在1960年的一个判决中禁止采用秘密录音作为证据。作为公诉参加人A女士的代理人而参加了刑事诉讼程序（其被告人是K）的X，以法庭外教唆伪证的嫌疑而被起诉了。证明X有罪的证据，是其与K的朋友R女士在电话上交谈时，R在暗中录下这次交谈的磁带。原审慕尼黑地方法院拒绝将该磁带作为证据，而宣告了被告人无罪。联邦法院也驳回了检察官对原审判决的报告。判决的理由是波恩宪法第1条、第2条关于“人的尊严是不可侵犯的”与“人拥有自由发展人格为目标的权利”的规定，以及欧洲人权宣言的有关条文。这个禁用的证据虽然并非由法律实施官员直接违法所取得，但在证据禁用的观念中，人权保障的比重增加了。就是说，为了维护“人的尊严”和“人格的自由发展”，有时禁止采用某些证据并因此牺牲实体真实的发现，也是必要的了。[③]

我国刑事诉讼法对私人不正当获取的证据的可采性问题也没有作出规定。在民事诉讼领域，最高人民法院曾经规定“以侵害他人合法权益或者违反法律禁止性规定的方法取得的证据，不能作为认定案件事实的依据”，[④]2019年修正时删去了这一条文。[⑤]笔者完全赞成最高人民法院删去这一条文的决定。理由是，在民事诉讼中并不存在法律实施官员的收集证据的行为，民事诉讼中设置非法证据排除规则与迫使侦查人员或者调查人员遵守宪法毫无关系。对于民事诉讼中当事人的非法取证行为，应当采取一码是一码的处理原则。所谓一码是一码，是指获得的证据可以使用，但其侵权甚至犯罪行为，应当依法承担民事或者刑事责任。

非法证据排除规则的主要目的在于制止侦查人员或者调查人员侵犯公民的宪法权利，而私人不正当取证对公民权利侵犯并不严重，不可能像国家机关那样对公民的人身、财产、住宅构成强烈的侵犯。而且，如果排除私人不正当取证，会

① ［美］乔恩·R. 华尔兹著：《刑事证据大全》，何家弘等译，中国人民公安大学出版社1993年版，第203—204页。

② 林顿编著：《世纪审判》，吉林人民出版社1996年版，第271页、第278页。

③ 宋英辉：《关于非法搜查、扣押的证据物的排除之比较》，载《政法论坛》1997年第1期。

④ 《最高人民法院关于民事诉讼证据的若干规定》（2001年版）第68条。

⑤ 《最高人民法院关于修改〈关于民事诉讼证据的若干规定〉的决定》（法释〔2019〕19号）第101条：删去第68条。

导致诉讼中可以运用的证据大大减少，有时排除的可能是唯一的、关键性的证据，至少是证明力很强的证据，不利于诉讼的进行和案件事实的查明。结合上述美国的标准，即证据是否排除取决于侦查或者调查人员是否介入，如果是公民以私人身份取得的证据，应当不排除；如果是侦查人员或者调查人员非法取得的证据，则应当排除。笔者认为，我国也应当在刑事诉讼中参照以上的标准确定私录视听资料的可采性，即：公民个人不正当获得的证据，具有可采性，不应当排除。但是，对于不正当取证获得的证据的证明力，仍与其他证据一样，需要由法官进行判断。

（三）使用“侦查陷阱”获得的证据

所谓“侦查陷阱”，或者叫“侦查诱饵”，就是侦查人员进行一段时间的调查，已经掌握了一定的犯罪线索，但没有足以起诉的证据时，由警察经过化装制造条件，诱使犯罪者实施犯罪行为，然后当场抓获的侦查方法。在犯罪侦查中使用“陷阱”或“诱饵”是一个颇有争议的问题，一些人认为这是一种极为有效的侦查手段，而另一些人则认为它是一种带有诱人犯罪性质的不当侦查行为。

在美国，很多执法机关都在使用这种侦查方法，尽管各地的法官在审理此类案件时往往持格外谨慎的态度。侦查陷阱的方式是多种多样的，例如纽约市内曾一度发生多起抢劫伤害出租汽车司机的案件，于是有些警察就化装成出租汽车司机，驾驶出租汽车在危险地区拉客，同时有其他警察驾驶无警察标志的汽车跟随保护，并在必要时协助“出租汽车司机”抓捕罪犯。又如，纽约市地铁内连续发生了多起歹徒袭击下夜班女护士的案件，于是一名女警察便化装成女护士在夜晚单独乘坐地铁，同时有两名男警察在暗中保护，结果在该歹徒露面时将其抓获了。再如，某地区连续发生多起抢劫行人钱财的案件，于是一名警察便乘出租车到该地区下车，并在付给出租车司机钱时“无意中”露出大量现金，然后徒步行走。此时有一名步行警察和一名驾车警察跟踪保护。后来该抢劫犯出现并企图抢劫，警察们当场将其抓获。在毒品案件中，联邦政府有时由其工作人员装扮成走私毒品者来出售大量麻醉物品，然后把购买者抓起来，并控告他们犯有罪行。对这种做法，美国公众认为，这些被告人可能是由于贪心或经济压力而上了圈套才进行犯罪的，而联邦政府则充当了诱人犯罪的角色，所以有人认为这样做是不适当的。

对侦查陷阱的争议，主要有两点：一是这种侦查行为是否会诱使无罪者犯罪；二是法律应否限制这种侦查行为的使用。目前，美国司法界人士一般都认为应当对上述侦查行为加以限制，但应根据案件的具体情况来决定。要确定警方的某项“诱饵”行动是否具有诱人犯罪的效果，首先要看该案犯是否有同类犯罪前科；其次要看警方的行为是否正当。换言之，就是要判断这个具体的犯罪意图是从被告人的头脑中“自发产生”的，还是由警方“强行植入”的。警方的“诱饵”行动可分为两种：一种是“主动行为”或“积极行为”，即该行为本身具有引诱或鼓励犯罪的性质；另一种是“被动行为”或“消极行为”，即该行为本身仅仅提供了一种犯罪的机会。法官们认为只有第二种方式的“诱饵”行动才是可以接受的，特别是在抢劫和性攻击等类犯罪中。因此，警方的“诱饵”不能把现金或其他贵重财物放在易于他人拿取的明显位置，派出“钓鱼”的女警员们也不得有性诱惑的举止或着装，否则法庭便倾向于认定被告人无罪。

美国最高法院关于“侦查陷阱”的一个典型判例是在1973年的U.S. v. Russell案[①]。审判法院的法官在法庭调查结束之后向陪审团作了关于“侦查陷阱”的指示——“如果某人事先已有犯法的意愿和准备，而政府特工人员仅提供了有利该犯法行为的机会，则不能构成‘陷阱’。”随后，陪审团裁定被告人拉塞尔有罪。被告人不服，提出上诉。联邦上诉法院在审理之后推翻了原判，理由是“政府官员在不能容忍的程度上参与该犯罪活动”即可构成“陷阱”。联邦最高法院在调审该案后又推翻了上诉法院的裁定。[②]

在我国司法实践中，也存在“侦查陷阱”获得的证据是否可采的问题。在很多案件中事实上都使用了“侦查陷阱”，例如毒品案件中化装成购买毒品者去发现贩毒者，为抓住强奸犯由女警察化装成下夜班的女工，等等。但我国的法律、最高人民法院的司法解释以及司法判例中都没有规定什么样的侦查陷阱是可以接受的，什么样的侦查陷阱获得的证据是不可采纳的。

笔者认为，上述美国法院的判断标准可资借鉴。具体来说，如果侦查或者调查人员的侦查陷阱是“主动行为”或“积极行为”，即该行为本身具有引诱或鼓励犯罪的性质，那么这样获得的证据就不能采纳，比如调查人员伪称系刑事被告人的亲友向审理该案的法官行贿，并一再表示无论事成与否，决不声张，保证没人知道等，待法官收下贿赂后，再以贿赂罪追究法官的刑事责任，这样的调查陷阱所查处的案件是不能接受的，因为调查人员的行为是促使犯罪发生的条件。再比如，侦查人员化装成毒贩向一名无业人员提供大量的海洛因，让他去找买主零售，然后再将他逮捕指控他贩毒，同样是不能接受的。

---

① U.S. v. Russell, 411 U.S. 423 (1973).

② 本部分关于美国侦查陷阱的做法的资料来源：何家弘编著：《毒树之果》，中国人民公安大学出版社 1996 年版，第 193—202 页。

反之，如果侦查或者调查人员的陷阱是“被动行为”或“消极行为”，即该行为本身仅仅提供了一种犯罪的机会，这样的侦查陷阱获得的证据就应当可以采纳，如通过购买毒品来发现贩毒者，通过化装成下夜班的女工抓获强奸犯等。但侦查或者调查人员决不能引诱、鼓励犯罪人，这样的陷阱获得的证据就应当是不能采用的。

第五节 相关性规则

一、相关性的概念和检验方法

只有相关证据才可能有可采性，不具有相关性的证据，根本不发生可采性的问题。所以，证据的相关性是可采性的前提。[①]所谓相关性（relevancy），或者说关联性，是指证据必须与案件的待证事实有关，从而具有能够证明案件的待证事实的属性。美国《联邦证据规则》第401条对相关证据的定义是：“相关证据”指证据具有某种倾向，使决定某项在诉讼中待确认的争议事实的存在比没有该证据时更有可能或更无可能。英国法学家斯蒂芬认为，关联性是“所应用的任何两项事实是如此相互关联着，即按照事物的通常进程，其中一项事实本身或与其他事实相联系，能大体证明另一事实在过去、现在或将来的存在或不存在”。[②]美国法学家威廉斯说：“关联性是指证据与意图证明的争议事实之间存在着合理的关系，如果证据与该事实关系极为微小，或者没有足够的证明价值，那就是无关联的。”[③]华尔兹教授认为，关联性是实质性和证明性的结合。从证明性的意义上说，关联性必须涉及证据肯定或否定某实质性问题的能力。如果所提的证据会使某个主张（实质性事实问题）的存在成为可能或不可能，它就有证明力，并因此具有关联性。[④]

相关性涉及的是证据的内容或实体，而不是证据提出的形式或方式。也就是

① 王以真主编:《外国刑事诉讼法学》，北京大学出版社1990年版，第216页。

② 转引自周叶谦等著:《英美刑法刑事诉讼法概论》，中国社会科学出版社1984年版，第269页。

③《刑事诉讼法学论文集》，中国政法大学教务处1999年印，第580页。

④［美］乔恩·R.华尔兹著:《刑事证据大全》，何家弘等译，中国人民公安大学出版社1993年版，第64—65页。

说，相关性是关于证据“题材”的，而不是它怎么被提出的。例如，根据反对传闻规则提出的异议指向的是证据的形式，因为该证据是以传闻的形式提出的。作为一般原则，可以说所有的相关证据都是可采的，正如美国《联邦证据规则》第402条规定的：“相关的证据都具有可采性，除非美国宪法、联邦制定法、本规则以及联邦最高法院制定的其他规则有相反规定。不相关的证据不具有可采性。”①

检验证据是否有相关性，有下面几个标准：第一，所提的证据是用来证明什么的？第二，这是本案的实质性问题吗？第三，所提的证据对该问题有证明性吗？法官们在决定大多数相关性问题时的根据是对所提证据的感觉和可能存在的已确立的司法判例或法典化规则。法官有时对证据有一种感觉、一种直觉的反应，其基础是他们的经验、常识等。如果他们能找到由其他法官在以前某个案件中就相似或相同的证据作出有相关性或无相关性裁定的判例，那他们肯定就能极为容易地解决相关性的难题了。法官在判断证据的相关性时，总是努力在以前的判例或者法典中找到相关的根据。②

能否从某证据推论出一项事实这一问题，基本上是个逻辑问题，可以说没有什么实际的检验标准。但是，当一个人在审判中意识到证言的提出或物证的提供涉及的时间、人或事件不是正在审理的案件中直接关联的时间、人或事件时，他就已经对相关性问题十分敏感了。

相关性有时依赖于人类的知识和在特殊领域内的专门知识。例如，在过去弹道学证据被认为不具有相关性，甚至是荒谬的。现在，弹道学证据已经被几乎所有的国家所接受。人类的知识已经扩展到足以使我们相信这种证据。再如对于雷达测速器、血液酒精检验仪器和声纹鉴定的可靠性也基本上已经被接受。但是，对测谎器的可靠性则很少有法院接受。

二、常见的相关性问题

英美法理论认为，作为证据，必须既具有关联性，又具有可采性。有相关性的证据能否采纳，首先看它是否被传闻证据规则、意见证据规则、最佳证据规则和特权规则等排除规则的排除，如果被这些证据规则排除了的话，当然就不可采。即使是没有被上述规则排除，相关证据也有可能不被采纳，这就是美国《联

① FRE Rule 402, United States Code Annotated.

② ［美］乔恩·R. 华尔兹著：《刑事证据大全》，何家弘等译，中国人民公安大学出版社1993年版，第65—66页。

邦证据规则》第403条规定的因偏见、混淆或浪费时间而排除相关证据。该条规定，证据虽然具有相关性，但可能导致不公正的偏见、混淆争议，误导陪审团，过分拖延、浪费时间或无需出示的重复证据的危险大于该证据可能具有的证明价值时，法庭可以不予采纳。[①]

对于某些特定种类的证据来说，判断其与待证事实是否具有关联性，并因而是否具有可采性，常常会遇到困难，以至于法官对这些难题的态度已经固定化而且是可以预见的。

（一）品格证据

品格证据是最为常见的相关性难题之一。一般的规则是，一个人的品格或者一种特定品格（如暴力倾向）的证据在证明这个人于特定环境下实施了与此品格相一致的行为上不具有相关性。“一次做贼，永远是贼”的说法不是得到承认的法律原则。当然，和其他证据规则一样，反对使用品格证据的规则也有一些重要的例外。

1.被告人的品格。在以下情形下，关于被告人品格的证据可以采纳：（1）被告人可以提出能证明自己优良品格的证据。这有时被称为“把某人的品格提交争论”。那么，由于被告人已“打开大门”，所以公诉方也可以提出反驳证据证明该被告人的不良品格。（2）被告人的品格是所控犯罪的基本要素时。如Carbo v. U.S.案[②]中，一个臭名昭著的强盗在起诉中被指控曾使用其罪恶名声作为敲诈勒索的手段。这样，起诉方就可以在审判中证明其名声。（3）被告人提出无罪证据而被反询问时，询问人在发问时可以涉及过去罪行及品格。（4）被告人定罪之后，法院在判刑之前，可以查询和采纳有关其前科和品格的证据。

2.被害人的品格。根据美国《联邦证据规则》第404条（a）（2）的规定，由被告人提供的关于被害人品格的证据，或者由起诉方提供来反驳被告人所举关于被害人品格的证据，或者在杀人案件中起诉方为反驳证明被害人先动手的证据而提供的证明被害人一贯性格平和的证据，都是可以提出和采纳的。[③]但是，由于妇女的权利日益得到重视，美国国会在1978年给《联邦证据规则》增加了被称为“强奸盾牌条款”的第412条。根据该条的规定，有关提出强奸指控之被害人以前的与其他人发生具体性行为的证据，以及有关提出强奸指控之被害人过去性

① FRE(Federal Rules of Evidence) Rule 403, United States Code Annotated.

② Carbo v. U.S., 314 F.2d 718 (1963).

③ FRE Rule 404, United States Code Annotated.

行为的名声的证据，均不可采，除非该证据属于下列情形：（1）如果是为了证明精液、伤痕以及其他物证系来自被告人以外的其他人，那么被害人的某次具体性行为的证据可采；（2）如果是由被告人提出来为了证明同意，或者由控方提出来，那么关于被告人与被害人之间的具体性行为的证据可采；（3）不采纳该证据可能侵犯被告人的宪法性权利时。①

3. 证人的品格。证人的品格，可以受到名声或意见证据的攻击或支持，还可以受到有罪判决之证明的攻击。美国《联邦证据规则》第404条（a）（3）规定，关于证人品格的证据，适用第607条、第608条和第609条的规定。②而根据这些规定，任何一方当事人都可以对证人的诚信提出质疑，证人的诚信可以通过提供评价证据和名声证据来进行抨击和支持。出于抨击证人的目的，有关证人曾被定罪的证据，如果该罪的法定刑为死刑或一年以上徒刑，可以采纳；如果该罪行涉及伪证或虚伪陈述，则不管法定刑如何，均可以采纳。

（二）关于其他犯罪、错误或行为的证据

作为一般规则，其他犯罪或特定恶劣行为的证据不能接受为确定某人品格的证据，而这种确定的目的是表明他或她在本案中的行为与该品格相一致。例如，某人在15年前曾被判偷拿商品罪的证明对目前证实盗窃罪指控来说不具有关联性。美国《联邦证据规则》第404条（b）规定："为了表明在某一场合某人作出了与其性格相符的行为，证明其品格的先前犯罪、错误以及其他行为的证据不可采。但是，如果出于其他目的，如证明动机、机会、意图、预备、计划、知识、身份，或缺乏过失，或排除意外等，可以采纳。"③

1. 作为犯罪计划或阴谋之部分的劣迹或犯罪前科。有关以前的犯罪行为或其他不端行为的证据可以提出来证明一种正在实行的阴谋或计划的存在，而且该被告人受控的犯罪正是其一部分或一个方面。

2. 动机、机会、预备。与任何阴谋计划都无关的以前特定犯罪行为的证据可以用来揭示该现行犯罪行为的动机、机会和预备。强烈的动机证明可以帮助认定某犯罪的实施人。例如，甲杀死了乙，然后当他发现乙的妻子是他杀害乙的目击证人时便把她也杀死了。当乙的女儿发现其母亲的尸体时，甲又杀死了乙的女儿。在审判甲杀死乙的妻子时，其他的杀人行为将可以被允许用来说明动机。

① FRE Rule 412, United States Code Annotated.

② FRE Rule 404, United States Code Annotated.

③ FRE Rule 404, United States Code Annotated.

3.作案手法。公诉方可以证明该被告人实施其他犯罪或不端行为的方法与本案十分相似，足以确定为习惯作案手法。也就是说，该被告人的犯罪行为方法犹如一种签名。当目前对该被告人指控的犯罪以完全相同的方式实施时，作案手法的证明就具有了相关性。例如，被告人被指控用“到我家去看一个奇妙的魔术表演”的许诺把一个儿童骗进一辆汽车后便对其进行了猥亵。公诉方将被允许证明该被告人在最近一段时期内曾五次使用相同的方法把儿童骗进他的汽车然后进行性侵害。

4.并无意外或过失。公诉方可以通过表明该被告人的相似行为来证明其当前受审的行为不是意外的或非故意的。例如，甲被指控偷了一个钱包。公诉方的推断是，甲假装成超级市场的顾客站在该钱包的所有者的身边，然后从其购物袋中将钱包拿走。甲坚持说他是在地板上发现那个钱包的，他认为那是什么人丢的，便捡起来给该商店的失物招领处送去。一位曾看见甲从另一位顾客的购物袋中拿出钱包的商店侦探的证言将被允许作为证据。再如，A在1个月内3次向B开枪，那么前两次开枪对证明第三枪并非过失来说具有相关性。

5.非正常情欲。以前行为的证据可以用来证明与本案被害人进行不合法的性行为的欲望或癖好。这就是说，某些变态的或反常的性行为本身如此特别，以至于被告人以前的相同行为可以用来证明当前指控的犯罪行为。例如，被告人被指控对其女儿之一犯有法定强奸罪，公诉方可以证明该被告人以前与该女儿的性交事件。对于被告人与本案受害者以外的人进行相似的性罪错的行为，如果这种证据的证明价值表现出极大的重要性时便可以采用。例如在上例中，公诉人也可以提出被告人以前曾被判对其另一个女儿犯有法定强奸罪的证据。

6.质疑。如果被告人为自己的利益而提供证言，就可以提出他以前因一次或多次严重犯罪行为被判有罪的证据来质疑其证言的可靠性。

7.默认。被告人的犯罪行为有时会构成一种暗含的承认，比如该犯罪行为的实施是为了逃避刑罚。例如，由于丙是甲杀死乙的目击证人，而且是唯一的目击证人，于是甲杀死了丙，以逃避审判。在审理甲杀死乙的案件时，甲杀死丙的犯罪行为就可以提出来证明甲是杀死乙的凶手。[①]

（三）未履行的有罪答辩要约、有罪答辩的收回、不争辩

一个未实际履行的有罪答辩要约不得接受为证明实施了该犯罪行为的证据。

① 这七项例外的资料来源：［美］乔恩·R.华尔兹著：《刑事证据大全》，何家弘等译，中国人民公安大学出版社1993年版，第77—80页。

有罪答辩的收回也是如此。另外，被告人不争辩的答辩态度也不允许用来证明该被告人实施了该答辩所涉及的犯罪行为。

三、我国刑事诉讼中对证据关联性的要求

英美法之所以要求证据必须具有关联性才可以采纳，其主要理由有两个方面：第一，因英美法实行陪审团审判的制度，由陪审团来认定案件事实，为了防止当事人将没有关联性的证据提供陪审团考虑导致陪审团错误地认定案件事实，所以要有关联性规则，以免陪审团受当事人提出的无关联性证据的误导。第二，要求证据必须具有关联性是为了限定调查证据的范围。英美法实行当事人主义，证据的提出是当事人的责任，提出何种证据完全由当事人决定，如果不加以限制，会导致案件证据的调查没有终结，审判旷日持久，影响诉讼的顺利进行。①

我国台湾地区“刑事诉讼法”因为实行法官裁判的制度，并且以职权主义为基础，对于证据能力很少明文加以限制；而且其诉讼程序，虽然兼采当事人进行主义，但为防止法院调查证据决定权的滥用，基于禁止证据预测的理论，禁止法院对于当事人所提出的证据是否有证据能力预先作出推断。对各种证据，从表面上看，除了显然与要证事实不相关联的当然没有调查的必要外，如果与要证事实具有关联性，就应当加以调查。②

虽然我国刑事诉讼法没有就证据的关联性问题作出明确规定，但对于证据只有对案件事实有证明作用才能够用来证明案件事实这一点，在我国的刑事诉讼理论界是一致同意的。所有的证据学教材都认为证据必须具有关联性，把这个属性作为证据的基本特征之一。“可以作为证据的事实，与诉讼中应当予以证明的案件事实，必须存在某种联系，即能够反映一定的案件事实。……在诉讼理论、证据理论中，一般称为证据的相关性或关联性，也有称为证明性的。”③不过，对不具有关联性的证据应当如何处理，是否应当排除而不予采纳，一般都是说“不能成为诉讼证据”，而没有使用可采性的概念。

对证据关联性的理解，证据学理论上有内在联系说、客观联系说、紧密联系说、证明需要说、内在必然联系说、综合说多种观点。还有的学者提出，证据的

① 参阅陈朴生著:《刑事证据法》，台湾三民书局 1979 年版，第 276—277 页。

② 陈朴生著:《刑事证据法》，台湾三民书局 1979 年版，第 277—278 页。

③ 陈一云主编:《证据学》，中国人民大学出版社 1991 年版，第 101 页。

相关性应当依照实体法的规定来确定。[①]有学者认为，诉讼证据的关联性，是指诉讼证据和案件之间有客观的联系，为证明案件待证事实所必需，并且在现有条件下，能为人们所认识利用。[②]

在司法解释的规定中，《高法解释》第262条规定："控辩双方的讯问、发问……内容与本案无关的，对方可以提出异议，申请审判长制止，审判长应当判明情况予以支持或者驳回；对方未提出异议的，审判长也可以根据情况予以制止。"这一规定实际上就是说法官对于与本案无关的证据，有权依职权决定不予调查，从而避免诉讼争议之点的混乱和不相关的证据的调查，避免证据调查范围的无限扩大，从而节约司法资源，提高诉讼效率。该解释的第247条同时规定："控辩双方申请证人出庭作证，出示证据，应当说明证据的名称、来源和拟证明的事实。法庭认为有必要的，应当准许；对方提出异议，认为有关证据与案件无关或者明显重复、不必要，法庭经审查异议成立的，可以不予准许。"这条规定就是要求控辩双方提出的证据必须具有关联性法庭才会允许进行法庭调查，没有相关性的证据，法庭是不能采纳的。

综上，笔者认为，我国刑事诉讼中已经确立了相关性规则，没有相关性的证据是没有可采性的。与英美法系所不同的是，我国的刑事诉讼法及有关的司法解释没有具体规定哪些证据是没有相关性并因而不可采的。对于这一点，笔者认为，美国《联邦证据规则》的有关规定有相当大的借鉴价值。比如，被告人的品格不能作为他实施了某一特定犯罪的证据，不能因为被告人平日脾气暴躁就认为他与某一杀人案有关。比如，由于我国实行由法官同时进行事实审与法律审的审判程序，在起诉书中经常列明被告人的前科和受处罚的历史，这些资料对表明被告人的社会危险性是有意义的，但不能有效地证明被告人实施了指控的犯罪行为。在起诉书中列明这些内容，容易对事实审理者产生先入为主的影响。因此，笔者建议将定罪程序和量刑程序分开，在定罪程序中不允许使用前科和受处罚的历史，仅仅依据有相关性的证据进行审理；定罪后，在量刑程序中可以提出前科和受处罚的历史作为量刑轻重的证据。更进一步地，定罪程序和量刑程序应当由不同的审判组织进行。

因此，笔者建议在我国刑事诉讼法中明确规定以下内容：

1.没有相关性的证据，不具有可采性。至于可采性的判断标准，除了法律明确规定没有相关性的证据外，其他证据的相关性问题，由法官根据具体的争议点

① 参阅杨忠宽:《刑事诉讼证据的标准》，载《当代法学》2000年第1期。

② 胡锡庆主编:《诉讼证据学通论》，华东理工大学出版社1995年版，第61页。

进行判断。

2.品格证据没有相关性。确立这一规则至少可以防止类似于被告人“一次做贼，永远是贼”的逻辑，也可以防止强奸案的被害人“一次同意，永远同意”的逻辑。但是，也有必要确立一系列的例外，如品格证据可以用来质疑陈述的可信性，而且当被告人提出自己品格优良时，公诉方可以进行反驳，等等。

3.其他犯罪或特定恶劣行为的证据没有相关性。某人两年前使用垫板溜门撬锁，现在某小区又被人使用垫板溜门撬锁，不能用两年前的类似行为来证明这次的溜门撬锁也是该被告人所为。换言之，关于其他犯罪、错误或行为的证据不能用来证明某人的品格以说明其行为的一贯性。关于这种情况的例外，也可以借鉴美国《联邦证据规则》的规定，即如果出于其他目的，如证明动机、机会、意图、预备、计划、知识、身份，或缺乏过失，或意外事件等，可以采纳。

第四章　查证规则

收集到了支持本方主张的证据，并且具有可采性，下一步的问题就是如何使用这些证据，如何在庭审中出示这些证据，以及如何对对方提出的证据进行查证。这里的查证，就是指法庭审查证据应当遵循的程序性规则。这一章拟探讨在法庭审理阶段对证据进行质证的程序性规则，特别是庭审中提出证据的程序、反询问的权利和技巧、证人作证的程序性要求、法庭当庭认证是否可行的问题。除了这些问题以外，由于控辩双方的庭前证据交换的范围和程度直接影响庭审中查证的范围和效果，故放在本章的第一节中加以论述。本章的最后一节是免证事实问题，因为司法认知、推定等事实是不必再经过法庭查证的。

第一节　辩方有权在庭前了解控方的证据

一、英美法系中的证据展示制度

证据展示（Discovery），或称证据开示、先悉权，是当事人主义诉讼的一个十分重要的概念。其基本含义是庭审调查前在双方当事人之间相互获取有关案件的信息。美国法学家大卫·W.纽鲍尔说，刑事诉讼中的证据开示，作为一种收集证据的方法，是审判前在控诉方与辩护方之间进行的信息交换。①

（一）英国的证据展示制度

英国刑事审判程序的一项重要的特征在于，控诉一方负有向辩护一方揭示本方证据的义务。这一义务存在的目的是实现代表国家提起公诉的检察官与被告人之间的资源平衡，确保控辩双方尽可能做到“平等武装”，从而使被告人获得公正的审判。目前，检察官的证据展示义务包括两方面的基本内容：一是检察官应

① 龙宗智：《刑事诉讼中的证据开示制度研究》，载《政法论坛》1998 年第 1 期、第 2 期。

当向辩护一方告知他将要在法庭审判中作为指控根据使用的所有证据，这被称为“预先提供信息的义务”，就对可诉罪的正式审判而言，在案件移送到刑事法院之前检察官就要将本方全部起诉证据的复印件移送给辩护一方，任何新的证据也要在以后的阶段展示给辩护一方；二是检察官负有使辩护一方得到他不打算在审判过程中使用的任何相关材料，即所谓对检察官无用的材料（unused material）。这种义务又被称为展示的义务（duty of disclosure）。需要注意的是，英国证据展示制度还包括一项重要的内容，即辩护一方在法定的情况下有向检察官展示本方证据或提供本方辩护理由的义务。要求辩护一方在审判前向控诉一方展示证据，是因为这样不仅可以保证控辩双方在诉讼的较早阶段较好地为审判中的对抗作准备，而且能够缩短审判平均持续的时间，并使那些被告人在最后阶段突然提出新的辩护证据，以至于使陪审团成员混淆视听、法庭审判陷于混乱的案件减少到最低限度。英国的证据展示规则集中体现在1996年刑事诉讼与调查法之中。[①]

（二）美国的证据展示制度

在美国，通过审判前的证据展示制度，各方当事人可以了解对方所掌握的在诉讼中必要的或有价值的材料，特别是辩护方从控诉方摸底，控诉方必须在预审中提出足以确立合理根据的必要证据，并且有义务将准备传唤出庭作证的证人名单和其他准备在法庭上用作证据的目录提供给法庭和辩护一方，并应法庭和辩护人的要求作出解释和说明。[②]根据美国《联邦刑事诉讼规则》第16条[③]的规定，政府方面透露的证据范围是：（1）被告人的口头供述；（2）被告人亲笔供词或者陈述录音；（3）被告人的先前犯罪记录；（4）文件和有形物品；（5）勘查、检验报告。不属于透露范围的证据包括：由政府检察官或其他政府机构制作的与案件的侦查、起诉有关的报告、备忘录或其他政府内部文件，或者除美国法典第十八编第3500条规定的以外，由预期的政府方证人所作的陈述。就被告人方面而言，透露证据的范围包括：（1）文件和有形物品；（2）勘查、检验报告；（3）专家证人的证言大纲。不属于透露范围的证据包括：由被告人、被告人的律师、代理人所作的与案件的调查取证或辩护有关的报告、备忘录或其他内部辩护文件，或者

---

① 中国政法大学刑事法律研究中心:《英国刑事诉讼制度的新发展》，载《诉讼法论丛》第2卷，法律出版社1998年版，第374—377页。

② 《美国联邦刑事诉讼规则和证据规则》，卞建林译，中国政法大学出版社1996年版，第8页。

③ FRCRP(Federal Rules of Criminal Procedure for the United States District Courts) Rule 16, United States Code Annotated.

由被告人、政府方或辩护方证人、潜在的政府方或辩护方证人向被告人、被告人的律师或代理人所作的陈述。控辩双方还有继续透露的责任，如果在审判前或者审判期间，一方当事人发现新的涉及对方当事人先前请求或法庭命令的展示的证据或材料，应将存在新的证据或材料一事及时披露给对方当事人或者法庭。在诉讼期间，如果法庭注意到某当事人未按照本规则的要求行事，可以命令该当事人允许查阅，同意延期，或者禁止在法庭上提出未披露的证据，也可以根据情况签署其他适当的命令。

此外，美国《联邦刑事诉讼规则》第12条对被告人作不在犯罪现场的辩护时应作的证据展示作了更明确和更具强制性的规定。该规则规定，检察官可以书面要求辩方通知是否打算提出不在现场的辩护理由。该要求必须列明指控罪行的时间、日期和地点。在收到要求的14日内或者法庭指定的日期前，辩方必须书面答复检察官是否准备提出不在现场的辩护。辩方的通知必须包括指控的罪行发生时其身在何处，以及辩方打算用来证明这一点的证人的姓名、住址和电话号码。如果辩方提交了上述通知，那么检察官必须书面向辩方披露控方赖以证明被告人在场的证人的姓名，以及除被害人以外的证人的住址和电话号码，以及控方准备反驳不在现场辩护的证人名单。控方披露上述事项的时间期限是收到辩方书面通知后14日以内或者法庭指定的日期之前，但至迟不能晚于开庭14日以前。如果控辩双方没有遵守这一条的规定，法庭可以宣布未事先披露的关于被告人不在现场的证人证言不可采。①

二、日本的证据展示制度

日本刑事诉讼法第299条第1项规定："检察官、被告人或者辩护人请求询问证人、鉴定人、口译人或者笔译人时，应当预先向对方提供知悉以上的人的姓名及住居的机会。在请求调查证据文书或者证物时，应当预先向对方提供阅览的机会。但对方没有异议时，不在此限。"②这一规定确定了控辩双方相互作证据展示的责任。根据该条的规定，证据展示的主要内容包括：（1）诉讼双方对拟在庭审时调查的证人、鉴定人、翻译、口译人或者笔译人，必须告诉对方这些人的姓名和住所。（2）对拟于庭审时调查的证据文书和证物，必须给予对方阅览。但是，由于法律要求给对方提供阅览机会的，只是已决定将要在法庭上请求调查的证

① FRCRP Rule 12.1, United States Code Annotated.

② 《日本刑事诉讼法》，宋英辉译，中国政法大学出版社2000年版。

据，所以对是否请求调查尚未确定的证据，检察官就不负有提供事先阅览的机会的义务。在实践中，检察官常以种种借口拒绝辩护方阅览某一证据，而后又在公审中请求调查该项证据。关于这一问题，直到1960年，判例尚认为："检察官尚未确定要调查的证据文书，不论是否在公审中请求调查，没有预先使辩护人阅览的义务，……"到1969年，最高法院才在判例中宣示，法院可以基于诉讼指挥权命令检察官告知证据。[①]

根据日本《刑事诉讼法规则》第178条之六的规定，检察官在第一审公审日前必须进行的工作之一，就是根据刑事诉讼法第299条第1款的规定，如有应当向被告人或者辩护人提供阅览机会的证据文书或者证物时，在提起公诉后尽快提供该阅览的机会。该规则第178条之七规定，在第一次公审期日以前，诉讼关系人依照刑事诉讼法第299条第1款正文的规定，为对方提供知悉证人等的姓名及住居的机会时，应当尽早提供机会。[②]在司法实务中，辩护律师是在检察官提起公诉后，到检察厅阅览证据并作己方的证据展示的。而对于法官根据当事人诉讼保全要求在开庭前收集的证据，检察官和律师应到法院阅览、誊写。[③]

三、大陆法系国家对辩护人阅卷权的规定

大陆法系国家的刑事诉讼中没有规定控辩双方相互进行证据展示的制度，但在法律上都规定了辩护人有权查阅控方的案卷材料，从而了解控方据以起诉的证据，以便更好地准备辩护。[④]这种阅卷制度，与上面介绍的证据展示制度，从保证辩方及时、充分地了解控方据以起诉的证据材料，从而有效地准备辩护活动这一点上看，功能上是差不多的。但是，阅卷制度一般只是辩护方了解控方的证据材料，而不要求辩护方向控诉方展示辩方证据。这与英美法和日本法所规定的控辩双方相互展示是不同的。

德国刑事诉讼法第147条规定，辩护人有权查阅移送法院的，或者在提起公诉情况中应当移送法院的案卷，有权查看官方保管的证据。在程序的任何一个阶

---

① 陈光中主编:《刑事诉讼法[修正]实务全书》，中国检察出版社1997年版，第732页。

② 《日本刑事诉讼法》，宋英辉译，中国政法大学出版社2000年版，第169页。

③ 龙宗智:《刑事诉讼中的证据开示制度研究》，载《政法论坛》1998年第1期、第2期。

④ 龙宗智:《刑事诉讼中的证据开示制度研究》，载《政法论坛》1998年第1期、第2期。

段，都不允许拒绝辩护人查阅对被告人的讯问笔录，查阅准许他在场的法院调查活动笔录，查阅鉴定人的鉴定。①

法国刑事诉讼法第116条规定，律师选定或经法院指定后，可以到法院查阅案卷。而根据法国1993年8月24日的法律，在拘留20小时以后，被拘留人可以要求会见律师。所以说，在法国刑事诉讼法中，律师查阅案卷的时间是相当早的。第167条规定，鉴定结束后，当事人的律师可以查阅诉讼案卷。第278条规定，律师可以在案卷保管处查阅案卷中的任何文件。②

除了以上国家的刑事诉讼法中对律师的阅卷权进行了规定外，在X诉Austria一案③中，欧洲人权法院认为享有充分的便利准备一个辩护的权利包括能够合理地接近起诉材料。首先，被告人有权在与诉讼的性质和案件的事实情况相适应的足够的时间之内准备自己的辩护。影响准备辩护时间的充分性的主要因素有：案件的复杂程度，被告人获得本方证据的机会，诉讼程序规则对特定诉讼行为期间的限制，等等。其次，为确保被告人及其辩护律师获得必要的证据材料，各国至少应确立下列规则：（1）对于检察机关所掌握的所有对被告人有利的相关证据材料，被告人及其辩护律师均有权获得。（2）有关的国家机构有义务确保辩护律师在充分的时间内获得他们所占有或控制的材料、卷宗或文件，从而保证律师为其委托人提供有效的法律帮助。对于这些材料、卷宗或文件，被告人有权接触或者阅览。（3）在法庭有关被告人刑事责任的判决作出之前，被告人及其辩护律师有权了解被法庭采纳为定案根据的所有证据；在法院的初审程序结束后而上诉程序尚未开始之前，被告人及其辩护律师有权获得或者了解法庭在制作判决时采纳的证据以及法庭在作出判决时的推理过程。另外，为切实保证被告人及其辩护律师充分地进行辩护，法庭如果没有及时告知律师审判日期和指控内容，就不能对被告人进行审判；辩护律师在法庭审判中如果发现有对被告人有利的重要证据需要收集，或者发现对控诉方提出的某一证据还未做出充分的辩护准备，应有权要求法庭暂时中止审判过程。④

---

① 《德国刑事诉讼法典》，李昌珂译，中国政法大学出版社1995年版，第147页。

② 《法国刑事诉讼法典》，余叔通、谢朝华译，中国政法大学出版社1997年版。

③ X诉Austria，（No. 7138/75），欧洲人权法院1975年7月5日决定，《决定及报告》第9卷，第50页。转引自岳礼玲、陈瑞华：《刑事程序公正的国际标准与修正后的刑事诉讼法》，载《政法论坛》1997年第3期、第4期。

④ 岳礼玲、陈瑞华：《刑事程序公正的国际标准与修正后的刑事诉讼法》，载《政法论坛》1997年第3期、第4期。

四、我国关于辩护人阅卷权的问题和对策

对于我国是否已经规定证据开示制度，一般认为尽管刑事诉讼法中也有一些类似于证据开示的规定，但与对抗制相配套的严格意义的证据开示制度并没有建立。

为了与以审判为中心的诉讼制度相一致，应当建立庭前控辩双方相互展示证据的证据开示制度。从我国刑事诉讼法的规定上看，目前已经规定了在不同的诉讼阶段辩护方都有权了解控诉方掌握的证据，只是范围不同，从侦查阶段的较窄的范围到审判阶段的几乎全部控方证据。存在的问题，主要就在于是否规定辩方应当向控方在庭前展示证据，以及违反证据展示义务应当承担什么样的后果。为了与现行立法相一致，笔者在讨论第一个问题时仍然使用“阅卷权”一词作为标题。

（一）辩护人阅卷权的范围、地点和时间

我国刑事诉讼法对辩方了解控方的材料分两个阶段进行了规定：第一个阶段是侦查阶段，第38条规定，辩护律师在侦查期间可以向侦查机关了解犯罪嫌疑人涉嫌的罪名和案件的有关情况；第二个阶段是起诉和审判阶段，第40条规定，辩护律师自人民检察院对案件审查起诉之日起，可以查阅、摘抄、复制本案的案卷材料。

由此可见，从侦查到审判，逐步放宽了辩方对控方证据的了解范围。具体说来，第一，阅卷的范围或者说控方应当向辩方展示的证据材料，应当是全部“案卷材料”，而全部案卷材料应当包括在侦查、起诉过程中获得的与案件指控事实有关的证据材料，既包括侦查机关移送的案卷材料，又包括起诉机关补充取证的材料；既包括不利于被告人的证据材料，又包括有利于被告人的证据材料。第二，辩护律师阅卷的地点。在审查起诉阶段，律师在检察院阅卷；案件起诉到法院后，律师在法院阅卷。近年来，有些地区的检察机关还推行网上电子阅卷，辩护律师可以足不出户查阅、复制全部案卷材料①。

（二）辩方是否需要向控方展示证据

对于辩护方是否有义务向控诉方展示自己掌握的辩护证据，《刑事诉讼法》规定的是有限展示义务。辩护人收集的有关犯罪嫌疑人不在犯罪现场、未达到刑

---

①《北京市检察机关开通“互联网阅卷系统”通告》，载微信公众号“京检在线”，2021年11月4日。

事责任年龄、属于依法不负刑事责任的精神病人的证据，应当及时告知公安机关、人民检察院。

辩方有限展示义务的立法理由，大概是因为在我国，辩护律师取证的权利和能力有限，规定相互全面展示的意义不大，因此不须要求辩护方全面证据展示。但是，被追诉人因自身的自由、名誉、财产甚至生命的威胁而得到最强大的利益驱动，并同时驱动其他相关人员，如果允许辩护人从事辩护的“突然袭击”，在庭审实质化和律师调查权扩大及其法庭举证权充分扩张的情况下，可能对公诉造成较严重的损害。而且这种损害并不一定是靠事实和证据本身，而是在相当程度上依靠一种辩护技巧。这种辩护技巧可能会使公诉方无法在庭前取证反击，还可能延误诉讼（在检察官要求休庭调查的情况下），也可能因事过境迁检方难以取证核实，其结果都是损害诉讼的公正和效率。[①]

笔者认为，确定辩护方是否应当向公诉方展示证据，首先应当考虑辩护方在庭前不进行证据展示会造成哪些不利于诉讼进行的后果。如果辩护方在庭前不透露其掌握的无罪证据，一切都等到庭审时再提出，确实会造成控方无法准备反驳的证据材料，从而不得不要求休庭调查，推迟审判的日期，最终会导致诉讼拖延的后果。如果不允许控方做必要的准备，则会导致法庭无法判断无罪证据的真伪，无法作出准确的判决。

但是，从另外一个方面来看，控辩双方庭前的证据展示活动，应当主要视为控方的义务，控方应当允许辩方在开庭前了解控方所依据的证据；至于辩方向控方透露证据的义务，应当有所局限，没有必要和控方同样要求。理由是，法律规定辩方有权查阅侦查、起诉获得的证据材料，是因为刑事案件事实的查明主要是通过国家专门机关的侦查或者调查活动，绝大多数的证据材料都是通过侦查或者调查行为获得的。专门机关有大量的人员、金钱、时间、精力，有先进的技术设备，有枪、有车、有先进的通信和指挥系统，有法律规定的强制措施可供使用，经批准可以搜查、扣押。而辩护律师的取证方式则十分原始，一般就是口头调查取证，而且在被调查者不合作时无计可施。允许辩护律师查阅控方的证据，就是为了平衡控、辩双方力量的悬殊，平衡国家权力和个人权利的巨大差异。所以，要求辩方在庭前展示的证据应当限于以下几个方面的内容：

1.辩护一方的提请通知的证人、专家辅助人，应当预先给予控方知悉他们的姓名及住所的机会。也就是说，对于辩方拟申请法庭通知的证人、专家辅助人等，辩方应当在庭前通知控方他们的姓名和住址。

---

① 龙宗智:《刑事诉讼中的证据开示制度研究》，载《政法论坛》1998 年第 1 期、第 2 期。

2.在提请法庭展示作为证据的文书或物品时，应当预先给予控方阅览该项证物的机会。

3.除了以上内容以外，如果在庭前不展示，会对诉讼造成较大的损害的特定的证据，辩方有义务在庭前展示给控诉方。这种证据，应当包括被告人不在现场的证据、被告人精神不正常的证据、被告人没有达到刑事责任年龄的证据等。这些证据一经成立就可能导致被告人获得无罪判决，而且都需要较长时间的查证工作，应当给控诉方必要的准备时间。所以，辩护方应当在庭前将这些证据通知给公诉方，以免在庭审时提出会导致诉讼的拖延。

我国刑事诉讼法的现行规定还有两个方面的问题需要进一步明确。第一，除了《刑事诉讼法》第42条规定的三种证据以外，其他有利于辩方的证据是否需要提前告知控方。例如，正当防卫、紧急避险、被胁迫等情节，也有可能影响定罪，至少影响量刑。第二，辩护方的告知义务是否有时间限制。目前法律规定的是“及时”，可以考虑增加规定辩方至迟展示证据的期限，如至迟不得超过24小时。

（三）违反证据展示义务的处理

美国《联邦刑事诉讼规则》第16条（d）（2）规定，如果当事人没有遵守事先披露证据的要求，法庭可以命令当事人允许对方查阅、准许延期、禁止该方当事人提出未披露的证据或者作出其他适当的决定。[①]其中的“作出其他适当的决定”，从实践看，包括：（1）因当事人违反展示程序，命令由其支付证人出庭费用；（2）审判法官向陪审团告诉律师的有关行为不当并请他们注意；（3）对辩护律师予以经济处罚等。[②]在全部制裁措施中，最严厉的可以说是禁止在审判时提出未披露的证据。相比之下，英国对辩护方的制裁偏于苛刻，辩护方如果不履行或者不适当地履行法定展示义务，检察官可以因此不再进行关键的“第二次展示”，而且法官或陪审团也可以从中对被告人做出不利的推论。但是，检察官如果不依法适当地履行初次展示或第二次展示义务，法律并没有明确规定任何法律后果。[③]

如果在我国刑事诉讼法中确立控辩双方相互进行证据展示的制度，也需要确立对违反展示制度的制裁措施，以保证证据展示得到实现。违反证据展示制度的制裁措施，可以考虑以下几个方面：

---

① FRCRP Rule 16, United States Code Annotated.

② 龙宗智：《刑事诉讼中的证据开示制度研究》，载《政法论坛》1998年第1期、第2期。

③ 陈瑞华：《英美证据展示制度之比较》，载《政法论坛》1998年第6期。

1. 如果是在庭前的诉讼过程中发现对方没有展示应当展示的证据，可以请求法官命令对方展示证据。

2. 如果在开庭审理时发现对方提出的证据属于应当庭前展示的证据但没有展示，应当要求法庭休庭，给予本方必要的准备时间，待本方进行必要的调查核实后再继续开庭。《高法解释》已经确认了这种做法，其第272条规定，“公诉人申请出示开庭前未移送或者提交人民法院的证据，辩护方提出异议的，审判长应当要求公诉人说明理由；理由成立并确有出示必要的，应当准许。辩护方提出需要对新的证据作辩护准备的，法庭可以宣布休庭，并确定准备辩护的时间。辩护方申请出示开庭前未提交的证据，参照适用前两款规定”。由此可见，无论是控方还是辩方，要求出示庭前未给予对方预览机会的证据，对方提出异议的都需要说明证据未能提前提交法庭的理由，并且给予对方必要的准备时间。

3. 如果控辩双方能够说明未展示的证据是因为刚刚获取到而来不及庭前提交的，可以允许提出，除应当给对方必要的准备时间外，因此而造成的多支付的诉讼费用，应当由违反展示义务的一方承担。通过这样的制裁手段，可以防止控辩双方违反法律规定的强制性的证据展示义务，在法庭上进行“突然袭击”。

第二节　控辩双方提出证据须经声请

一、提出证据应由控辩双方进行

前面提到，在刑事诉讼中证明被告人有罪的责任应当由控诉方承担。而审判作为控辩双方就被告人是否有罪所进行的竞争，其直接对立的双方是控方和辩方，进行裁判的是审判者，即法院。在诉讼中，证明指控是否成立的责任是属于控方的，因此，在法庭上举证的诉讼主体是控诉方，由控诉方来提出证据证明指控的成立，如果其不能证明指控的犯罪事实或者证明的程度不能令法庭满意，被告人将被作无罪处理。与此同时，辩护方也为了反驳指控，也有在法庭上提出对被告人有利的证据的需要。

我国刑事诉讼法明确规定了举证应当由控辩双方进行。《刑事诉讼法》第191条第1款和第2款规定，公诉人可以讯问被告人，辩护人经审判长许可，可以向被告人发问；第194条第1款规定，公诉人、当事人和辩护人、诉讼代理人经审判长许可，可以对证人、鉴定人发问；第195条规定，公诉人、辩护人应当向法庭出示物证，让当事人辨认，对未到庭的证人的证言笔录、鉴定人的鉴定意见、勘验笔录和其他作为证据的文书，应当当庭宣读。由以上规定可以看出，在法庭上提出证据是由控辩双方进行的，控方竭力证明被告人是有罪的，而辩方则力图证明被告人是无罪或者罪轻的。

二、证据的提出须经声请并经法官同意

在法庭上提出证据应当由控辩双方提出，而对控辩双方提出的证据是否应当进行法庭调查，法官可以同意其提出该项证据，也可以根据法律拒绝接受该项证据。法庭上的证据调查应当经过控辩双方提出证据声请，并且经过法官的同意，具有三个方面的意义：

第一，控辩双方的声请是协助法院查明事实的手段。如果法院不对某些证据当庭进行查证，据以做出判决的证据的范围就会缩小。控方或者辩方要么负有举证责任，要么受诉讼中切身利益的驱动，他们可能发现对案件事实查明有意义的证据。为了实现查明事实这一诉讼目标，控辩双方不仅可以提出证据，以供法院调查；而且为了协助法院查明事实，也应当声请法院调查证据。当事人声请提出证据的目的是，请求法院就其所声请的证据作出是否可以提出的决定；如果法院同意其声请，则对该项证据进行证据调查。

第二，限制法院调查证据裁量权。证据由控辩双方提出，具有决定法院调查证据范围的作用，也就是具有限制法院裁量权的作用。如果法庭上的证据调查完全由法官进行，证据调查的范围、顺序完全由法官决定，那么法院有可能只注重调查控辩双方之一方的证据，对案件事实的查明是不利的。控辩双方提出的证据，可以限制法院调查证据的范围、顺序等的自由裁量权，只要不是不必要的证据，法院不能任意不予调查。

第三，限制控辩双方提出证据的范围。这是最重要的意义。控辩双方为了使自己的诉讼主张得以成立，会尽一切努力提供各种各样的证据材料来证明自己的主张，而这些证据中有些就会与诉讼中争议的事实没有关联，或者明显重复。如果对控辩双方提出的证据法庭一概加以接受，有可能会使诉讼的争议之点模糊，或者诉讼拖延。而在提出证据之前，控辩双方说明其要举证的证据的内容，所要证明的问题，法庭根据法律的要求作出是否允许提出的决定，则可以有效地避免这些弊端。

我国台湾地区“刑事诉讼法”第172条规定：当事人或辩护人声请调查之证据，法院认为不必要者，得以裁定驳回之。该条中规定的声请权人，指的是当事

人和辩护人。当事人包括检察官、自诉人和被告。其声请的方式，声请传唤证人、鉴定人应陈明其姓名、住居所或事务所；声请调查物证及证据书类，应陈明其标目；声请检验者，应陈明其对象和方法。当事人或辩护人声请调查证据，法院认为不必要的，依第172条的规定可以裁定驳回。法院驳回证据声请只限于“不必要的”证据，与声请的方式、时间无关，所以不能因为声请在法庭辩论结束后提出，或声请没有说明要证明的事项，或声请传唤证人、鉴定人并未说明证言或鉴定要证明的事项，而驳回声请。所以声请调查的证据有无调查的必要，应从其证据与要证事实的表面上观察，是否具有关联性和必要性，并不是从程序上加以决定，也与其证明力如何无关。如当事人或辩护人声请调查的证据既没有调查，又未以裁定驳回其声请，其诉讼程序即属违背法令。①

《高法解释》第247条规定：“控辩双方申请证人出庭作证，出示证据，应当说明证据的名称、来源和拟证明的事实。法庭认为有必要的，应当准许；对方提出异议，认为有关证据与案件无关或者明显重复、不必要，法庭经审查异议成立的，可以不予准许。”由这条规定可以看出，在法庭审理过程中，控辩双方如果要提出某项证据，首先要提出声请，说明所提证据拟证明的事实。控辩双方针对对方的声请，可以根据关联性规则和必要性规则提出异议。法庭如果认为证据与案件事实有关，而且不属于重复的证据，就应当准许提出。参考上述我国台湾地区的规定，法官决定该项证据是否调查应当根据证据本身的内容来决定，即使控辩双方在声请时声请的形式不完备，也不能因此判定该项证据没有证据能力。

三、法院可否依职权调查证据

法官能否在控辩双方没有提出声请的情况下主动依职权调查某一证据？也就是说，法官能否主动提出证据？我国《刑事诉讼法》第52条规定：审判人员、检察人员、侦查人员必须依照法定程序，收集能够证实犯罪嫌疑人、被告人有罪或者无罪、犯罪情节轻重的各种证据。第54条第1款规定，人民法院、人民检察院和公安机关有权向有关单位和个人收集、调取证据。从这两条规定看，似乎法院有主动收集、调取证据的责任。但是，刑事诉讼法在庭审部分的规定中，却把提出证据的责任交给控辩双方，法官参与法庭调查只有两种方式：一是依职权主动询问出庭的证人、鉴定人、被害人、被告人；二是对有疑问的证据休庭进行调

① 陈朴生:《刑事证据法》，台湾三民书局1979年版，第447—453页。

查核实。在审判阶段，法律没有规定法庭可以在控辩双方声请调查的证据以外进行证据调查。这样就存在一个问题：控辩双方未就关联事实提出相当的证据，以供法院调查，法院为发现真实之必要，能否依职权调查证据？

笔者认为，控审分离的审判方式的一个重要方面就是把法院的审判权与检察院的起诉权分离开来，使法庭能够处于相对居中的位置上进行裁判。因此，法院不能主动提出证据，它只能根据控辩双方提出的调查证据的声请决定证据调查的范围，不能在没有声请的情况下主动调查某项证据。但是，一旦法院根据控辩双方的声请同意对某一项证据进行调查，那么法院可以对该项证据调查进行干预，如依职权主动询问被告人、被害人、证人、鉴定人等，以及在庭外对该项证据进行调查核实。刑事诉讼法和最高法院的司法解释都只是规定了法院的上述职权，没有规定法院在庭审中没有控辩双方的声请可以主动提出证据。所以，笔者认为，法院只能在控辩双方提出的证据声请的范围内进行证据调查，不能在没有声请的情况下主动提出证据。

第三节　反询问规则

一、反询问规则的前提——证人[①]必须出庭

反询问（cross examination），是英美法中在庭审时对证人进行询问的方法。证人首先由提出证据的一方进行“主询问”（Direct examination），然后由对方进行“反询问”（cross-examination），在反询问中可以提诱导性（leading）问题，目的在于暴露证人的偏见或有偏袒，向陪审团揭示某个证人不可信。[②]反询问的一个重要目的就是削弱被询问证人在陪审员心目中的可靠程度或诚实程度。[③]

反询问规则的首要前提就是证人必须出庭接受询问。关于证人必须出庭的问题，笔者已经在传闻证据规则中提到过。证人只有到法庭上提供证言，其陈述才是可以采纳的，否则应当依照反对传闻证据的规则予以排除。这里再从其他几个

① 本节中的“证人”一词，除特别指出外，均是指广义上的证人，即包括被害人、鉴定人、证人和被告人。

② 程味秋主编：《外国刑事诉讼法概论》，中国政法大学出版社 1994 年版，第 73 页。

③ ［美］乔恩·R. 华尔兹著：《刑事证据大全》，何家弘译，中国人民公安大学出版社 1993 年版，第 129 页。

不同的角度探讨证人出庭的法理根据：

（一）证人出庭是保证证据质量的需要

关于庭审中对言词证据、实物证据的调查，根据国际准则中的直接原则和言词原则精神，为保证庭审的证据质量，我国刑事诉讼法中也作出了相应的规定。联合国《公民权利和政治权利国际公约》规定，“在判定对他任何刑事指控时”，“讯问或业已讯问对他不利的证人，并使对他有利的证人在与对他不利的证人相同的条件下出庭和受讯问”。这一规定，一方面是要求所有的证人必须出庭作证；另一方面要求凡是出庭的证人必须接受控辩双方的质证和讯问，以充分地贯彻直接、言词原则。我国《刑事诉讼法》为同这一规则协调一致，在第61条规定：“证人证言必须在法庭上经过公诉人、被害人和被告人、辩护人双方质证并且查实以后，才能作为定案的根据。”第194条规定：“公诉人、当事人和辩护人、诉讼代理人经审判长许可，可以对证人、鉴定人发问。”“审判人员可以询问证人、鉴定人。”这些规定，对保证证据的质量有着重大作用，它对公正审判的意义是显而易见的。虽然我国对这项标准的执行还存在这样那样的困难和问题，在证据的核查中，贯彻直接原则和言词原则理所当然应当成为公正审判的一项通用的国际标准。[①]证人出庭并接受控辩双方的主询问和反询问，是避免证人提供虚假证言的程序性措施之一。[②]

（二）证人出庭是保护被告人的公平质证权的需要

在判定对他提出的刑事指控时，任何人都有权询问或者业已询问对他不利的证人，并使对他有利的证人在与对他不利的证人相同的条件下出庭和接受询问，这一被联合国《公民权利和政治权利国际公约》第14条（3）（e）确立的受刑事追诉者所应享有的“最低限度权利保障”，是刑事审判程序公正的一项基本要素。根据联合国人权委员会的解释，规定这一权利的根本目的在于，保证被告人在向法庭提出和询问对其有利的证人以及对不利于己的证人质证方面，拥有与检察官完全相同的权利和机会，从而确保“平等武装”原则（the principle of equality of arms）的实现。对于被告人而言，请求法庭以强制手段传唤对其有利的证人并不是一项不受限制的绝对权利，而要以与控诉一方提出对其不利的证人具有“相同

---

① 樊崇义：《论联合国公正审判标准与我国刑事审判程序改革》，载《中国法学》1998年第2期。

② 李丽馨：《解决民事伪证问题浅议》，载《人民检察》2000年第1期。

的条件”和便利为限度。换言之，这一权利的实质在于，使控辩双方在向法庭提出本方证人以及对对方证人进行质证方面受到平等的对待。

被告人的这一诉讼权利实际包括三方面的内容：一是请求法院运用国家强制力量将对其有利的证人传唤至法庭上，使该证人能够亲自出庭作证；二是亲自或者通过其辩护人对该证人进行询问，使该证人能够将其所了解的对被告人有利的事实在法庭上陈述出来；三是通过亲自与控诉方提出的对其不利的证人进行对质，或者由其辩护人对这些证人实施反询问（cross examination），审查和反驳其证言的证明力。要确保被告人切实行使上述三方面的权利，一个国家的法律至少要设有下列诉讼规则的保障：（1）控诉方在审判前的一个合理时间之内必须向辩护方告知其将要在法庭审判过程中提出的证人的姓名、身份及其所要证明的案件事实，以使被告人及其辩护人有充分的时间为反询问做准备。（2）对于控诉方以书面方式提出的证人证言，被告人及其辩护人有权请求法庭不予采纳，或者要求控诉方将该证人通知到法庭亲自作证，以便获得反询问的机会。（3）在法庭审判开始之前，法院必须为被告人及其辩护人向法庭提出本方证人提供必要的条件和便利，没有法律明确规定的合理理由，法庭不得拒绝将辩护方提出的证人证言纳入法庭调查的范围；对于辩护方提出的可向法庭提供案件真实情况而又拒不出庭作证的证人，法庭必须依法运用国家强制力带至法庭。（4）在法庭开始对任何证人进行询问和质证的程序时，辩护人均有权始终在场。对这一权利的剥夺，必须限制在法律明确规定的几个例外情形之下。这些情形主要是：证人有合理的根据担心作证会招致辩护人的报复，被告人正在进行严重干扰法庭审判正常进行的活动，被告人因为一些不重要的理由在接受两次通知之后拒不出席法庭审判，等等。为了防止被告人对证人的询问权和质证权受到不合理的剥夺，法庭必须详细审查上述例外情形是否存在，并只在不这样做就不能保证其他更为重要的价值和利益不受损害的情况下才将被告人排除于询问证人程序之外。但在任何情况下，法庭都不能将被告人和他的辩护人同时排除于询问证人的程序之外。换言之，在被告人不出席法庭审判的情况下，其辩护人应享有始终在场并对证人进行询问和质证的权利。不仅如此，法庭如果在被告人不在场的情况下对证人证言进行调查，还必须及时向他告知证人证言的主要内容。①

证人能否出庭作证，是以审判为中心的诉讼制度的重要方面，但又是很难解决的问题。我国刑事诉讼法为保证证人、鉴定人出庭作证并接受询问和质证，已

① 岳礼玲、陈瑞华：《刑事程序公正的国际标准与修正后的刑事诉讼法》，载《政法论坛》1997 年第 3 期、第 4 期。

经作出了一系列较为详尽的规定，在司法实践中一方面要认真贯彻执行，另一方面还需要进一步总结经验，探索更多解决问题的措施。

二、证人如实陈述的保障——证人应当当庭宣誓

依证据规则，防止证人伪证的方法有三个：第一，事前宣誓或具结，使证人在良心上受约束，不愿伪证。第二，事中进行反询问，揭露证言的虚伪部分，使证人不能伪证。第三，事后科以伪证之处罚，使证人罹于刑事责任，不敢伪证。[①]陈朴生也认为，为防止证言之虚伪或其他缺点，设有预防规则（Prophylactic rules），以期发现真实。其方法包括伪证之处罚、审理之公开、宣誓或具结、证人分离及证据之事前阅览等情形。[②]

我国刑事诉讼法已经基本上确立了反询问规则，即除法律有特别规定以外，证人必须出庭接受控辩双方的询问。我国《刑法》也于第305条规定了伪证罪。这里我们着重探讨证人宣誓的问题。

（一）域外关于证人宣誓制度的规定

在英美法系，证人一般应在宣誓后提供证言。宣誓一般由法院书记官或其他官员主持，证人应手持《新约全书》、《旧约全书》或《圣经》，宣称以全能的上帝的名义或在全能的上帝面前，保证自己提供的证言是真实的。不愿采取一般宣誓形式的人，可以根据其宗教信仰采用任何宣誓形式，只要他宣称这种形式对他的良知有约束力。如果证人反对宣誓或根据他的宗教信仰不能进行宣誓，也可以以誓愿代替宣誓。誓愿的效力与宣誓相同，誓愿后提供假的陈述和宣誓后提供假证一样，都构成伪证罪。在刑事案件中，被告人可以提供未经宣誓的证言，儿童也可以提供未宣誓的证言。[③]

法国刑事诉讼法第103条规定："证人应当宣誓据实陈述，只讲真实。"[④]德国刑事诉讼法第57条规定："询问前应当提醒证人要如实提供证言，并且言明如无法律规定、准许的例外，他们必须对自己的证言宣誓。对此，要对证人告知宣誓

---

① 刁荣华主编:《比较刑事证据法各论》，台湾汉林出版社1984年版，第162页。

② 陈朴生著:《刑事证据法》，台湾三民书局1979年版，第528页。

③ 程味秋主编:《外国刑事诉讼法概论》，中国政法大学出版社1994年版，第90页。

④《法国刑事诉讼法典》，余叔通、谢朝华译，中国政法大学出版社1997年版，第53页。

的意义和可以在附宗教起誓、无宗教起誓的宣誓之间进行选择以及作伪证或者有隐匿时应负的刑法后果。”[①]日本刑事诉讼法对于证人或鉴定人也采用宣誓制度，日本刑事诉讼法第154条规定：“除本法有特别规定的以外，应当令证人宣誓。”第166条规定：“应当令鉴定人进行宣誓。”[②]

（二）我国是否应当实行证人宣誓制度

我国刑事诉讼法中没有规定证人宣誓制度，而是在《高法解释》第258条规定：“证人出庭的，法庭应当核实其身份、与当事人以及本案的关系，并告知其有关权利义务和法律责任。证人应当保证向法庭如实提供证言，并在保证书上签名。”第260条规定了鉴定人、有专门知识的人、调查人员、侦查人员或者其他人员出庭的，参照适用第258条规定。从字面上看，这些规定与上面比较的证人宣誓制度十分相似。为了进一步明确我国刑事诉讼中是否实行证人宣誓制度，以及如何实行证人宣誓制度，笔者着重探讨以下几个问题：

1.证人在保证书上签名是否是证人宣誓制度

笔者认为，要求证人作证前在保证书上签字的制度，就是证人宣誓制度。因为证人宣誓制度就是证人在向法庭提供证据时为了保证其如实陈述，而要求证人作出正式保证的制度。它并不一定具有宗教意义，比如上面涉及的英、美、德、日以及我国台湾地区的刑事诉讼规则要么其规定的宣誓内容与宗教信仰无关，要么宣誓者可以选择非宗教的宣誓或誓愿或具结。证人宣誓制度也并不要求使用宣誓的字眼，比如我国台湾地区就用“具结”一词，但其内容与宣誓制度无异。证人宣誓的作用有二：一是对证人在良心上进行约束，不愿伪证；二是使证人更正式、更严肃地了解自己如实作证的义务。而上述司法解释规定的在如实作证的保证书上签字，其作用与宣誓的作用是一样的。所以说，从内容和作用上看，我国最高人民法院在司法解释中规定的证人、鉴定人在如实作证的保证书上签字的做法，就是国外的证人宣誓制度。需要注意的是，由于我国刑事诉讼中证人的概念与国外的证人概念不同，我国的证人宣誓制度应当适用于广义上的证人，特别是被害人作证前也应当宣誓。被告人是否应宣誓，笔者将在下面讨论。

2.伪证罪的处罚是否以证人经过宣誓为前提

实行证人宣誓制度的国家，都只是把宣誓后提供虚假证言才规定为伪证罪，

---

① 《德国刑事诉讼法典》，李昌珂译，中国政法大学出版社1995年版，第17—19页。

② 《日本刑事诉讼法》，宋英辉译，中国政法大学出版社2000年版。

或者说伪证罪的构成必须是以证人已经宣誓为前提。没有经过宣誓、具结的证人，即使提供了虚假的证言，也不能受伪证罪的追诉。我国《刑法》第305条规定："在刑事诉讼中，证人、鉴定人、记录人、翻译人对与案件有重要关系的情节，故意作虚伪证明、鉴定、记录、翻译，意图陷害他人或者隐匿罪证的，处三年以下有期徒刑或者拘役；情节严重的，处三年以上七年以下有期徒刑。"从条文上看，伪证罪的构成并不以宣誓为前提。笔者认为，这是因为在刑法制定时，证人宣誓制度尚不完备的原因。从长远观点来看，伪证罪应当以宣誓为构成要件。这是因为，通过宣誓，证人被正式告知他有可能因虚伪陈述而被追究刑事责任，而且他本人作了这样的保证，因为他违背了他明知而且保证履行的义务，而追究其刑事责任，更符合伪证罪的本意。伪证罪的设立不仅是为了惩罚虚假陈述者，更重要的是通过伪证罪的追诉危险来恐吓证人不敢作伪证。为了更好地防止证人作伪证，使宣誓能够在证人身上形成一种心理压力（被追诉的危险），应当要求证人在作证前进行如实作证的保证（宣誓），并告知他如果提供伪证将被追究刑事责任。鉴定人应当同证人一样进行宣誓，记录人、翻译人也可以参照进行。

3.公安机关的侦查阶段和检察院的起诉阶段证人是否要宣誓

我国刑事诉讼法和司法解释对证人在侦查、起诉阶段是否应当宣誓没有规定。《刑事诉讼法》第125条规定："询问证人，应当告知他应当如实地提供证据、证言和有意作伪证或者隐匿罪证要负的法律责任。"也就是说，法律只要求侦查人员告知证人伪证罪的责任，但不要求证人作出如实陈述的保证。笔者认为，侦查起诉阶段，没有必要规定证人宣誓制度，因为侦查起诉阶段只是对案件的调查、收集证据阶段，最终定案要经过法庭的审理才能确定，只要能够保障证人在庭审时提供真实的陈述就可以防止冤枉无辜。而且，对伪证罪的处罚是为了保障司法权的实现，而司法权应当只是指审判权，在侦查、起诉阶段证人如果作虚假陈述危害的是侦查权和检察权，不应与妨害司法权的行为同样对待。

如果伪证罪的构成以证人作证前宣誓为构成要件，而侦查、起诉阶段又不要求证人宣誓，有可能会面临证人在侦查、起诉阶段作虚假陈述如何处罚的问题。笔者认为，对于要确定被告人有罪的案件，案件最终要经过审判，证人一定会出席法庭提供证言，届时要求其宣誓和提供证言，如果他提供了虚假陈述，当然可以追究他伪证罪的责任；如果案件没有进入审判阶段，根据《刑事诉讼法》第12条规定的"未经人民法院依法判决，对任何人不得确定有罪"的原则，被告人不能够被定罪，则证人的虚假陈述并没有对案件造成实质的损害，也就没有必要追究其虚假陈述的责任了。

4.享有拒绝作证权的人是否可以免除宣誓义务

笔者在前面提出，我国已经赋予特定的人以拒绝作证权。那么，如果享有拒绝作证权的人放弃拒证权，他同意提供陈述，是否应当要求他作证前宣誓呢？如果让其宣誓，意味着他必须提供如实陈述，否则就要受到伪证罪的刑事追究；如果免去他宣誓的义务，或者说赋予他拒绝宣誓的权利，那么他就可能提供虚假的陈述，而且不会受到伪证罪的追究。德国和我国台湾地区的刑事诉讼规则对享有拒绝作证权的人都规定了拒绝宣誓权或不得令其具结。

笔者认为，赋予特定证人拒绝作证权，是为了保护特定的更为重要的社会利益，而不能强迫具有特定情形的人作证。拒绝作证权可以分为两类：

一类是证人可以放弃其拒绝作证权，如不得强迫自证其罪特权、配偶近亲属的拒绝作证特权，这类证人放弃拒绝作证权，不会对其他社会利益构成危害。他们可以向法庭提供证言。一旦他们决定放弃拒绝作证的特权，就应当同普通的证人一样，应当在作证前宣誓，如果提供虚假陈述，应当承担伪证罪的刑事责任。否则，就等于赋予了他们伪证的权利，会导致审判中的陈述虚假的可能性增大，不利于诉讼的顺利进行。但是，被告人的陈述应当例外考虑。无论是英、美、德以及我国台湾地区，还是我国传统的诉讼理论和实践，都认为被告人即使作虚假陈述，也不能承担伪证罪的刑事责任。因此，当被告人放弃拒绝作证权要求提供陈述时，应当允许他不宣誓，或者规定被告人不能提供宣誓陈述。

另一类是证人如果放弃拒绝作证的特权，可能会伤害其他的社会利益的拒绝作证权。例如职业秘密的特权和公务秘密的特权。对于这种证人，他们的拒绝作证权应当是不能放弃的，即这种拒绝作证权不仅意味着不能强制其提供证言，而且意味着他不能提供证言。例如，对于律师和当事人的谈话拒绝作证权，如果律师放弃拒绝作证权提供证言，会伤害律师与当事人之间的信任关系。因此，这类证人根本就不允许其提供证言，也就不存在是否应当宣誓的问题。

5.未经宣誓的证言是否可以采用

前面的比较中已经提到，几乎所有的国家对证人证前宣誓（或具结，或誓愿等）都是强制性的规定，即用“应当”一词。我国最高人民法院的司法解释也是使用的“应当”。笔者认为，由于证前宣誓是证人作证的必经程序，而且伪证罪的处罚又是以宣誓为前提，因此，为保证证言的真实性和宣誓制度的彻底实施，没有经过法庭宣誓的证言不能够采用。但是，以下几种情形应当例外：

第一，证人是未成年人。未成年人只要能够辨别是非，能够正确表达，就能够作为证人。但未成年人不可能受到伪证的刑事追究，让他宣誓没有法律上的意义。对未成年人作证的，应当告知他应如实陈述，但不能让他宣誓。对于这种证言，可以采用。

第二，被告人提供陈述。应当允许被告人不经宣誓而提供陈述，这样的陈述是可以采用的。

第三，符合传闻证据规则的例外情形。即证人可以不出庭，按照法律规定其书面陈述或其他法庭外陈述可以采纳的，则证言可以采纳。

三、反询问规则

对于控辩双方而言，在主询问中，主要是以问答方式引出本方证人的证言，其目的是使证人的陈述更加可信，更加能够引起事实审理者的兴趣，使证言更容易被理解；而在反询问中，则重点在于发挥对方证人证言中对己方有利的内容，攻击证言的可信性，攻击证人本身的可信性，强迫证人承认证言中的矛盾，同时注意对对方的主询问提出反对。在反询问中，应当注意诱导性问题的巧妙运用，仔细准备反询问的问题，注意证人前后不一致的陈述。在对方对自己的证人进行反询问时，注意保护自己的证人，及时反对对方的发问。[①]

（一）询问的顺序

英美法基于彻底的当事人主义，采主询问和反询问发问制，证人应由当事人自行发问，由举出该证人的当事人发问的，称为直接询问（direct examination），或称主询问（examination in chief），由他方当事人发问的，称为反询问（cross examination）。法官为使证言臻于明了起见，也可以依据诉讼指挥权，自行就证言为适当的发问。日本刑事诉讼法侧重当事人主义，同时以职权主义为其背景，以裁判官发问为主，当事人为补充。我国台湾地区“刑事诉讼法”采职权主义及法官讯问制，依第166条第1项规定证人由审判长讯问后，许当事人及辩护人直接或声请审判长诘问之；第170条又规定：参与合议之陪审推事，得于告知审判长后，讯问证人。所以讯问证人，以裁判官为主，当事人或辩护人之诘问为其补充。当事人或辩护人诘问证人，其目的仅在探求证人的态度，借以证据之真实性，既不重视当事人的反对发问权，亦不以之为限制证据能力之根据。[②]

---

① 参阅 *Trail and Practice Skills*, by Kenney F. Hegland, West Publishing Co. 1994 中关于主询问和反询问的论述。

② 陈朴生著:《刑事证据法》，台湾三民书局 1979 年版，第 393 页。

我国刑事诉讼法对证人的询问顺序的规定比较简单，《刑事诉讼法》第194条规定："公诉人、当事人和辩护人、诉讼代理人经审判长许可，可以对证人、鉴定人发问。……审判人员可以询问证人、鉴定人。"从这条规定可以看出，对证人的询问是以控辩双方为主，法官可以依职权发问。《高法解释》第259条、第260条和第263条规定了询问证人、鉴定人的顺序：

1.向证人、鉴定人发问，应当先由申请通知证人出庭的一方进行。(《高法解释》第259条、第260条)。这一规定是以控辩双方申请出庭的都是本方证人为前提的。对于因"对证言有异议"而申请对方证人出庭的情况，应当是先由本方进行主询问。

2.申请通知证人出庭的一方发问完毕后，对方经审判长准许，也可以发问。(《高法解释》第259条、第260条)。

3.审判人员认为有必要时，可以询问证人、鉴定人。(《高法解释》第263条)。

从以上规定中可以看出，我国刑事诉讼中对证人的询问顺序与英美法的规定大体是相同的，可以说我国刑事诉讼法已经确立了反询问规则。但有两个问题需要探讨：

第一，对被害人的询问程序与对证人的询问程序是否相同？《高法解释》第244条规定："经审判长准许，控辩双方可以向被害人、附带民事诉讼原告人发问。"第245条规定，必要时，审判人员可以向被害人发问。这一条没有规定由控辩双方哪一方先询问。笔者对这一条的理解是，被害人在出庭提供证明案件争议事实的陈述时，其身份与控方证人大体是一致的，对被害人的询问应当依照对控方证人询问的顺序，由控方首先进行询问，然后由辩方询问，审判人员也可以依职权询问被害人。

第二，对被告人进行询问的顺序问题。我国《刑事诉讼法》第191条规定，公诉人在法庭上宣读起诉书后，被告人、被害人可以就起诉书指控的犯罪进行陈述，公诉人可以讯问被告人。被害人、附带民事诉讼原告人和辩护人、诉讼代理人，经审判长许可，可以向被告人发问。审判人员可以讯问被告人。按照《高法解释》第242条的规定，讯问被告人的顺序是：先是公诉人讯问，然后是经审判长准许，被害人及其法定代理人、诉讼代理人可以就公诉人讯问的犯罪事实补充发问；附带民事诉讼原告人及其法定代理人、诉讼代理人可以就附带民事部分的事实向被告人发问；被告人的法定代理人、辩护人，附带民事诉讼被告人及其法定代理人、诉讼代理人可以在控诉方、附带民事诉讼原告方就某一问题讯问、发问完毕后向被告人发问。简单地说，刑事诉讼法实际上是把被告人作为控方证人来处理的。刑事诉讼法在侦查阶段认为犯罪嫌疑人有如实回答的义务，在审判阶段把公诉人讯问被告人作为庭审举证的开始和重要环节，体现了对口供的重视和对被告人是控方证人的定位，因此在讯问顺序上，也是先由控方讯问，然后才由辩方发问。

被告人作为被追究刑事责任的人，其供述和辩解有两种可能：一是有利于他自己的辩解，二是认罪的供述。无论被告人陈述的内容如何，被告人应当是辩护方的证人，其内容要么是有利于辩护方的，要么是为了辩护方的辩护策略（如以认罪供述换取从轻量刑）服务的。也就是说，被告人应当是辩方证人，对他的询问应当是首先由辩护律师询问，在辩护律师询问完以后，由控诉方进行反询问，以求发现被告人供述中的虚假和矛盾之处。

总之，对被告人的讯问问题，我国目前的刑事诉讼法和司法解释的规定都是存在问题的，其原因就是把被告人作为控方证人来对待，而实际上被告人应当是辩方证人而非控方证人，应当由辩护方进行主询问，然后再由控方进行反询问。

（二）询问的方法

询问证人，包括对被告人、被害人、附带民事诉讼原告人和被告人、鉴定人的讯问、发问或者询问，根据《高法解释》的规定，应当遵循以下规则：

1. 发问的内容应当与本案的事实有关（《高法解释》第261条第1款第1项）。与案件事实是否相关，也就是该问题与案件的争议之点是否有相关性。对相关性的判断标准，主要是一个逻辑问题，即看它对案件争议之点是否能够起到证明作用。笔者已经在采证规则一章中讨论了证据的相关性问题。例如，在法庭审理时控方向作证的被告人发问道："A先生，你在15岁时曾被指控盗窃超市的商品，这不是事实吗？"对方律师就可以反对："反对，法官，不相关。"法官对反对的裁决："准许。他在十几岁时干的事情不能证明现在对他的指控。那已是12年前的事了。"[①]在此例中，由于控方的发问与案件事实不相关，因此对方律师提出反对，并且反对得到了法官的支持。

2. 不得以诱导方式发问（《高法解释》第261条第1款第2项）。反对诱导性问题的规则，是英美法主询问时所要遵循的规则中最为人们所熟悉的。诱导性问题就是强烈地暗示证人按提问者的答案作出回答的问题。例如，在一起故意伤害案中，辩护律师向其委托人提出的典型的引导性问题："你根本没有碰那个男子，这不是事实吗？"被告人可能答道："是的，这是事实。我根本没有碰

① ［美］乔恩·R. 华尔兹著：《刑事证据大全》，何家弘等译，中国人民公安大学出版社1993年版，第35页。

他。”这样，陪审团听到的是发问律师对事情的解释，对这种形式的引导性问题，如果是在主询问中提出的，就可以提出反对。因为主询问时律师询问的是自己的证人，因而无疑很容易接受暗示，他可能接受引导性问题中所包含的虚假暗示。

这样的提问也属于诱导性提问：“你是否听到那个人说，‘我刚刚杀死了我自己的儿子’？”而典型的完全没有引导性问话方式的例子则是：问：“然后发生了什么事，如果有的话？”答：“那个男人惊叫道：‘我刚刚杀死了我自己的儿子！’”

在美国，反对诱导性问题规则是存在例外的。众所周知的例外是在对对方证人进行反询问时，可以提诱导性问题，因为几乎不存在这种证人接受诱导性问题中所包含的虚假暗示的危险。[①]除此以外，还有许多情况是允许诱导性问题的：（1）在涉及与案件核心问题无直接关系的预备性或入门性事务时允许使用诱导性问题，如证人的工作单位。（2）诱导性问题可以用于从一个查询领域到另一查询领域的转换或连接。（3）当证人在主询问中做出意外回答时，律师可以使用诱导性问题。当一个证人的陈述与其在预审听证或大陪审团调查中提供的证言大相径庭时，这便是经常可以使法官认可的“意外”了。（4）在对理解能力有限的证人进行主询问中可以使用诱导性问题，这种人包括智力低下的成年人、使用英语有困难的外国人或孩子。（5）对于那些其记忆已经竭尽但显然还掌握有额外的相关性信息的证人可以提出诱导性问题。换言之，对那些答案就在嘴边却想不起来的证人，使用诱导性问题唤醒其记忆，在有些情况下是合适的。在这种情况下，律师提出这种引导性问题之前最好事先取得法官的同意。（6）经常向专家证人提出的那种假设问题在每一点上都具有强烈的引导性，但是，它们作为提供专家意见之事实基础的手段而可以使用。

除了反对诱导性问题以外，美国刑事诉讼中还有反对复合式及其他混乱性问题的规则，也反对假定未经证明之事实的问题。[②]

从以上分析我们可以看出，我国《高法解释》中一律禁止诱导性问题是不适当的。这样规定不仅与美国的做法存在差别，而且在遇到上述例外情形时，控辩双方不容易安排问题。比如，控辩双方在对对方的证人进行反询问时也不允许使用诱导性问题，那么如何发现对方证人证言的虚假之处呢？再比如，证人在法庭

① 程味秋主编：《外国刑事诉讼法概论》，中国政法大学出版社 1994 年版，第 73 页。

② ［美］乔恩·R. 华尔兹著：《刑事证据大全》，何家弘等译，中国人民公安大学出版社 1993 年版，第 37—39 页。

上的陈述与其先前陈述不一致，发问者能否引用先前陈述来发问呢？因此，一律禁止诱导性问题是错误的，从根本上违背了反询问制度的本意。

除了以上两项规则以外，高法解释中还规定了不得威胁证人（《高法解释》第261条第1款第3项）、不得损害证人的人格尊严（《高法解释》第261条第1款第4项）、询问证人应当分别进行，证人、鉴定人、有专门知识的人、调查人员、侦查人员等不得旁听对本案的审理（《高法解释》第265条）等具体的询问方法。这几条规定的含义一目了然，在理论上和实施上都不应当有问题，笔者不再赘述。

（三）证人可靠性的质疑

在美国，反询问的一个重要目的就是削弱被询问证人在陪审员心目中的可靠程度或诚实程度。对证人的质疑可以在三个不同的层次上进行：（1）偏见、成见。那些揭示出某证人具有可能导致其编造或歪曲事实的偏见或成见的问题可以用来抨击该证人的可靠性。（2）以前的自相矛盾的陈述。一个证人可以受到证明他或她以前在法庭之外所作陈述与其在审判中对主询问的回答不相一致的质疑。（3）犯罪前科与劣迹。一个证人还可以受到有关其以前严重犯罪之判决或不端行为的证据的质疑，以便使其诚实性受到怀疑。

我国法庭审理中，案件事实的查明主要依靠控辩双方提出证人并对证人进行反询问得以实现，因而证人证言的真实性是案件能否查明的关键因素。对控辩双方而言，如何能够发现证人证言中的虚假成分从而降低这些证言的可信性，以及如何抨击证人的可信性以便法官在判别该证人提供的证言时赋予其较低的证明力，都是至关重要的。所以，这里笔者介绍一下美国刑事诉讼中对证人可靠性质疑的方法和技术，以供我国的检察官和律师在庭审时参考。

诉讼律师在对出庭作证的证人进行反询问中使用的质疑技术主要涉及以下六种情况：[①]

1.感觉缺陷。这是一种最基本的质疑性反询问。这其实就是证明这样一种事实，即该证人由于某种感觉缺陷（如视觉、听觉差等）而实际上无法看到、听到、闻到、触觉到或品味到他在主询问中所陈述的内容。

2.犯罪前科与劣迹。英国的规则一直允许反询问方自由质疑证人，通过询问那些据信可以表明其品格以前不端行为的具体事件。有些美国的司法管辖区遵循

---

① ［美］乔恩·R.华尔兹著：《刑事证据大全》，何家弘等译，中国人民公安大学出版社1993年版，第130—156页。

了上述英国的规则，准许反询问涉及以前不端行为的具体事件。美国《联邦证据规则》第608条（b）项规定，为了抨击某证人的可靠性，可以在对该证人本人的反询问或者对其他为其诚实与否的品格作证的证人的反询问中查问有关该证人行为的具体事件[①]。

3.心理状态。通过对某证人的质疑性反询问可以证明其心理状态，如精神不正常。诸如嗜毒或醉酒等其他心理状态也可以查明来削弱该证人的可信度。

4.重罪前科。作为一般的规则，重罪前科的证据可以用来质疑一个证人的可靠性。在不同的司法区内，对证人进行质疑可以使用的重罪前科的种类亦有所不同。例如，有的州只允许使用涉及诸如伪证罪等道德上卑鄙行为的重罪证明。

5.以前自相矛盾的陈述。包括在刑事案件中为自己利益而出庭陈述一般性证言的被告人在内的证人，可以受到通过证明其在审判之前曾一次或多次提供与其在审判中提供的不相一致的证言这一事实的质疑。

6.偏见、利益、成见。对偏见等的证明总是与可靠性相关的，而且可以彻底审查。例如，证明被告人不在犯罪现场的唯一一名证人是其忠实的妻子；站在证人席上的证人曾接受请其提供有利证言的当事人一方的贿赂；控方证人曾获准免予起诉或保证减刑以作为对公诉方提供有利证言的交换条件；被告人方的不在场证明的证人是受被告控制的人，如果不作证会被伤害身体、伤害其家人、威胁毁掉事业或名誉，如果提供有利证言则给予金钱或其他报酬。如果对方能够在反询问中证明以上方面，则该证言的可信性就会大打折扣。

笔者认为，以上六种对证人可靠性的质疑方法，在我国刑事诉讼中应当也是适用的。虽然刑事诉讼法和司法解释没有规定上述内容，但控辩双方在庭审时可以就以上事项进行询问，如果存在上述六种情况，该证言仍然是可以采用的，但证言的证明力会大大减弱。

（四）对询问方法的异议

在美国，证人的证言，在正常情况下，是以言词回答律师的询问，并且是在事实审理者面前，以及因证言对其不利的当事人或其辩护人在场时做出的。律师的提问，如果违反了法律对提问的要求，对方当事人就可以提出异议。

提出异议的理由多种多样，下面试举其中几例：“无相关性”；“不公正的偏见远远超出了证据可能的价值”；“传闻”；“推测”或“不适当的意见”或“缺

① FRE Rule 608, United States Code Annotated.

乏亲自感知”；“缺乏基础”（如出示商业纪录作为证据但没有说明其是在正常的商业运作中制作的）；“不合适的品格证据”；“模糊”或“不明确”；“复合式问题”（包括许多部分的问题）；“引发证人陈述的问题”（违反一问一答形式的要求）；“自问自答”；“假设的事实没有证据证明”；“与案件无关的争论”；“诱导性问题”；“问题中所含的证人陈述已被更改”；等等。[①]

异议需要即时提出，通常应在证人答复之前提出。如果证人对于适当的提问而进行了可以异议的回答，或者对于可以异议的问题回答太快，来不及提出异议的，法院可以因及时的申请，命令取消该回答。陪审团已经听取了取消的证言的，通常取消的效力就很小了，但是足以防止律师基于被取消的资格进行辩论。对于证人资格的问题必须在证人宣誓以前提出。但是，如果不适格的理由是异议人所不知道的，自然可以在发现后提出。对于证言以外其他证据的提供所提的异议，与上述是一致的，须即时提出。

《高法解释》规定了控辩双方对对方提问、发问提出异议的权利。该解释第262条规定：“控辩双方的讯问、发问方式不当或者内容与本案无关的，对方可以提出异议，申请审判长制止，审判长应当判明情况予以支持或者驳回；对方未提出异议的，审判长也可以根据情况予以制止。”

根据以上规定，我国已经实行了对发问方式提出异议的制度。对被告人、被害人、附带民事诉讼原告人和被告人、证人、鉴定人、专家辅助人、侦查人员、调查人员以及其他人员的讯问、询问和发问，必须遵守上面叙述的主询问和反询问的规则，否则对方有权提出异议。与英美法系当事人主义不同的是，即使当事人没有提出异议，审判长有义务对与本案无关的发问、发问方式不当的问题主动予以制止。不过，还有几个问题该解释没有规定，需要进一步探讨：

1.异议应当在什么时候提出。笔者认为，异议应当在控方或辩方发问之后、证人回答之前提出，如果证人回答过快以至于来不及提出，可以尽快提出。异议的提出至迟不能晚于该证人退庭。如果证人已经提供完证言并已经退庭，即使对方发问不当，再提出异议也应当是无效的。

2.提出异议是否应当说明理由。笔者认为，控辩双方在提出异议时应当明确提出反对的理由，以便于法官依法进行裁决。理由应当明确指出该提问属于哪一类可以异议的提问，如“与本案无关”“属诱导性提问”等。

3.法官作出支持或驳回的方式。从高法解释的规定中看，法官支持或驳回是

---

① *Trial Advocacy*, by Paul Bergman, West Publishing Co. 1997, pp.304–311.

以法庭上口头的形式做出的，其形式应属于口头决定。笔者认为，为了诉讼的尽快进行，防止诉讼拖延，法官的决定以口头做出是可以的。但法官应当说明其决定的理由。由于是“决定”的形式，不利的一方不服这个决定不能上诉或者抗诉，也不能向上一级人民法院申请复议。这样规定有其合理之处，因为一个案件中会有若干个证人出庭，每一个证人在接受反询问时都可以提若干个异议，如果都允许申请上一级法院复议，会导致诉讼拖延，也会增加法院的工作负担。但是，法官附理由的决定应当记入笔录，以便于二审法院可以根据笔录来审查一审法官的决定是否合法，如果一审法官的决定是错误的并且会影响审判的公正，二审法院可以以一审程序违法为由将案件发回重审。

4.法官支持异议的后果。笔者认为，如果控辩双方的异议得到法官支持，其效力应当是证人不必回答受到异议的问题。如果因为证人回答太快，异议是在证人回答后才提出的，应当在审判笔录中将这个回答删除，提问的一方以后不能根据该回答进行辩论，合议庭在评议时也不能将该回答作为定案的根据。

5.法官依职权主动干预控辩双方的提问方式。以上解释规定审判长对不当的发问应当制止，这意味着在控辩双方没有提出异议的情况下，法官有权并且有义务制止不当的发问。在这个问题上，英美法的做法是，在否定证据可采性的规则可以被适用的时候，控辩双方并不是必须要反对。如果由于粗心而忽略了或者故意不对不具有可采性的证据提出反对，该项证据则被采纳并作为事实的审理者可以考虑的据以定案的材料。只有在极端的情况下，通常是证据中包含（与案件无关的另一个）刑事指控的内容，法庭将介入并且给予他自己的动议而排除证据。英美司法体制首先依赖于对抗的双方当事人，通过双方律师来查明争议事实。[①]

笔者认为，为了保证审判长的诉讼指挥权，赋予审判长依职权制止的权力是恰当的。原则上，对提问方式的异议权应当交由控辩双方来行使，审判长一般情况下只能在控辩双方异议的基础上，作出异议成立或者异议不成立的裁断。这样，有利于控辩双方在法庭上集中精力，认真检查对方的发问有无不当，及时提出有关异议；也有利于审判长从关注控辩双方的发问方式中解脱出来，集中精力关注证人证言的内容（相对于发问方式而言）。同时，审判长在某种发问或者某项证据将明显妨碍审理的进行或不利于事实的查明时，应当有依职权干预的权力。也就是说，法官并不是必须依职权干预双方的询问，只有在极端的情况下，

① *An Introduction to the Law of Evidence*, Third Edition, Graham C. Lilly, West Group 1998, pp. 5–6.

法官才应运用这项权力。

第四节　法庭当庭认证规则

证人必须出庭提供证言并经过控辩双方的主询问和反询问，其他证据也必须在法庭上经过控辩双方质证、发表意见之后才能作为定案的根据。除了对对方证据进行质证外，对本方证据也应当加以分析说明，以阐明其证明力。有学者认为，就公诉方而言，举证前或者举证后应当对证据进行分析说明，内容应当包括：证据的来源；证据所属的种类；证据的证明力；证据所要证明的内容。[①]同时，《刑事诉讼法》第50条规定的证据材料，“必须经过查证属实，才能作为定案的根据”，在审判阶段应指经过法庭审理并查证属实才能作为裁判的依据。未经法庭审理的证据，即使是真实的也不得作为裁判的依据。

一、法庭是否应当当庭认证

对于法庭是否应当当庭认证的问题，较早的规定出现在民事诉讼领域。1998年7月6日《最高人民法院关于民事经济审判方式改革问题的若干规定》第12条规定：“经过庭审质证的证据，能够当即认定的，应当当即认定；当即不能认定的，可以休庭合议后再予以认定；合议之后认为需要继续举证或者进行鉴定、勘验等工作的，可以在下次开庭质证后认定。未经庭审质证的证据，不能作为定案的根据。”[②]刑事诉讼法和相关司法解释对“当庭认证”一直没有作出明确规定。

对于刑事诉讼中是否应当当庭认证，支持者认为，我国要求当庭认证，原因有二：一是当庭认证使证据效力通过庭审固定下来，使法庭调查目的得以实现，为法庭辩论提供了基础，利于证据运用整体效能的发挥，使当庭举证、质证规则得到维护。二是当庭认证是控辩式审判方式、司法公正和执法透明度增强的要求，对于避免刑审先定后审、审判走过场以及法官控审不分的问题有格外重要的意义。[③]也有的学者认为，庭审是由控辩双方当庭举证质证，各种证据

① 陈志平:《庭审举证后对证据的分析》，载《中国刑事法杂志》(总第43期)。

② 《司法文件选》1998年第8辑，第34页。

③ 李颖:《试论现行刑事证据制度的立法缺陷及完善》，载《法律科学》1999年第1期。

材料逐一显现出来，合议庭能够当庭确认的当庭确认，较复杂的可以休庭合议后认证。①

对于这个问题，在英美法系，由于实行由陪审团认定案件事实、决定被告人有罪还是无罪，而陪审团成员又通常是法律的外行，因此在陪审团退庭评议之前，主持庭审的法官要向陪审团作总结提示，其中就包括哪些证据不可采纳，而并非当庭逐个认定或认证证据，因为那是属于陪审团退庭秘密进行评议之后，经投票表决才能够作出的。②辛普森的辩护律师科奇兰在控方提出证据后向陪审团说："在美国，你必须在听完全部的证据后才能下结论……人们并不在一开始就作出决定。你不会在半场时就确定一场棒球赛或者橄榄球赛谁输谁赢。你要一直等到最后。"③这段话清楚地表明，对案件事实应当根据全案的证据来认定，否则，在控方举证之后，辩方提出证据之前，陪审团可能已经作出裁决了。

就我国而言，经过庭审调查的证据，对于其证明力的判断即哪些证据可以作为定案根据属于合议庭的权限，而且要经过退庭评议，综合考虑已查明的事实、证据和有关的法律，按照多数人的意见作出决定。要求当庭逐个认定证据证明力的做法是难以实现的。但是，对于其可采性的判断可以由法庭当庭进行，如果需要审查可采性的事实基础可以当庭进行法庭调查并作出结论。

当庭质证存在例外情形。根据《高法解释》第271条第2款的规定，对公诉人、当事人及其法定代理人、辩护人、诉讼代理人补充的和审判人员庭外调查核实取得的证据，应当经过当庭质证才能作为定案的根据。但是，对不影响定罪量刑的非关键证据、有利于被告人的量刑证据以及认定被告人有犯罪前科的裁判文书等证据，经庭外征求意见，控辩双方没有异议的除外。

二、庭前移送法庭证据的使用

《刑事诉讼法》第176条规定，人民检察院向人民法院提起公诉时，应当将案件材料、证据移送人民法院。刑事诉讼法规定庭前移送全部案卷材料，并不意味着法官可以不认真进行庭审，而依靠庭前阅读案卷材料来认定案情。以审判为中心的诉讼制度改革要求证据出示在法庭，事实查明在法庭。

---

① 陈永革:《论主要证据》，载《中国刑事法杂志》1998年第6期。

② 程味秋、周士敏:《论审判公开》，载《中国法学》1998年第3期。

③ *Trial Advocacy*, by Paul Bergman, West Publishing co., 1997, p.287.

如果是尚未移交给法庭的证据材料，控辩双方在法庭上出示后，质证后当庭移交给法庭。[①]

如果是已经在庭前移送给法庭的证据材料，庭审时公诉人需要使用这些证据材料应当如何操作，《高检规则》和《高法解释》的规定有所不同。《高检规则》第397条第2款规定，“人民检察院基于出庭准备和庭审举证工作的需要，可以取回有关案卷材料和证据。”也就是说，检察院可以在庭前取回证据，以便于在庭审中出示。

但之后最高人民法院发布的《高法解释》不准许检察院庭前“借走”证据，而是要求“当庭借、当庭还”。《高法解释》第248条规定：“已经移送人民法院的案卷和证据材料，控辩双方需要出示的，可以向法庭提出申请，法庭可以准许。案卷和证据材料应当在质证后当庭归还。需要播放录音录像或者需要将证据材料交由法庭、公诉人或者诉讼参与人查看的，法庭可以指令值庭法警或者相关人员予以协助。”

在这两个司法解释的规定明显抵触的情况下，应当适用哪一个呢？笔者认为应当以法院的《高法解释》为准。理由如下：第一，新法优于旧法。《高法解释》的制定时间比《高检规则》晚，意味着最高人民法院是在充分考虑了最高人民检察院的司法解释后作出的有针对性的回应。第二，审判阶段特别是庭审环节，是由人民法院主导的诉讼程序，法院的司法解释效力更加优先。更何况由于证据材料已经在法院手里，法院说不借，检察院也没办法。庭前移送全部证据是刑事诉讼法规定的，效力比司法解释高，法院和检察院都必须遵守。第三，由于现代电子科技的发展，案卷材料和证据都有了电子扫描版本，检察官可以使用这些电子副本做出庭准备工作，必须出示原件、原物的，才需要在法庭上“当场借、当场还”，并不会对检察院的支持公诉工作造成太大的困难。

另一个问题是，如果证人等当庭陈述与庭前证言不一致，应当如何处理呢？对此，《高法解释》作出了有针对性的规定：“证人当庭作出的证言与其庭前证言矛盾，证人能够作出合理解释，并有其他证据印证的，应当采信其庭审证言；不能作出合理解释，而其庭前证言有其他证据印证的，可以采信其庭前证言。”

根据这条规定，对于证言不一致的情况，我国采用的是“可靠性”标准。如果庭前证言更可靠，事实审理者就把庭前证言作为定案根据；如果庭审中的证言

---

① 《高法解释》第270条：“当庭出示的证据，尚未移送人民法院的，应当在质证后当庭移交。”

更可靠，则庭审中的证言可以作为定案根据。衡量可靠的方法有两个，一是对矛盾之处的合理解释——你之前为啥说谎？怕报复还是重感情，受贿买还是遭威胁？二是与其他证据的印证，是否存在支持证言可信性的其他证据，例如鉴定意见、勘验笔录等。作为控辩双方，在庭审主询问、反询问和再主询问过程中，应当围绕可靠性，针对上述两个方面展开，以便于更好地说服事实审理者。

第五节 免证事实

以上我们探讨了证据调查的程序性规则，提出了庭审前和庭审中证据调查的方法。犯罪事实，应当依照证据来认定，即“证据裁判主义”，是近代刑事诉讼立法的通用原则。在实行自由心证制度的国家，证据的证明力虽然允许法官依据自由心证而进行判断，但必须先有证据，才发生证明力的问题。

但是，并非所有的与案件有关的事实都需要提出证据进行证明。《高检规则》第401条对免证事实作出了规定：“在法庭审理中，下列事实不必提出证据进行证明：（一）为一般人共同知晓的常识性事实；（二）人民法院生效裁判所确认并且未依审判监督程序重新审理的事实；（三）法律、法规的内容以及适用等属于审判人员履行职务所应当知晓的事实；（四）在法庭审理中不存在异议的程序事实；（五）法律规定的推定事实；（六）自然规律或者定律。”

上述规定是在借鉴国外有关立法的基础上作出的。在英美法系国家，除了通过证据认定案件事实以外，还存在一些无需用证据加以证明的事实。在这种情况下，就免除了运用证据证明该项事实的义务。这种情形叫作“不需要证据的证明”（Proof without Evidence），[①]国内学者有的称之为“除证据外确立事实的方法。”[②]Murphy 认为这些是方便的技巧，经常可以省下相当可观的司法时间和司法花费。不需要证据而认定事实的情形主要包括三种情况：第一，为了诉讼的目的而进行的正式承认（formal admission）；第二，法院对显著的（notorious）或者立可说明（readily demonstrable）的事实的司法认知（judicial notice）[③]；第三，对

① *A Practical Approach to Evidence*, 4th Edition, by Peter Murphy, Blackstone Press Limited, p.554.

② 程味秋主编：《外国刑事诉讼法概论》，中国政法大学出版社1994年版，第85页。

③ FRE Rule 201, United States Code Annotated.

主张一方有利的事实的推定（presumption）。[①]

需要注意的是，对于正式承认，我国刑事诉讼法作了相反的规定，即《刑事诉讼法》第55条规定的只有被告人供述，没有其他证据的，不能认定被告人有罪和处以刑罚。也就是说，在我国刑事诉讼中，即使被告人作了正式承认，也不允许直接依照被告人的承认认定案件事实。

一、司法认知

所谓司法认知（judicial notice），是指法院对某些事实，可以无需证明就认为存在。司法认知可以分为对事实的司法认知和对法律的司法认知。通过司法解释的形式明确规定法院对于特定的事项进行司法认知，可以缩小证明对象的范围，减少证明的环节，加快诉讼的进程，提高诉讼的效率。而且，司法认知的事实都是真实的、无可争议的，进行司法认知并不会导致事实的误认，也不会影响当事人的诉讼权利，实行这种制度不会对诉讼造成不利的影响。按照《高检规则》的规定，我国法院进行司法认知的范围包括：

（一）为一般人共同知晓的常识性事实

法院采用司法认知的事实可以有两类：

一是显著的事实（notorious）。从事审判的法官，对于通常知识上的问题及特定事实，如果显著性达到没有必要进行争论的程度，应当予以认知。这里所谓的显著，是指众所周知并且认为是真实的事项。法官个人的私人知识，以及在职务上对某一事实的得知则不属于司法认知的范围。

二是立可说明的事实（readily demonstrable）。法官对于特殊事实和普通知识上的问题，依照易于被人们接受而且正确、无可争议的资料，可以立即进行正确的说明的，可以自动认知，如果经过正当的请求，则必须予以认知。法院的功能就在于决讼止争，如果允许当事人就无可争议的事实进行争辩，显然是可笑的。但在法院基本上依靠当事人提供事实的诉讼制度中，在诉讼的进行中，某种事实如果经过长时间的调查后才显示为无可争议的，则可以依照通常的方式进行调查。因此，说明所用的资料，必须是正确且无可争议并且立刻可以接受的。对特殊事实的认知，最常见的如关于过去的日期是一周内的星期几，某日某地太阳升

① *A Practical Approach to Evidence*, 4th Edition, by Peter Murphy, Blackstone Press Limited, p.554.

降的时间，法院是政府机构之一，有关政府的事实等。[①]

常识性事实例如普通历史上的重要事实；地理上名山大川；省县乡镇的所在地及其距离；铁路、公路等交通状况；管辖区域的界限；财政经济上重大事实及其状况；历书；机械、物品的普通用途；生活常识，如饿了吃、渴了喝、晴天干燥、雨天湿润、海水咸、河水淡、鱼会游、鸟会飞、火能烧伤、水向下流；某河流可否航行；某日是否星期日、纪念日或其他休息日；等等。

（二）自然规律或者定律

自然规律例如人会有生老病死，季节会有春夏秋冬等。与此相关联，例如农作物栽种的一般时令、成熟收获季节、蔬菜水果的生长现象。定律则包括数学、物理中已经获得验证并被科学家群体接受的公理、定理和定律，例如勾股定理。如果案件中涉及这些规律或者定律的运用，对规律或者定律的内容及其正确性，不需要举证证明。

（三）法律的司法认知

根据《高检规则》的规定，法律、法规的内容以及适用等属于审判人员履行职务所应当知晓的事实，属于不必提出证据进行证明的事实。具体包括：

1.法律、法规的内容。依照我国的立法体系，包括全国人大制定的法律、行政法规、地方性法规和最高人民法院、最高人民检察院制定的司法解释。这些内容可以通过经授权的出版社的公开出版，全国人大、最高人民法院和最高人民检察院等机构的官方网站，以及法律法规数据库来查询。

2.法律、法规的适用。这是指最高人民法院和最高人民检察院的指导性判例，以及裁判文书网公开的先前法院判决，特别是上级法院的判决。通过类案索引制度，可以了解上级法院对某一法律制度的理解和适用，统一法律适用的尺度。

3.司法政策。例如，扫黑除恶专项斗争的决策部署，要求司法机关从快从严对该类犯罪进行侦查、起诉和审判；反腐败斗争，要求监察机关和检察院、法院更好地相互配合；政法队伍教育整顿，要求检察院加大司法工作人员职务犯罪的侦查力度，同时也要求检察院依法起诉、法院依法判决有罪。

以上三个方面的内容都属于审判人员履行职务所应当知晓的事实，控辩双方无需就此项内容举证证明。作为法官，理应通过新闻、培训、数据库查询等方法

① Edmund M. Morgan 著：《证据法之基本问题》，李学灯译，台湾世界书局 1982 年版，第 33 页。

知悉现行法律、法规的内容，这是其职责所在。

但是，外国法的内容不能要求法官司法认知，而是要举证予以证明。美国的做法也是如此，美国法院几乎从来不对其他国家的法律采用司法认知。外国法律必须由专家宣誓后的证明加以证实或者由官方认证的文本来证明。[①]

二、推定

《高检规则》第401条第5项规定，“法律规定的推定事实”，不必提出证据进行证明。

在有些情况下，法院可以推定某项有利于一方当事人的事实，从而免除其证明责任。推定（presumption）可以采取直接的和推理的两种方式。直接推定是不需要证明任何基本事实的推定，实际上是关于证明责任由哪一方负担的规定，如无罪推定和精神正常的推定。推理推定是在诉讼一方证实了某一基础事实后，根据该事实而进行的推定，这种推定将证明责任转移到推定对之不利的一方。[②]

推定，从其性质而言，可以分为法律推定和事实推定；从其作用而言，可以分为不可推翻的推定（irrebuttable presumption）和可推翻的推定（rebuttable pre-sumption）。可推翻的推定可以代替直接证据并将支持事实裁判者的认定，除非且直到它受到其他证据的反驳。[③]

我国的诉讼法学者在研究推定时，有的已经对推定作了肯定性的评价，认为法律上规定的推定，可以把两种事实之间的关系规范化，只要确定了基础事实，就可据以假定另一事实存在；如果没有提出反证，就应当认为这种假定能够成立。这是实际的需要，有利于明确举证责任的分担，及时认定有关的案件事实。推定的意义有以下几个方面：第一，可以减少不必要的证明对象，加速诉讼的进程。法律作出推定的规定，推定的事实可以基于已经确定的基础事实径行认定，不需要用证据来证明，就免除了可以简化的证明活动，有利于案件及时处理。第二，可以消除对推定的事实举证和证明的困难。法律上推定的事实，根据通常经验是应当存在或者很可能发生的，但要当事人提出证据或者由司法机关收集证

---

① ［美］乔恩·R.华尔兹著：《刑事证据大全》，何家弘等译，中国人民公安大学出版社1993年版，第329页。

② 程味秋主编：《外国刑事诉讼法概论》，中国政法大学出版社1994年版，第86页。

③ ［美］乔恩·R.华尔兹著：《刑事证据大全》，何家弘等译，中国人民公安大学出版社1993年版，第315页。

据来证明，有时却很困难。第三，可以使当事人合理分担举证责任。法律上推定的事实总会有利于一方当事人，由于它不需要证明，就免除了该当事人的举证责任。否定推定的事实存在的当事人，则应负举证责任。由于推定的事实由否定者举证反驳较易，这就合理地解决了双方当事人对它的举证责任。[①]

事实上，我国法律和司法解释中已经有了某些推定或推定性质的规定。笔者选了一些具有代表性的列举如下：

1. 明确使用推定一词的如同时死亡的推定："相互有继承关系的数人在同一事件中死亡，难以确定死亡时间的，推定没有其他继承人的人先死亡。都有其他继承人，辈份不同的，推定长辈先死亡；辈份相同的，推定同时死亡，相互不发生继承。"（《民法典》第1121条第2款）

2. 没有明确使用推定一词的如死亡的推定："自然人有下列情形之一的，利害关系人可以向人民法院申请宣告该自然人死亡：（一）下落不明满四年；（二）因意外事件，下落不明满二年。因意外事件下落不明，经有关机关证明该自然人不可能生存的，申请宣告死亡不受二年时间的限制。"（《民法典》第46条）

3. 刑法中类似于推定的规定如巨额财产来源不明推定为非法所得的推定，"国家工作人员的财产、支出明显超过合法收入，差额巨大的，可以责令该国家工作人员说明来源，不能说明来源的，差额部分以非法所得论"。（《刑法》第395条）

4. 诉讼法中类似于推定的规定如公证证明推定为真实："经过法定程序公证证明的法律事实和文书，人民法院应当作为认定事实的根据，但有相反证据足以推翻公证证明的除外。"（《民事诉讼法》第72条）

5. 司法解释中拒不提供证据推定为证据对其不利的推定："一方当事人控制证据无正当理由拒不提交，对待证事实负有举证责任的当事人主张该证据的内容不利于控制人的，人民法院可以认定该主张成立。"（《最高人民法院关于民事诉讼证据的若干规定》[②]第95条）

6. 无罪推定："未经人民法院依法判决，对任何人都不得确定有罪。"（《刑事诉讼法》第12条）

7. 未达法定责任年龄的推定。"审查被告人实施被指控的犯罪时或者审判时是否达到相应法定责任年龄，应当根据户籍证明、出生证明文件、学籍卡、人口普查登记、无利害关系人的证言等证据综合判断。证明被告人已满十二周岁、

① 陈一云主编：《证据学》，中国人民大学出版社1991年版，第165页。

② 法释〔2019〕19号，自2020年5月1日起施行。

十四周岁、十六周岁、十八周岁或者不满七十五周岁的证据不足的，应当作出有利于被告人的认定。”（《高法解释》第146条）

在司法实践中，有些推定法律虽然没有规定，但实际上被广泛运用：如精神正常的推定，控诉方没有必要证明每一个被告人的精神是正常的。只有辩护方以精神不正常作为辩护理由的时候，被告人的精神是否正常才会成为案件的争论点。再如排除违法性的事由，控诉方没有必要证明每一个被告人都不是正当防卫、不是紧急避险、未经合法授权等。只有辩护方提出这样的辩护理由时，这些事由才需要由辩护方证明。

综上，笔者认为，我国刑事诉讼中除了已经确立的无罪推定、未达法定责任年龄的推定以外，还应当适用以下几种推定，以加快诉讼进程，减少不必要的证明过程和证明对象，合理分担举证责任。笔者建议确立的推定有：

1.了解法律的推定。推定任何居住在我国领域内或者进入我国的人都了解我国法律的规定，即明知什么样的行为构成犯罪和应受刑罚制裁。控诉方没有必要证明行为人了解法律的规定。此项推定为不可反驳的法律推定，辩护方不能以不知道法律规定作为辩护理由。

2.排除违法性及可罚性的事由不存在的推定。既然证明其有相当于构成犯罪事实的存在，就可以推定其有违法性及可罚性，控诉方没有必要证明排除违法性和可罚性的事由不存在。此项推定是可反驳的事实推定，辩护方主张排除违法性和可罚性的事由存在时，需要提出证据加以证明。

3.身体及精神健全的推定。推定任何人在身体上是正常的，控诉方没有必要证明被告人不是盲、聋、哑人。推定任何人在精神上都是正常的，控诉方没有必要证明被告人精神是正常的。此项推定也是可反驳的事实推定，辩护方如果主张被告人是盲、聋、哑人或者精神不正常，应当提出证据加以证明。

4.否定自杀的推定。推定任何人的非正常死亡都不是自杀。当发生非正常死亡事件时，推定该死亡不是自杀。控诉方在证明案件事实时，没有必要证明被害人不是因为自杀而死亡。此项推定也是可反驳的事实推定。在美国法中，就存在否定自杀的推定。①

5.知情的推定。根据某种状况、状态而推定行为人是知情的。例如，古物商以明显低于市价的价格，或者在秘密场所，或者在深夜取货，可以推定其知情收买赃物；再如，强奸不满14岁的幼女案件，根据幼女的外貌、身体发育状态，

---

① 详见［美］乔恩·R.华尔兹著：《刑事证据大全》，何家弘等译，中国人民公安大学出版社1993年版，第315页。

可以推定被告人明知被害人为幼女。此项推定虽然也是可反驳的事实推定，但辩护方的举证要达到推翻该推定的程度，比上述几项推定要困难。

6.拒不提供证据推定为证据对其不利的推定。有证据证明持有证据的一方无正当理由拒不提供，如果对方主张该证据的内容不利于证据持有人，可以推定该主张成立。

三、先前裁判所确认的事实

《高检规则》第401条第2项规定，“人民法院生效裁判所确认并且未依审判监督程序重新审理的事实”不必提出证据进行证明。

（一）立法理由

第一，先前裁判确定的事实理论上是与实际发生的事实相一致的，因为我国的证明标准是“证据确实、充分”，要求判决书忠实于事实真相。先前裁判形成过程中，有公开的庭审环节，有充分的举证、辩论，穷尽了查明事实的一切可能的方法。既然裁判中确认的事实与事实真相相一致，在随后的审判中就没有再举证的必要。

第二，有利于提高诉讼效率。把先前裁判确认的事实作为免证事实，可以提高后续庭审的效率，把宝贵的诉讼资源用在值得争议的问题上。这样，已经在先前诉讼程序中出庭作证的证人不必再次出庭，可以大大节约庭审时间，也可以避免证人的生产生活受到不必要的打扰。

第三，尊重陪审员参审权利的需要。随着我国人民陪审员制度的普遍适用，特别是七人庭适用范围的扩大，民众参与审判、行使陪审权利的情况越来越普遍。陪审员放弃自己的生产生活，经过长时间的听审、艰难的评议形成的判决，如果轻易在后续的诉讼中被推翻，会让陪审员觉得自己的牺牲不值得，降低陪审员的参审热情。

第四，判决稳定性的需要。生效判决具有终局性、稳定性的特点，非经法定事由、法定程序不得推翻。后续诉讼中尊重先前判决确定的事实，有利于维护判决的稳定性。

（二）适用中的问题

在适用这个条款的时候，也需要注意以下几点：

第一，要求必须是生效裁判。也就是说，包括以下种类的裁判：已过上诉、抗诉期限没有提出上诉抗诉的第一审裁判；第二审的裁判；最高法院的裁判；经过核准的死刑判决；经过核准的法定刑以下判刑和特殊情况的假释的裁判。如果裁判没有生效，则不能适用这个条款。

第二，要求未经审判监督程序重审。如果生效裁判确定的事实被后来依审判监督程序纠正，则原生效裁判认定的事实不能成为免证事实。例如，某高院的生效裁定认定某甲犯有强奸杀人罪，但后经审判监督程序改判无罪，那么某甲强奸杀人的事实就不能成为免证事实。

第三，该条款没有明确"人民法院生效裁判"是否区分民事裁判和刑事裁判，隐含的意思是无论先前裁判是民事还是刑事，确认的事实都是免证事实。对此笔者有不同的看法，建议应该限制为先前刑事判决。理由是，刑事诉讼的证明标准更加严格，对证据确实、充分的把握达到了最高限度的确定性；民事诉讼的证明标准比刑事要低一些。与此相关联，刑事诉讼有国家强制力保障的侦查或者调查阶段，可以挖掘出绝大部分具有关联性的证据；民事诉讼依赖当事人举证，可利用的证据与刑事相比要少一些。

四、不存在争议的程序事实

《高检规则》第401条第4项规定，"在法庭审理中不存在异议的程序事实"不必提出证据进行证明。

程序事实，最主要的包括管辖权异议、回避和非法证据排除所基于的事实。对于这些程序事实，如果辩方对控方认定的事实没有异议，则控方不需要举证证明。

这样规定的理由是有利于提高诉讼效率。例如，控方以犯罪地在本法院管辖区这一事实为基础提起公诉，只要辩方不提出异议，则该法院有管辖权；司法工作人员没有自行回避、有权决定的组织和个人没有指令回避，如果当事人不提出回避申请，则案件继续由这些司法工作人员办理；控方以证据具有合法性为基础在法庭上举证，辩方没有提出非法证据排除申请，则控方不必就证据取得的合法性举证。

第五章　认定案件事实规则

刑事诉讼中的证据除了要符合上述的程序性要件以外，更重要的是对其真实可靠性进行评价。在前面几章中，笔者主要探讨了证据应当如何取得、哪些证据不具有可采性、在庭审中如何提出证据和对证据进行质证等问题，在本章中，笔者将探讨符合上述条件的证据本身的证明力如何判断，以及如何运用这些证据认定案件事实。实际上，运用已有的证据认定案件事实不仅发生在审判的最后定案阶段，也存在于侦查或者调查终结和决定是否起诉时。由于侦查、起诉中对案件事实的认定并不具有最后的终局效力，本章的重点是讨论有罪判决应当根据什么样的证据来定案，但是其中的某些内容也可以适用于侦查起诉阶段，如证据证明力判断的规则，补强证据规则等。在第二节，笔者还专门比较了起诉时的证据标准与定罪标准的不同。但是，本章主要是讨论定罪的证明标准，认为定罪应当达到排除合理怀疑的程度，并且主张全案证据不足时应按疑罪从无规则作无罪处理。

第一节　证据证明力判断规则

一般而言，各国的刑事证据法都只是对证据的可采性、证明责任和证据调查的程序作出详细的规定，而对证据的证明力极少加以规定。在英美法系，事实问题由陪审团来决定，而陪审团如何评价和运用证据认定案件事实完全是陪审团的职权，法律并不加以限制。在大陆法系，认定案件事实采用自由心证原则，如1808年法国《拿破仑刑事诉讼法典》就规定了自由心证的经典表述。[①]日本刑事诉讼法第318条［自由心证主义］规定："证据的证明力，由法官自由判断。"[②]但是，由于不同种类的证据在证明力上确有其特点，我国理论界对

① 《法国刑事诉讼法典》，余叔通、谢朝华译，中国政法大学出版社1997年版，第131—132页。

② 《日本刑事诉讼法》，宋英辉译，中国政法大学出版社2000年版。

证据证明力的研究比较活跃，司法解释中也已经出现了一些关于证据证明力的规定。

一、因可靠性有疑问而不得作为定案根据

可靠性有疑问的，又分为绝对不得作为定案根据和需要补正或者作出合理解释两种情况。

（一）因可靠性有疑问绝对不得作为定案根据的情形

《高法解释》列明了十一种情形：

1.物证的照片、录像、复制品，不能反映原物的外形和特征的，不得作为定案的根据。

2.对书证的更改或者更改迹象不能作出合理解释，或者书证的副本、复制件不能反映原件及其内容的，不得作为定案的根据。

3.在勘验、检查、搜查过程中提取、扣押的物证、书证，未附笔录或者清单，不能证明物证、书证来源的，不得作为定案的根据。

4.询问证人没有个别进行、书面证言没有经证人核对确认、询问聋哑证人没有提供通晓手势的人、询问不通晓当地通用语言文字的证人应当提供翻译人员而未提供的证人证言，不得作为定案的根据。

5.没有经过被告人核对确认、讯问聋哑人应当提供通晓聋哑手势的人员而未提供的、讯问不通晓当地通用语言文字的被告人应当提供翻译人员而未提供、询问未成年人其法定代理人或者合适成年人不在场的讯问笔录，不得作为定案的根据。

6.违反规定的鉴定意见不得作为定案的根据，包括：鉴定机构不具备法定资质或者鉴定事项超过该鉴定机构的业务范围、技术条件的；鉴定人不具备法定资质，不具有相关专业技术或者职称，或者违反回避规定的；送检材料、样本来源不明，或者因污染不具备鉴定条件的；鉴定对象与送检材料、样本不一致的；鉴定程序违反规定的；鉴定过程和方法不符合相关专业的规范要求的；鉴定文书缺少签名、盖章的；鉴定意见与待证事实没有关联的；违反有关规定的其他情形。

7.下列情形的辨认笔录不得作为定案的根据，包括：辨认不是在调查人员、侦查人员主持下进行的；辨认前使辨认人见到辨认对象的；辨认活动没有个别进行的；辨认对象没有混杂在具有类似特征的其他对象中，或者供辨认的对象数量

不符合规定的；辨认中给辨认人明显暗示或者明显有指认嫌疑的；违反有关规定，不能确定辨认笔录真实性的其他情形。

8.侦查实验的条件与事件发生时的条件有明显差异，或者存在影响实验结论科学性的其他情形的，侦查实验笔录不得作为定案的根据。

9.系篡改、伪造或者无法确定真伪的视听资料不得作为定案的根据。

10.下列情形的电子数据不得作为定案的根据：系篡改、伪造或者无法确定真伪的；有增加、删除、修改等情形，影响电子数据真实性的；其他无法保证电子数据真实性的情形。

11.证明被告人自首、坦白、立功的证据材料，没有加盖接受被告人投案、坦白、检举揭发等的单位的印章，或者接受人员没有签名的，不得作为定案的根据。

（二）因可靠性有疑问相对不得作为定案根据的情形

需要补正或者作出合理解释的，《高法解释》列明了六种情形：

1.物证、书证的来源、收集程序有疑问，不能作出合理解释的，不得作为定案的根据。物证、书证的收集程序、方式有下列瑕疵，经补正或者作出合理解释的，可以采用：（1）勘验、检查、搜查、提取笔录或者扣押清单上没有调查人员或者侦查人员、物品持有人、见证人签名，或者对物品的名称、特征、数量、质量等注明不详的；（2）物证的照片、录像、复制品，书证的副本、复制件未注明与原件核对无异，无复制时间，或者无被收集人、调取人签名的；（3）物证的照片、录像、复制品，书证的副本、复制件没有制作人关于制作过程和原物、原件存放地点的说明，或者说明中无签名的；（4）有其他瑕疵的。

2.证人证言的收集程序、方式有下列瑕疵，不能补正或者作出合理解释的，不得作为定案的根据：（1）询问笔录没有填写询问人、记录人、法定代理人姓名以及询问的起止时间、地点的；（2）询问地点不符合规定的；（3）询问笔录没有记录告知证人有关作证的权利义务和法律责任的；（4）询问笔录反映出在同一时段，同一询问人员询问不同证人的；（5）询问未成年人，其法定代理人或者合适成年人不在场的。

3.讯问笔录有下列瑕疵，不能补正或者作出合理解释的，不得作为定案的根据：（1）讯问笔录填写的讯问时间、讯问地点、讯问人、记录人、法定代理人等有误或存在矛盾的；（2）讯问人没有签名的；（3）首次讯问笔录没有记录告知被讯问人相关权利和法律规定的。

4.勘验、检查笔录存在明显不符合法律、有关规定的情形，不能作出合理解释的，不得作为定案的根据。

5.视听资料的制作、取得的时间、地点、方式等有疑问，不能作出合理解释的，不得作为定案的根据。

6.电子数据的收集、提取程序有下列瑕疵，不能补正或者作出合理解释的，不得作为定案的根据：（1）未以封存状态移送的；（2）笔录或者清单上没有调查人员或者侦查人员、电子数据持有人、提供人、见证人签名或者盖章的；（3）对电子数据的名称、类别、格式等注明不清的；（4）有其他瑕疵的。

二、隐蔽性物证印证的口供为真实

《高法解释》第141条规定："根据被告人的供述、指认提取到了隐蔽性很强的物证、书证，且被告人的供述与其他证明犯罪事实发生的证据相互印证，并排除串供、逼供、诱供等可能性的，可以认定被告人有罪。"这一规定有三层意思：第一，有证据证明犯罪事实确已发生。第二，根据被告人对实施了该犯罪的供认，找到了隐蔽性很强的物证、书证。第三，排除了串供、逼供、诱供等可能性。

例如，在一起强奸杀人案中，侦查人员通过讯问，从嫌疑人的供述中知悉了被害人私人物品的藏匿地点，之后在嫌疑人的引领下来到某公路涵洞，在涵洞顶部的石头缝中发现一个塑料袋，里面是一个手机和一串钥匙。手机开机后显示的都是被害人亲友的号码，手机的本机号码系被害人生前使用的号码；钥匙可以打开被害人住所的房门、办公室柜子等。在这个案件中，嫌疑人没有从他人处获得过与犯罪有关的信息，可以推论出该物品的藏匿是嫌疑人本人的行为，进而可以推论出其强奸杀人的供述是可信的，从而可以认定被告人有罪。

这一规律被称为"根据口供找到了警察所不知道的秘密则口供必然为真"。在很多案件中这一规律都可以适用，比如杀人案件中嫌疑人供述说是向喉咙里塞了一块玫瑰花图案的手帕导致被害人窒息死亡，那么如果尸体解剖后果然在喉咙里提取到特征一致的手帕，则嫌疑人的供述是可信的。再如某受贿官员在供述中说其受贿的金条和现钞藏匿在某一住宅，调查人员前往该住宅起获到数量、金额一致的赃物，那么该供述就是可信的。

这一规则的危险在于，侦查人员或者调查人员在时间上先确认了某一"事实"，然后在讯问的时候逼迫嫌疑人作出与其事先主观认定的"事实"相一致的供述，之后在卷宗中反映为"根据口供找到了警察所不知道的秘密"，那么对后面的审查起诉、审判阶段将构成严重的误导，可能导致错案的发生。举一个想象的例子：某故意杀人案中，被害人头部系钝器击打死亡。侦查人员认为是石头砸的，然后讯问一名无辜的嫌疑人时将石头摆在嫌疑人面前，问嫌疑人是用什么凶器造成被害人死亡。在嫌疑人回答了榔头、烟灰缸等钝器后侦查人员依然让其老实交代，嫌疑人恍然大悟回答说是石头。之后侦查人员让嫌疑人带领自己到现场找到作案的石头，于是一个无辜的人的供述就可能被误认为是真实的。正因如此，高法解释要求排除两个可能性：第一个，这个信息不能是真正的犯罪人告诉嫌疑人的，也就是排除串供可能；第二个，这个信息不能是办案人员强迫嫌疑人按照办案人员的意图说的，也不能是通过各种暗示引导嫌疑人说的，只能是嫌疑人主动供述出来的信息才可以。

第二节　起诉的证明标准

一、我国刑事诉讼法对起诉标准和定罪标准的规定

《刑事诉讼法》第176条第1款规定：“人民检察院认为犯罪嫌疑人的犯罪事实已经查清，证据确实、充分，依法应当追究刑事责任的，应当作出起诉决定，按照审判管辖的规定，向人民法院提起公诉，并将案卷材料、证据移送人民法院。”这里的“犯罪事实已经查清，证据确实、充分”就是对起诉证明标准的规定。对审判认定有罪的标准规定在《刑事诉讼法》第200条第1项，“案件事实清楚，证据确实、充分，依据法律认定被告人有罪的，应当作出有罪判决”。

一般认为，“犯罪事实清楚，证据确实、充分”是刑事诉讼立法对侦查、起诉、审判的统一要求。[①]也就是说，传统观点认为起诉、审判甚至侦查终结的证据要求都是一致的，都是“证据确实、充分”这个统一的标准。这是因为，法院的审判基本上是依据检察院提供的案卷，在一般情况下，诉讼案卷中已形成的证据可以决定起诉的罪名是否成立。因此，要求检察院起诉时的证明标准等同于法院判决的证明标准是可以的。

以审判为中心的诉讼制度改革以及人民陪审员法的实施，增强了诉讼的对抗性，使起诉中的不确定因素大大增加。主要表现在：（1）律师侦查阶段就可以被

① 陈一云主编:《证据学》，中国人民大学出版社1991年版，第122页。

委托为辩护人，并有权进行调查取证。律师取得的辩护证据，检察官在起诉时不一定掌握，起诉时和起诉后律师取得的证据，在起诉过程中检察官更无法知晓。（2）由于庭审阶段是决定案件事实的关键性阶段，庭审对案件的最终处理具有决定性意义。在庭审过程中，如果证人作证不理想，检察官举证和论辩不力，以及控诉方提出的某些证据因不符合证据要求而不能作为定案依据，加上辩护方很可能提出新的辩护证据，这都可能导致即使起诉时认为证据充分的案件，经过法庭审判也不一定就能够认定被告人有罪。（3）人民陪审员三次随机抽取，且大合议庭的陪审员人数多于审判员，法庭上说服平民事实审理者的难度加大，判决的不确定性增强。因此，上述改革致使起诉后果的不确定性显然增大，在这种情况下再要求起诉时必须与定罪时的证明标准一致就存在矛盾，因而应当重新确定起诉的证明标准。

二、国外有关起诉时证明标准的规定

从刑事诉讼法的一般法理和目前了解到的国外的法例和实践看，由于关于起诉证明标准的资料十分难以收集，[①]对刑事起诉证明标准的基本要求是：起诉时应有足够的证据证明犯罪事实，但不要求必须达到法院有罪判决所要求的证明程度。

（一）英国的刑事起诉标准

在英国，指导检察官从事检控工作的准则规定，检察官考虑是否提起即继续推进诉讼时，首先是确定证据的充分性，并规定除非检察官确保有可采纳的、实质性的、充分的和可靠的证据证明某一特定的人实施了法律规定的刑事犯罪，否则不应提起诉讼或继续诉讼。但是，对起诉的证据要求要低于判决，相对于有罪判决的证明标准需达到“排除合理怀疑”，起诉时的一般要求只是具有“或然的理由”。如英国总检察长1983年发布的《刑事起诉准则》指出：“不能只看是否存在足以构成刑事案件的证据，还必须考虑是否会合理导致有罪判决的结果，或考虑在一个依法从事的无偏见的陪审团审判时，有罪判决比无罪开释是否具有更大的可能性。”所谓更大的可能性，即“百分之五十一规则”，指如果有罪判决的可能性大于无罪开释的可能性，此案就应起诉。

① 本节除注明的以外，主要资料来源是：龙宗智、左为民:《法理与操作——刑事起诉制度评述》，载《现代法学》1997年第4期。

（二）美国的刑事起诉标准

在美国刑事诉讼中，有足够的证据是起诉的首要条件。在采用大陪审团审查起诉的司法管辖区，大陪审团审查起诉的主要任务就是审查检察官提交的刑事案件已获取的证据是否能够证明犯罪嫌疑人实施了犯罪。只有大陪审团中半数以上的成员认为检察官获得的证据符合起诉要求，才能作出起诉的决定。否则，该刑事案件将被大陪审团撤销。在不采取大陪审团审查起诉的地区，检察官直接决定对被告人提起公诉，同样要保证案件符合这一条件。美国关于刑事起诉的证明标准与英国大致相同，同时还强调对严重危害社会治安的犯罪的起诉。美国法律家协会制定的《刑事检控准则》第9条规定："对于那些严重威胁社会公众的案件，即使检察官所在的司法管辖区的陪审团往往对被控犯有这类罪行的人宣告无罪，检察官也不得因此而不予起诉。"在美国的一些州，实行对不同性质犯罪的差别性证明标准。例如在华盛顿州，证据充分性就有两种检验标准。一项标准适用于侵犯人身权的暴力犯罪。为了更严厉地打击侵犯人身权的犯罪，该州的刑事检控准则要求，对侵犯人身权的犯罪只要可获证据足以将案件完成庭审送至陪审团裁断即应起诉；而对其他犯罪，则要求是在证据足以使有罪判决成为可能时才应起诉。

（三）日本的刑事起诉标准

在日本，侦查大体上有了眉目就要决定起诉或不起诉。[①]对于检察官提起公诉应具备的证据条件，日本法学界就曾展开过激烈的争论。共同的认识是：检察官起诉必须具有一定的证据，检察官在完全不具备有罪证据或证据极不充分的情况下提起公诉，是滥用职权的行为。同时也认为，检察官起诉时所依据的证据不一定要达到法院有罪判决所要求的证明程度。日本检察实务中，将有犯罪嫌疑作为起诉的条件。解释何谓"犯罪嫌疑"时称，"被嫌事实，有相当大的把握可能做出有罪判决时，才可以认为是有犯罪嫌疑"。

三、我国起诉时证明标准的确立

对起诉标准的掌握必须宽严适当，如果这个标准过宽，对显然证据不足的案

① 上海社会科学院法学研究所编译:《诉讼法》，知识出版社1981年版，第154页，转引自陈一云主编:《证据学》，中国人民大学出版社1991年版，第121页。

件提起公诉，不仅浪费国家司法资源，而且严重损害公民权益；反之，如果对起诉的证明标准要求过严，检察机关在行使公诉权时谨小慎微，不敢冒任何风险，又将会使某些应该打击而且可能定罪的罪犯逃脱刑事制裁。

（一）确定起诉证明标准需考虑的因素

1.起诉标准的把握必须兼顾打击犯罪和保护人权的双重价值。这里的打击犯罪，是指检察机关应当将有可能被判有罪的被告人起诉到法院，不应因对起诉标准的过高要求而放纵应当起诉的被告人。《刑事诉讼法》第175条第4款规定，对于二次补充侦查的案件，人民检察院仍然认为证据不足，不符合起诉条件的，应当作出不起诉的决定。而不起诉的决定在法律后果上是无罪的。如果对起诉的标准要求过高，则会导致大量的案件以证据不足不起诉的形式终结，可能会放纵犯罪。这里的保护人权，主要是指注重保护犯罪嫌疑人、被告人的人权，对证据不足以证明被告人有罪的案件提起公诉，虽然不是对被告人的实体性处理，但会导致被告人长期处于被追诉的地位，还有可能在审前处于被羁押的状态，不利于对被追诉者权利的保护。

2.应当树立将某些疑难问题交由审判作最终裁决的观念。对于检察机关而言，在起诉问题上其职能就是有理有据地对刑事案件提起公诉，准确有力地实施犯罪指控；而对案件的判决是法院的职责，检察机关只要在刑事诉讼中尽其所能地发挥了其职能作用，就算完成了其法定职责；法院所承担的审判职责，使它应当成为案件的最终裁决者。在检察机关相信被告确已犯罪且应当受刑事处罚，但存在某些影响定罪的不确定因素时，检察机关在充分取证和进行法律论证的基础上，一般应对案件起诉，通过审判程序作进一步的审查，让法院对案件作最终裁决。法院在审理的过程中，如果认为证据不足以证明指控的犯罪事实，可以根据《刑事诉讼法》第200条第3项的规定，作出证据不足、指控的犯罪不能成立的无罪判决。

（二）起诉标准的具体确定

确定具体的起诉证明标准，应注意正确理解刑事诉讼法关于起诉标准的规定。《刑事诉讼法》第176条第1款规定对提起公诉的案件在证据上的要求是“人民检察院认为犯罪嫌疑人的犯罪事实已经查清，证据确实、充分”。从字面上看，这与定罪的证明标准没有区别。但这里应当注意两点，第一，这种要求是在诉讼进行中基于起诉时所获取的证据材料所作的阶段性要求，与判决时总结全案提出的证据要求是有区别的。第二，法律在对事实证据本身的要求前面加上了“人民检察院认为”这样带有主观色彩的限制词，从而有别于《刑事诉讼法》第200条第1项关于有罪判决的判决条件所作的规定，“案件事实清楚，证据确实、充分。”因此可以说，法律对起诉时犯罪事实已经查清，证据确实、充分的要求具有阶段性的一定意义上的主观性。这种主观性色彩，要求我们确立具体的、具有可操作性的标准，正确理解和把握起诉证据确实、充分的问题。

笔者认为，起诉的具体标准可以从以下几个方面进行把握：

1.从已经拥有的起诉证据本身看，要求据以支持起诉的控诉证据已经经过查证属实，能够相互印证，相互之间没有根本性的、不能解释的、难以解决的矛盾，各种证据之间能够形成锁链。

2.从检察人员的主观方面看，要求已有证据足以建立检察人员的内心确信，也就是通过调查和审查证据，办案人员“真诚地”相信犯罪嫌疑人实施了拟指控的犯罪。内心确信只能是根据已有的证据产生，是办案人员根据自己的经验和理智，从办案的整个过程中，通过真切地感受案件的证据，而对案件的事实形成的认识。如果检察人员自己尚存疑虑，就不能提起公诉，因为法律要求的起诉标准是人民检察院认为犯罪嫌疑人的犯罪事实已经查清，证据确实充分。

3.从已经拥有的证据的充分程度上看，根据现有的证据被告人很有可能被判有罪。由于起诉后是否定罪判刑的不确定因素增加，检察人员应当充分考虑辩护证据对事实认定的影响，考虑审判过程中案情可能发生的变化，考虑现有证据经庭审举证和论证说服从而得到审判确认的可能性的大小。一般情况下，只要考虑了这些因素，预测仍有较大的定罪可能性，即可以提起公诉。在这个问题上，对严重犯罪和轻微犯罪应当区别对待。对于严重犯罪，在尽量收集证据的基础上，只要检察机关建立了有根据的内心确信，并有定罪的可能，就可以据以提起公诉，在法庭审判中进一步查明和检验证据，努力使指控的事实得以证实。而对社会危害较小的犯罪，如证据不是十分充足，可以转为其他方式处理而不提起公诉。但对定罪的可能性把握不大的案件，在采取强制措施时更应当慎重，因为根据国家赔偿法的规定，如果被逮捕的犯罪嫌疑人未被定罪，而且又不具备免赔情节，检察机关应当给予赔偿。

第三节　盖然确定性规则

我国《刑事诉讼法》第55条规定，我国刑事有罪认定的证明标准是“证据确实、充分”，并且把“排除合理怀疑”作为对证据确实、充分的解释。排除合理怀疑作为一个从英美法借鉴来的短语，与“盖然确定性”是可以互换使用的。在这一节，我们就来探讨盖然确定性的含义。

一、盖然证据和盖然确定性

对于盖然证据（moral evidence）和盖然确定性（moral certainty），熟悉英美法的人一定不会陌生。问题在于，法学界一直把这个词翻译成“道德证据”和“道德上的确定性”，[①]不仅让人难以理解，而且被认为是“主观上的确定性”而予以批判。[②]

在哲学领域，关文运先生翻译的《人类理解研究》一书，把“moral reasoning”[③]翻译成“或然的推论”[④]；吕大吉先生的翻译也是如此。[⑤]此书牛津版对这个词汇专门有一个注释，内容是：“在‘研究’的前两个版本，休谟在这里使用的是‘盖然或或然的推理’（moral or probable reasonings）。休谟在这里使用这个术语意思是那些比完全的确定性差一些的推理，得出的结论是或然的或者说顶多是达到‘盖然确定性’（moral certainty）的，并且在这里‘moral’一词不包含任何伦理意义上的含义。”[⑥]换句话说，在哲学领域，moral一词的中文翻译是接近正确的。下面笔者对这些词汇进行进一步的解释。

（一）盖然证据

所谓盖然证据（moral evidence），是指基于人们的一般感知，或者说经验

---

① 目前法学论文中都把 moral certainty 理解为“道德上的确定性”，仅举几例：易延友：《证据法学的理论基础——以裁判事实的可接受性为中心》，载《法学研究》2004 年第 1 期，第 107 页；熊秋红：《对刑事证明标准的思考——以刑事证明中的可能性和确定性为视角》，载《法商研究》2003 年第 1 期，第 82 页；陈光中等：《诉讼真实与证明标准改革》，载《政法论坛》2009 年第 2 期，第 16 页。

② 陈光中等：《诉讼真实与证明标准改革》，载《政法论坛》2009 年第 2 期，第 16 页。

③ David Hume, *An Enquiry Concerning Human Understanding*, Edited by Peter Millican, Oxford University Press, New York 2007, at 25.

④ ［英］休谟著：《人类理解研究》，关文运译，商务印书馆 1981 年版，第 34 页。

⑤ ［英］休谟著：《人类理智研究》，吕大吉译，商务印书馆 1999 年版，第 28 页。

⑥ David Hume, *An Enquiry Concerning Human Understanding*, Edited by Peter Millican, Oxford University Press, New York 2007, at 191.

观察的证据，与论证证据（demonstrative evidence）相对而言。[①]在诉讼中，盖然证据是指被用来证明与人类事务有关事项的基于观察的证据（empirical evidence）——审理中提出的证据。[②]

这一术语是美国建国初期从17世纪和18世纪的哲学家和历史学家那里借鉴来的。[③]美国宪法起草者之一、联邦最高法院首任大法官詹姆斯·威尔逊在1790年的一次法学演讲中指出，"证据分为两类——论证证据（demonstrative evidence）和盖然证据"。"论证证据的事项是抽象的且必然的真理，或者观念之间不变的关系。盖然证据的事项是实际存在的、或许发生的真理，以及实际存在的事物之间发生的联系。……""作为盖然证据，相反证据的存在不仅是可能的，而且是普遍的；作为论证证据，不可能存在相反的证据。假定存在互相矛盾的论证证据，相当于假设同一个命题既是真的又是假的：这显然是荒谬的。而对于盖然证据而言，在绝大多数情况下，证明其真假的实际证据都是存在的。在真假两个方面，相反的推定、相反的证言、相反的经验必须得到衡量。"[④]

格林立夫（Greenleaf）在19世纪的专著中写道："事实问题（maters of fact）只能通过盖然证据来证明；……在日常生活中，我们并不需要论证证据，……并且如果坚持要求论证证据，将是不合理的和荒谬的。"[⑤]

（二）盖然确定性

所谓盖然确定性（moral certainty），是指根据盖然证据所能达到的最高的确定程度。换句话说，就是命题接近于真但无法立即论证的确定性。就其程度而言，要求达到排除合理怀疑的或然性程度。

盖然确定性与盖然证据有着相同的认识论来源。[⑥]盖然确定性是基于盖然证

---

① *Webster's New Twentieth Century Dictionary*, (2d ed. 1979), at 1168. Quoted in Victor v. Nebraska, 511 U.S. 1 (1994), at 12–13.

② Victor v. Nebraska, 511 U.S. 1 (1994), at 13.

③ Barbara Shapiro, "*Beyond Reasonable Doubt*" *and* "*Probable Cause*" : *Historical Perspectives on the Anglo-American Law of Evidence*, ch. 1 (1991), quoted in Victor v. Nebraska, 511 U.S. 1 (1994), at 10.

④ 1 Works of James Wilson 477 (J. Andrews ed. 1896), at 518–519.

⑤ 1 S. Greenleaf, *Law of Evidence 3-4* (13th ed. 1876), quoted in Victor v. Nebraska, 511 U.S. 1 (1994), at 11.

⑥ Barbara J. Shapiro, "*To A Moral Certainty*" : *Theories of Knowledge and Anglo-American Juries 1600–1850*, 38 Hastings L. J. 153 (1986), at 181–182.

据所能达到的最高的确定程度。在其1790年的演讲中，威尔逊指出："根据一系列的盖然证据，得出的推理并不是必然成立的；即使前提为真，从中得出的结论也有可能为假。……根据盖然证据，我们不知不觉地从可能性（possibility）上升到或然性（probability），又从或然性上升到最高程度的盖然确定性。"[①]

盖然确定性是指对某些事件或者行为的主观确信程度，它和排除合理怀疑（beyond a reasonable doubt）是可以互换使用的同义词。[②]正如马萨诸塞州最高法院在1875年解释的那样："'排除合理怀疑'的证明就是'盖然确定性'的证明，与绝对的确定性（absolute certainty）相对而言。当被用于对犯罪的审理时，这两个短语是同义词并且是等同的；每一个词都被著名的法官用来解释另一个词；每一个词的含义都是证明被指控的犯罪是被告人实施的达到这样的程度，即陪审团作为理智正常且把他们的理智运用到面前的证据中的人，现有的证据满足其判断和良心，并且满足到不可能存在其他合理结论的程度。"[③]

盖然确定性的观念经常与洛克的哲学联系在一起。洛克认为，由于与人类事务有关的事项[④]（'moral' sciences，与数学或者'natural' sciences相对而言）是不可能达到绝对确定的程度的，顶多能够达到盖然确定性的程度。虽然盖然确定的信仰不能够被证明到排除一切怀疑的程度，但仍然能够成为被各种相互支撑的证据所支持的确立的信仰。[⑤]

二、盖然确定性的历史发展

（一）英国哲学中盖然确定性的起源

到16世纪，人文学者的批评已经使经院哲学和逻辑的缺陷变得众所周知，但他们也没有建立起替代性的体系。怀疑主义开始抬头，它不仅攻击经院哲

---

① 1 Works of James Wilson 477 (J. Andrews ed. 1896), at 519.

② Victor v. Nebraska, 511 U.S. 1 (1994), at 11.

③ Commonwealth v. Costley, 118 Mass. 1 (1875), at 24.

④ 对于moral一词，休谟也在"与人有关的"这个意义上使用过（除了在"盖然"的意义上使用以外），他所说的moral philosophy，含义是指"关于人性的科学"（the Science of Human nature）。也就是说，在18世纪，moral这个词的通常含义是"与人类事务有关的"，而非近代通常使用的"与伦理有关的"这个含义。See David Hume, *An Enquiry Concerning Human Understanding*, Edited by Peter Millican, Oxford University Press, New York 2007, at xxxi, 185.

⑤ Andrew Botterell, *Rethingking Criminal Law*, 22 Can. J. L. & Juris. 93 (2009), at 97.

学，而且质疑宗教教义、感知的可靠性、对事件报告的可靠性以至于任何关于知识的主张。[①]笛卡尔和培根试图反驳这种怀疑主义的批评并修复经院哲学的缺陷，方法是通过非经院哲学发现具有确定性的知识。笛卡尔否认来自感官的知识具有确定性，并否认依赖实验或者证言的学科的价值。培根的经验主义哲学强调恰当感官获得的信息，但是仍然寻求绝对确定的公理以及普遍适用的抽象理论。[②]17世纪以来的英国哲学家和科学家群体既不接受笛卡尔的理论也不接受培根的理论，因为他们并不主张来自经验观察的事实能够达到绝对确定的程度。他们试图通过实验、直接观察和证言来验证自然现象，并且相信，依靠从上述活动中产生的证据的质量和数量，他们得出的结论的真实性足以作为人类活动依据。[③]这种哲学的杰出代表，就是下面要介绍的洛克和休谟。

1.洛克的或然性理论

英国经验主义哲学家洛克把所有的知识分为确定性的（Certainty）和或然性的（Probability）两种。在洛克1690年的《人类理解论》[④]一书中，他认为具有确定性的知识分为两种，一是直觉的（Intuitive）知识，是指不需要借助别的观念为媒介就能够直接看到两个观念之间的契合的知识，例如白非黑，圆非三角形，三比二多并等于一加二。这类知识的特点是，仅通过直觉，人的意识就能够感知到这种观念的确定性，而不需要任何其他观念的介入。二是论证的（Demonstrative）知识，是指不能直接看出两个观念的契合，而需要借助一个或者多个其他观念为媒介，来发现这种契合的知识。这就需要借助推理，例如三角形三个内角之和等于两个直角。对于这个论断是否属实，无法通过直接观察和比较来进行验证，因为无法把三个内角拼起来与两个直角进行比较。因而，对于这种论断，就不属于直接的、直觉的知识。为了验证其是否正确，需要找与三个内角相等的其他角，如果那些其他角等于两个直角，那么，就证明了三角形的三个内角等于两

① Barbara J. Shapiro, '*To A Moral Certainty*' : *Theories of Knowledge and Anglo-American Juries 1600–1850*, 38 Hastings L. J. 153 (1986), at 156.

② Barbara J. Shapiro, '*To A Moral Certainty*' : *Theories of Knowledge and Anglo-American Juries 1600–1850*, 38 Hastings L. J. 153 (1986), at 156–157.

③ Barbara J. Shapiro, '*To A Moral Certainty*' : *Theories of Knowledge and Anglo-American Juries 1600–1850*, 38 Hastings L. J. 153 (1986), at 157.

④ 这本书有中文译本，即［英］洛克著:《人类理解论》（上下册），关文运译，商务印书馆1983年版。但为求准确，本书的写作以1825年纽约出版的英文本为准，读者可以参看中译本的相关部分。

个直角。论证的知识依赖于清楚的“证明”（proofs），即直觉的知识与论证的知识之间介入的那些观念。[①]

所谓或然性，是指根据可以错误的证明而见到的一种契合，既有可能是真实的，也有可能是错误的。作为论证的知识，借助的媒介是恒久不变的证明，而或然性，借助的媒介并不是恒久不变的联系。[②]如果认为或然性的命题为真，就可以称之为信仰（belief）、同意（assent）或者意见（opinion）。所谓信仰等，就是我们虽不确实认为一个命题是真实的，但是因为各种使我们信以为真的论证或者证明承认它是真的。因而，“或然性”和“确定性”的差别也就是信仰和知识的差别，即在知识的每一部分，都有一种直觉，而且每一个中介观念，每一步骤都有其明显的、确定的联系；而在信仰方面，作为媒介的观念不能明显地把观念连接起来，因而不能明显地指出那些观念的契合与否。[③]

或然性的根据有两种：第一，与我们自己经验的一致性，即与我们自己的知识、观察或者经验相一致；第二，关于其他人经验的证言，即别人的证言，保证如实陈述了他们的观察和经验。在衡量其他人的证言时，需要考虑下面几个因素：（1）证人的数量；（2）证人的正直品格；（3）证人的表达技巧；（4）如果该证言是来自对书本的引用，那么考察该作者的原意；（5）证言各部分的一致性，以及是在何种情况下作出的陈述；（6）相反的证言。[④]

笔者对洛克上述理论的理解是，关于历史事件陈述的真实性，以及关于法庭审理中某一事件的真实性，主要是依赖于或然性的第二种根据，也就是凭借他人的证言。因而，对某一具体事实是否存在的命题，不属于知识的范围，而是属于或然性的范围。

2.休谟的盖然性理论

大卫·休谟继承了洛克在《人类理解论》中对论证推理（demonstrative reasoning）和或然推理（probable）的划分，虽然他把洛克的或然推理称为“盖然推理”（moral reasoning），或者“关于事实问题以及存在问题的推理”（reasoning

---

① John Locke, *An Essay Concerning Human Understanding*, Printed by Samuel Marks, New York, 1825, Vol. 2, at 50–51.

② John Locke, *An Essay Concerning Human Understanding*, Printed by Samuel Marks, New York, 1825, Vol. 2, at 145.

③ John Locke, *An Essay Concerning Human Understanding*, Printed by Samuel Marks, New York, 1825, Vol. 2, at 146.

④ John Locke, *An Essay Concerning Human Understanding*, Printed by Samuel Marks, New York, 1825, Vol. 2, at 146.

concerning matter of fact and existence)。按照洛克的说法，从过去推理出将来，只能达到或然性的程度，即使是基于大量的、完全一致的经验进行的推理。[①]因而，关于事实的推理（factual reasoning，休谟称之为盖然的，洛克称之为或然的），现在通常称之为“归纳推理”（inductive inference），是通过各种日常推理来得出显然合理但并没有达到逻辑上确定程度的结论，是根据我们个人的经验、证人证言以及我们对人和事规律的理解等。[②]

休谟在1748年[③]《人类理解研究》[④]一书中指出，所有的人类理智的对象可以自然地分为两种：观念之间的关系（relations of ideas）和事实问题（matters of fact）。[⑤]观念之间的关系，包括几何、代数和算术等科学。简单地说，每一个命题要么是直觉的确定性，要么是论证的确定性。“直角三角形斜边的平方等于其余两边的平方和”是一个命题，表达的是这个数值之间的关系。“三乘以五等于三十的一半”，表达的是这些数字之间的关系。这种命题只需要思维活动就可以发现其真假，不依赖宇宙间任何事物的存在。[⑥]

事实问题，即人类理智的第二个对象，就无法通过同样的方式予以查明了；而且，无论我们对于其真实性的证据多么强有力，也达不到前面那种证据的性质。事实问题命题的相反命题仍然可能是真实的；因为这并不表示存在逻辑上的矛盾，与符合实际情况的命题一样，可以同样现实且清晰地想象出来。“明天太阳将不会升起”与“明天太阳将会升起”相比，作为一个命题具有同样的可理解性和不矛盾性。所以，我们要论证其虚假将是徒劳的。如果它可以被论证为虚假，

---

① David Hume, *An Enquiry Concerning Human Understanding*, Edited by Peter Millican, Oxford University Press, New York 2007, at xl–xli.

② David Hume, *An Enquiry Concerning Human Understanding*, Edited by Peter Millican, Oxford University Press, New York 2007, at xxxvii.

③ 该书最初于1748年在伦敦出版，当时的题目叫 *Philosophical Essays Concerning Human Understanding*。1758年出版第四版时，休谟把题目改为 *An Enquiry Concerning Human Understanding*，后来内容又略有修正。See David Hume, *An Enquiry Concerning Human Understanding*, Edited by Peter Millican, Oxford University Press, New York 2007, at xlii.

④ 这本书有中文译本，即［英］休谟著：《人类理解研究》，关文运译，商务印书馆1981年版；或《人类理智研究》，吕大吉译，商务印书馆1999年版。但为求准确，本书的写作以2007年牛津出版的英文本为准，读者可以参看中译本的相关部分。

⑤ David Hume, *An Enquiry Concerning Human Understanding*, Edited by Peter Millican, Oxford University Press, New York 2007, at 18.

⑥ David Hume, *An Enquiry Concerning Human Understanding*, Edited by Peter Millican, Oxford University Press, New York 2007, at 18.

它应当显示出矛盾性并且不可能被意识清楚地想象出来。①

相应地，所有的推理可以分为两种：论证的推理（demonstrative reasoning），即关于观念之间关系的推理；盖然推理（moral reasoning），即关于事实问题以及存在问题的推理。②

休谟认为，抽象科学，即论证推理的对象，只能是量和数，任何试图把这种完美知识的范围进行扩展的努力都只能是幻想。人类的其他一切研究对象，都只是涉及事实问题和存在问题的，而这些显然是无法进行论证的。所有存在的东西都可能不存在。对任何事实的否定，都不会导致矛盾。任何事物不存在的命题，与其存在的命题，都一样是清楚明确的观念。一个错误的数学命题，如六十四的立方根等于十的一半，就是虚假的命题，无法被清楚地想象出来。但是，如果说历史上从来没有凯撒这个人，这个命题可能是错误的，但是完全可以被想象，并且不会导致任何矛盾。③

因而，任何事物存在的命题，只能通过其原因或者结果来予以证明，并且这些证据完全建立在经验的基础上。只有经验告诉我们原因和结果的性质和界限，使我们能够从一个事物的存在推理出另一个事物的存在。这是盖然推理的基础，它构成人类知识的大部分，并且是一切人类活动和行为的源泉。④

盖然推理要么是关于具体事实的，要么是关于抽象事实的。生活中的所有思考都是关于具体事实的，历史学、地理学和天文学也是如此。关于抽象事实的是指政治学、自然哲学、物理学、化学等，这些科学所研究的是一整类对象的质量、原因和结果。⑤

（二）从满足良心到盖然确定性

1215年，教会发布命令，禁止使用神明裁判的方式进行审理。自此以后，大

---

① David Hume, *An Enquiry Concerning Human Understanding*, Edited by Peter Millican, Oxford University Press, New York 2007, at 18.

② David Hume, *An Enquiry Concerning Human Understanding*, Edited by Peter Millican, Oxford University Press, New York 2007, at 25.

③ David Hume, *An Enquiry Concerning Human Understanding*, Edited by Peter Millican, Oxford University Press, New York 2007, at 119.

④ David Hume, *An Enquiry Concerning Human Understanding*, Edited by Peter Millican, Oxford University Press, New York 2007, at 119–120.

⑤ David Hume, *An Enquiry Concerning Human Understanding*, Edited by Peter Millican, Oxford University Press, New York 2007, at 120.

陆法系国家和英美法系国家走上了不同的发展道路。大陆法系的替代模式是法定证据制度，规定两个证人或者一份供述就可以达到法定证明标准，并发展出一套旨在获取口供的刑讯制度。英国则采纳了陪审团制。①

早期的陪审团是由了解案件情况的人组成的，后来则需要依赖证人证言来查明案件情况。到15世纪晚期，出现了"根据证据和你们的良心"认定事实的给予陪审团的指示。②

"满足良心"一词是从基督教决疑论（casuistry）中借用来的。良心是理性思考的结果，排斥情绪化或者直觉的结论。也就是说，理智规范良心的内容，并且旨在达到坚固的、确定的同意。违反良心就是违反理智，"满足的良心"或者"确信的良心"要求"全面的说服"，并且可能达到盖然确定性，虽然达不到论证的确定性。③在17世纪晚期和18世纪早期，"满足良心"一词在给予陪审团的指示中反复出现，使用的词汇包括满足的良心、满足的理解、盖然确定性以及排除合理怀疑。这些词汇都是为了传达同样程度的陪审团成员头脑中的确定性，也都是要求陪审员通过理智进行思考。④

经过17、18世纪哲学上对认识论的讨论，人类知识或者说人类理解方面的理论对司法实践也产生了影响。在1700年至1750年，给予陪审团的指示中仍然提及良心，但是越来越多地使用意识、判断、理解等词汇，而不是良心，作为根据证据得出结论的方法。⑤

到了17世纪末，特别是18世纪中期，"盖然确定性"一词以及排除合理怀

---

① Barbara Shapiro, *Changing Language, Unchanging Standard: From 'Satisfied Conscience' to 'Moral Certainty' and 'Beyond Reasonable Doubt'*, 17 Cardozo J. Int'l & Comp. L. 261 (2009), at 261.

② Barbara Shapiro, *Changing Language, Unchanging Standard: From 'Satisfied Conscience' to 'Moral Certainty' and 'Beyond Reasonable Doubt'*, 17 Cardozo J. Int'l & Comp. L. 261 (2009), at 262.

③ Barbara Shapiro, *Changing Language, Unchanging Standard: From 'Satisfied Conscience' to 'Moral Certainty' and 'Beyond Reasonable Doubt'*, 17 Cardozo J. Int'l & Comp. L. 261 (2009), at 264.

④ Barbara Shapiro, *Changing Language, Unchanging Standard: From 'Satisfied Conscience' to 'Moral Certainty' and 'Beyond Reasonable Doubt'*, 17 Cardozo J. Int'l & Comp. L. 261 (2009), at 267.

⑤ Barbara Shapiro, *Changing Language, Unchanging Standard: From 'Satisfied Conscience' to 'Moral Certainty' and 'Beyond Reasonable Doubt'*, 17 Cardozo J. Int'l & Comp. L. 261 (2009), at 271.

疑的信仰这一观念逐渐被人们熟悉。[①]在18世纪和19世纪，这个词汇稳固地扎根于证据法著作中。Gilbert和Morgan作为最早的证据法著作的作者，利用洛克的哲学作为基础，在其著作中写道："确定性存在不同的程度，从完全的确定性和论证的确定性，一直到不大可能和不太可能……与这些不同等级的证据相适应，存在不同的意识活动，从完全确信一直到推测、怀疑、不大相信和不相信。"[②]

（三）盖然确定性在美国的确立

1790年，美国联邦最高法院大法官詹姆斯·威尔逊继承英国法的传统，指出法律必须与正确的关于人的意识的理论相一致。[③]他以苏格兰常识学派哲学为基础，区分了论证推理（demonstrative reasoning）和盖然推理（moral reasoning），前者是关于抽象和必然的真理，后者则存在不同程度的或然性，从可能性上升到或然性，又从或然性上升到最高程度的盖然确定性。[④]盖然证据以及证人证言，构成了陪审团面前证据的绝大部分。威尔逊认为，自然哲学（即科学）的整体，都与法律具有同样的认识论基础，即根据证人证言形成的，而这些证人证言的内容是建立在观察和经验的基础上的。[⑤]威尔逊探讨了怀疑或者拒绝相信证言的理由，并得出这样的结论，即很多证人相互一致的证言，在排除了事先串谋的情况下，将达到与严格论证推理同样程度的效果。[⑥]

盖然确定性作为美国刑事诉讼的证明标准，既是对英国经验主义哲学的继承，也是对绝对确定性无法实现的一种务实态度。要求绝对确定性，即排除一切可能的怀疑，固然能够保证只有有罪的人才会被定罪，但是这样要求将会导致定罪成为不可能的事情。考虑到审理中证据的有限性，对绝对确定性的要求将会导致证明标准过高，给司法制度带来过重的负担，在实践中也不具有可行性。因而，美国没有采用绝对确定性作为司法制度的证明标准，而是采用盖然确定性这

---

① Barbara Shapiro, *Changing Language, Unchanging Standard: From 'Satisfied Conscience' to 'Moral Certainty' and 'Beyond Reasonable Doubt'*, 17 Cardozo J. Int'l & Comp. L. 261 (2009), at 272.

② Sir Geoffrey Gilbert, *The Law of Evidence 1* (Dublin, 1754). Quoted in Shapiro, 17 Cardozo J. Int'l & Comp. L. 261 (2009), at 272.

③ 1 Works of James Wilson 477 (J. Andrews ed. 1896), at 505.

④ 1 Works of James Wilson 477 (J. Andrews ed. 1896), at 519.

⑤ 1 Works of James Wilson 477 (J. Andrews ed. 1896), at 509.

⑥ 1 Works of James Wilson 477 (J. Andrews ed. 1896), at 504–505.

种实用的证明标准。[①]

（四）1850年Webster判例中对盖然确定性一词的使用

被经常引用的给予陪审团的证明标准的指示，是1850年马萨诸塞州最高法院首席大法官Shaw在Webster[②]判例中作出的。该指示是这样的：

"什么是合理怀疑？这是一个经常使用、可能被很好理解的术语，但是不容易下定义。它不能等同于只是可能的怀疑；因为与人类事务有关的并且依靠盖然证据的任何事项，都可能存在某些可能的或者想象的怀疑。这种状态是指，在对所有的证据进行彻底比较和衡量之后，陪审员的头脑中形成这样的状态，即他们无法说他们对指控的真实性的持久确信达到了盖然确定性的程度。证明责任由公诉人承担。独立于证据之外的所有法律推定都是倾向于无罪的；并且任何人在被证明有罪之前被推定为无罪。如果根据这样的证明，仍然存在合理的怀疑，被告人有权获得无罪判决。理由是，证据不足以证明一种可能性，虽然根据概率原理，被指控的事实真实的可能性更大；证据必须证明事实的真实性达到合理和盖然确定性的程度；这种确定性能说服和指导一个负责的人的理解，并能满足其理智和判断。我们认为这就是排除合理怀疑的证明。"[③]

这段话在后来的判例中经常被引用，成了对合理怀疑标准的经典解释。从该段话中我们可以看出，Shaw大法官沿袭了17、18世纪的moral一词的用法，指出诉讼中对事实的查明必须依靠盖然证据（moral evidence），并且基于盖然证据所进行的推理，只能达到盖然确定性（moral certainty）的程度。不了解英国现代哲学，就无法理解moral的正确含义，甚至容易把moral一词理解为两百年后的今天更常用的含义——伦理学意义上的词义——道德。不仅我国学者在这个问题上作出了歧义的解释，连美国Victor案件的律师[④]，甚至某些英美法学者也存在偶尔的误读。[⑤]

---

① Henry L. Chambers, *Reasonable Certainty and Reasonable Doubt*, 81 Marq. L. Rev. 655 (1998), at 662.

② Commonwealth v. Webster, 59 Mass. 295 (1850).

③ Commonwealth v. Webster, 59 Mass. 295 (1850), at 320.

④ Victor v. Nebraska, 511 U.S. 1 (1994), at 13. 在该案中，被告人争论说moral certainty会导致陪审员根据其犯罪行为的伦理或者道德属性来作出判决。联邦最高法院驳斥了这一说法。

⑤ Steve Sheppard, *The Metamorphoses of Reasonable Doubt:How Changes in the Burden of Proof Have Weakened the Presumption of Innocence*, 117 Yale L.J. 1180 (2003), at 1201. 该文认为，moral certainty是指合乎伦理地（ethically）认定有罪或者无罪的实际基础。但是持这种观点的英美学者非常罕见。

三、盖然确定性在美国判例中的使用

Webster判例中的指示标志着美国法院系统开始把现代的排除合理怀疑标准适用于刑事案件中。[①]到1927年，州立法机关把Webster指示的大部分内容采纳为对合理怀疑的制定法解释。[②]

（一）Cage判例

Cage v. Louisiana[③]判例是美国联邦最高法院1990年作出的一个关于盖然确定性的判例。该案的争议问题是，在陪审团指示中把“排除合理怀疑”解释为“盖然确定性”，是否侵犯被告人第十四修正案规定的正当程序权利。

上诉人被路易斯安那州的一个审理法院判定犯有一级谋杀罪，并被判处死刑。他提出的上诉理由之一，就是审理中给予陪审团的关于合理怀疑的指示存在宪法上的缺陷。该指示的相关部分如下：

“如果你们对于被告人构成犯罪所必需的任何事实或者要素存在合理怀疑，那么你们有责任做对他有利的解释并作出无罪裁决。即使证据表明存在有罪的可能性，但如果没有证明到排除合理怀疑的程度，你必须裁决被告人无罪。然而，这种怀疑必须是一个合理的怀疑；即它是建立在一个真实的、触摸得到的且实质性的基础之上，而不是仅仅任意的怀疑或者猜想。它必须是足以引起严重不确定性的怀疑，并且产生的理由是证据的缺陷或者缺乏证据。合理怀疑不能等同于只是可能的怀疑。它必须是一个实际的且实质性的怀疑。它是一个理智正常的人能够严肃对待的怀疑。这里需要的，不是绝对的或者数学上的确定性，而是盖然的确定性。”

联邦最高法院的法庭共同意见判定，对这个指示的解释，需要考虑理智正常的陪审员对这个指示整体上的理解。该指示开始时指出，判定有罪必须达到排除合理怀疑的程度，但是后来它把合理怀疑等同于“严重不确定性”和“实际的且实质性的怀疑”，并且说需要的是被告人有罪的“盖然确定性”。法院认为，“实质性的”和“严重”这些词汇，按照其通常的含义，意味着比排除合理怀疑规则要求的无罪裁决更高程度的怀疑。当这些说法和“盖然确定性”而非证据上的确定性结合在一起考虑时，显然陪审员有可能把该指示解释为可以根据比正当程序

① Apodaca v. Oregon, 406 U.S. 404 (1972), at 412, n. 6.

② Cal. Penal Code Ann. § 1096.

③ Cage v. Louisiana, 498 U.S. 39 (1990).

条款的要求低的证明程度认定有罪。[①]

相应地，联邦最高法院判定[②]，这个指示违背了Winship[③]判例中确立的排除合理怀疑证明标准属于第十四修正案正当程序条款的要求这一原则。[④]

（二）Victor判例

Victor[⑤]判例是美国联邦最高法院1994年作出的一个关于盖然确定性的判例。该判例是对两个案件一并判决，即Victor v. Nebraska和Sandoval v. California。

上诉人Sandoval因多项谋杀罪被加利福尼亚州的一个法院判处死刑和不得假释的终身监禁，后来Sandoval以审理中的陪审团指示侵犯其正当程序条款的权利为由提出上诉。该案中对陪审团的指示如下：

"合理怀疑的定义是这样的：它并不能等同于只是可能的怀疑；由于与人的事物有关、并且依靠盖然证据的任何事情，都可能存在某些可能的或者想象的怀疑。这种状态是指，在对所有的证据进行彻底比较和衡量之后，陪审员的头脑中形成这样的状态，即他们无法说他们对指控的真实性的持久确信达到了盖然确定性的程度。"

这个指示是根据加州刑法释义第1096条给出的。该条吸纳了Webster判例中的指示，并规定："法庭在解释无罪推定或者排除合理怀疑时，可以只宣读本法第1096条的规定而不做进一步的解释。"[⑥]

Sandoval对这个指示的主要异议，是其中使用的"盖然证据"（moral evidence）和"盖然确定性"（moral certainty）两个术语。正如上面指出的那样，这两个词是从Webster判例中Shaw首席大法官的指示中原封不动地搬过来的，其历史演化过程如前文所述。

联邦最高法院判定，虽然盖然证据一词在现代不经常使用，但其含义与19世纪时是相同的，即基于人们一般观察的证据。而且，该指示本身包含了对这个术语的解释。陪审团被告知，"与人类事务有关并且依赖盖然证据的任何事物，都可能存在可能的或者想象的怀疑"。换句话说，与人类事务有关的事项，是无法达到绝对确定性的程度的。在这句话中的盖然证据一词，只能被理解为被用来

① Cage v. Louisiana, 498 U.S. 39 (1990), at 41.

② Cage v. Louisiana, 498 U.S. 39 (1990), at 41.

③ In re Winship, 396 U.S. 358 (1970).

④ In re Winship, 396 U.S. 358 (1970), at 364.

⑤ Victor v. Nebraska, 511 U.S. 1 (1994).

⑥ Cal. Penal Code Ann. § 1096a.

证明此类事项的基于观察的证据（empirical evidence）——审理中提出的证据。而且，法官在该案中指示的其余部分，告知陪审员把注意力集中于他们面前的证据，因而盖然证据这个词的使用是没有问题的。

关于盖然确定性，Sandoval争论说这个术语有可能失去了其历史上的含义，现代的陪审团可能会理解为这是比排除合理怀疑标准低的定罪标准。联邦最高法院认为，单看盖然确定性这个短语，现代陪审员可能不会认识到这是排除合理怀疑标准的同义词，但是，从该指示的整体来看，加利福尼亚法院的指示并不违宪。

Sandoval争论说，很多现代词典对盖然确定性的定义都是基于或然性，例如有的定义为“基于强烈的或然性”“依赖于或然性的令人信服的理由”等。虽然排除合理怀疑标准也承认事实审理者对于过去发生的事情不可能获得准确的知识而只能获得关于可能发生的事件的信念，但这里的问题在于，盖然确定性标准是否低于宪法所要求的排除合理怀疑标准。联邦最高法院判定，虽然盖然确定性在这个方面是不明确的，但是指示的其余部分解释了该术语的含义。陪审员被告知他们对指控真实性的持久确信达到了盖然确定性的程度。这里的持久确信，是指具有固定的和不变的意义的确信，这种确信是在对全部证据进行认真审查和比较之后形成的。而且，法官已经告知陪审团，与人类事务有关的事项只能通过盖然证据来证明，此部分的盖然（moral）一词应当做同样的理解，即只能理解为与人类事务有关的确定性。由于盖然确定性一词与持久确信一并使用，因而联邦最高法院认为该术语并没有允许陪审团依据比正当程序条款要求低的证明标准对他定罪。

Sandoval的第二个争论是，陪审员可能在控方未能证明其有罪达到排除合理怀疑的程度时，仍然确信被告人有罪达到盖然确定性的程度。有的词典对盖然确定性的定义是“基于强烈的可能性或者坚定的确信，而不是基于实际的证据”。[①]而且，联邦最高法院在Cage判例中专门对“盖然确定性”和“证据上的确定性”进行了区分。[②]在本案中，联邦最高法院判定，盖然确定性一词不能离开其上下文来理解。在Cage判例中的指示，仅仅告诉陪审员他们对被告人有罪必须达到盖然确定性的程度，没有其他进一步的解释。但是在本案中，法官告知陪审员在对所有的证据进行彻底比较和衡量之后，达到盖然确定性的程度。这个指示明确告诉陪审员他们的结论必须是建立在该案证据的基础上。该案指示的其余部分，

---

① *American Heritage Dictionary* (3d ed. 1992), at 1173. Quoted in Victor v. Nebraska, 511 U.S. 1 (1994), at 15.

② Cage v. Louisiana, 498 U.S. 39 (1990), at 41.

告诉陪审员只能根据审理中被提出的证据来判断案件的事实，而不能从任何其他来源；并且不能受到同情或者偏见等个人情感的影响。相应地，陪审团对盖然确定性的理解必然是根据该案中提出的证据。

联邦最高法院认为，盖然确定性一词的使用，既不会被陪审团理解为低于正当程序条款要求的证明标准，也不会被理解为允许根据控方证据以外的因素定罪。但是，联邦最高法院不赞成在陪审团指示中继续使用该术语，因为正如现代词典中对盖然确定性的定义所证明的那样，该术语自从在Webster判例中使用以来，其通常含义已经发生了变化，并且可能有一天会变化到与Winship判例确立的标准相冲突的程度。事实上，在联邦法院系统最为普遍使用的对排除合理怀疑的定义中，并不包含盖然确定性这个短语。①

（三）对Victor判例的评价

如上所述，盖然确定性一词是从哲学和科学中借鉴到法学的一个概念，“盖然”（moral）的含义相当于“非常”（very）②。但经过两百年的语言演化，可能有的人并不知道这个词在18世纪时的含义，并且可能对其进行错误的理解。

例如，在Victor判例中，Sandoval就争论说，盖然证据和盖然确定性术语的使用，由于盖然和道德是一个英文词（moral），容易被误解为对他犯罪行为伦理上或者道德上的评价。③Blackmun和Souter大法官在该案的部分赞同部分反对的意见中也指出，盖然确定性一词很有可能导致陪审员们合理地相信他们可以根据道德标准或者情感作出定罪决定，在证据标准之外甚至替代证据标准。在被告人被指控实施了一项令人厌恶或者残忍的罪行的案件中，陪审员们把“盖然确定性”理解为授权他们可以部分地根据对被告人行为的伦理价值判断来定罪，这种风险是特别大的。正是由于这个原因，在Cage判例里最高法院才对“盖然确定性”和“证据上的确定性”进行了区分。④

虽然博学的最高法院大法官们驳斥了Sandoval的这个理解，⑤但是，“moral”一词的“盖然”这个词义在现实生活中确实已经很少使用了。因而，在给予陪审

---

① Victor v. Nebraska, 511 U.S. 1 (1994), at 16–17.

② Barbara J. Shapiro, ‘*To a Moral Certainty*’ : *Theories of Knowledge and Anglo-American Juries 1600–1850*, 38 Hastings L. J. 153 (1986), at 153.

③ Victor v. Nebraska, 511 U.S. 1 (1994), at 13. See also Tom J. Ervin, *What Does* ‘*Beyongd A Reasonable Doubt*’ *Really Mean*?. 6–AUG S. C. Law 32 (1994), at 33.

④ Victor v. Nebraska, 511 U.S. 1 (1994), at 37.

⑤ Victor v. Nebraska, 511 U.S. 1 (1994), at 13.

团的指示中应当避免“盖然确定性”这一词语的使用，而是应当使用这样的解释：“合理怀疑就是那种使一个理智正常的人犹豫不决的怀疑。”[①]

早在Victor判例之前的1982年，联邦法官会议的一个委员会提出了一个陪审团指示的建议，于1987年通过，把“排除合理怀疑的证明”解释为“令你坚定地确信的证明”。这种把“盖然确定性”改为“坚定确信”（firm conviction）的办法，既解释了排除合理怀疑的内涵，又保留了盖然确定性的原意。[②]

四、盖然确定性对中国刑事诉讼证明标准的启示

（一）盖然确定性与马克思主义认识论并不矛盾

我国法学界传统观点一直认为认识论是刑事证据制度的理论基础，[③]即使是批评观点也认为诉讼都包含着裁判者运用证据对案件事实进行确定的认识活动。[④]笔者认为，至少证明标准这个问题属于认识论（Epistemology，或者译为知识论、理智论、理解论）的问题，即人类知识的范围和限度的问题。这是一个在古今中外都已经形成共识的一个问题，上面对盖然确定性历史和哲学基础的分析就证明了这一点。[⑤]

按照洛克和休谟关于认识论的理论，人类的理解分为两个大的种类：一是论证推理，获得的是具有完全确定的结论，但是这种推理只适用于数值和数字，具体而言只限于几何、代数、算术学科的论证。二是盖然推理，获得的是具有盖然性的结论，其推理的根据是盖然证据，即基于人的观察和经验的证据，这种推理用于解决事实问题，历史学、物理学等科学都是如此，法庭上的事实查明也属于这一种类。

笔者认为，仅仅就本节所关注的事实问题的认识而言，上述经验论哲学的观

---

① Tom J. Ervin, *What Does'Beyongd A Reasonable Doubt' Really Mean*?. 6-AUG S. C. Law 32 (1994), at 35.

② Steve Sheppard, *The Metamorphoses of Reasonable Doubt: How Changes in the Burden of Proof Have Weakened the Presumption of Innocence*, 117 Yale L.J. 1180 (2003), at 1203-1204.

③ 陈光中等:《刑事证据制度与认识论——兼与误区论、法律真实论、相对真实论商榷》，载《中国法学》2001年第1期，第37页。

④ 陈瑞华:《从认识论走向价值论——证据法理论基础的反思与重构》，载《法学》2001年第1期，第22页。

⑤ 有人还专门写出了法律认识论的专著，如 Larry Laudan, *Truth, Error and Criminal Law: An Essay in Legal Epistemology* (2006)。

点与马克思列宁主义、毛泽东思想中的认识论并不矛盾。具体分析如下：

第一，人的认识来源于经验。毛泽东在其著名的《实践论》一文中指出："认识开始于经验——这就是认识论的唯物论。"[①]"你要知道梨子的滋味，你就得变革梨子，亲口吃一吃。……一个人的知识，不外直接经验的和间接经验的两部分。而且在我为间接经验者，在人则仍为直接经验。因此，就知识的总体来说，无论何种知识都是不能离开直接经验的。任何知识的来源，在于人的肉体感官对客观外界的感觉……"[②]"例如有些外面的人们到延安来考察，头一二天，他们看到了延安的地形、街道、屋宇，接触了许多的人，参加了宴会、晚会和群众大会，听到了各种说话，看到了各种文件，这些就是事物的现象……这叫做认识的感性阶段……这是认识的第一个阶段。"[③]从以上引用可以看出，毛泽东思想中的认识论，在认识来源于经验这一点上，与经验主义是一致的。

第二，根据间接经验进行认识。诉讼中的事实查明，主要是根据证人证言来进行。毛泽东在《实践论》中对这种情况也进行了探讨："'秀才不出门，全知天下事'，在技术不发达的古代只是一句空话，在技术发达的现代虽然可以实现这句话，然而真正亲知的是天下实践着的人，那些人在他们的实践中间取得了'知'，经过文字和技术的传达而到达于'秀才'之手，秀才乃能间接地'知天下事'。"也就是说，对于某一没有亲身经历的事件，可以通过他人的证言来进行认识。

第三，关于认识的确定性程度。毛泽东没有对知识进行确定性和或然性的划分，而是认为"在绝对真理的长河中，人们对于在各个一定发展阶段上的具体过程的认识只具有相对的真理性"[④]。对这句话有两种可能的理解：一种是毛泽东认为具有完全确定性的论证的推理不属于本书探讨的范围；另一种是毛泽东认为即使是论证的推理，也只具有或然性。无论是上述哪一种理解，都必然得出这样的结论：关于事实问题和存在问题的推理，只能达到或然性的程度。具体到刑事诉讼中事实查明问题，就是根据证人证言所认定的事实，只能达到或然性程度，而无法达到完全确定的程度。已经有学者使用相对真理和绝对真理的理论来分析刑事诉讼中的事实查明，并得出结论说"一个具体刑事案件的证明标准，只能达到

① 毛泽东:《实践论》，载《毛泽东著作选读（上册）》，人民出版社 1986 年版，第 129 页。

② 毛泽东:《实践论》，载《毛泽东著作选读（上册）》，人民出版社 1986 年版，第 126 页。

③ 毛泽东:《实践论》，载《毛泽东著作选读（上册）》，人民出版社 1986 年版，第 123 页。

④ 毛泽东:《实践论》，载《毛泽东著作选读（上册）》，人民出版社 1986 年版，第 134—135 页。

近似于客观真实，……‘客观真实’……告诫办案人员要奋力地接近它，它决不会成为个案的一个具体的证明标准”[①]。笔者认为，这种观点是符合毛泽东关于认识论的论述的，也暗合关于事实问题属于盖然推理的理论。

（二）刑事诉讼中的事实问题属于盖然推理

事实审理者面临的判断关于过去事件的陈述的真实性的问题，与历史学家所面临的任务是一样的。例如，在刑事诉讼中事实审理者面临的问题可能是张三是否杀了人，在历史研究中面临的问题可能是凯撒是否被刺身亡。历史研究和诉讼中的事实查明，都是在没有直接的基于观察的证据的情况下，得出发生了什么，或者说可能发生了什么的结论。历史学家和事实审理者都被迫对证据的可靠性进行衡量，而证据主要是由那些声称有直接观察经验的人的证言构成的。[②]因而，历史事件和事实审理者得出的结论，在性质上都属于盖然推理的结果，因而只能达到盖然确定性的程度。

刑事诉讼是解决刑事被告人是否有罪的活动，其主要目标就在于查明犯罪已经发生并且是嫌疑人所为这个命题的真伪，而这个命题显然属于事实问题（matter of fact）。那么，事实问题的推理方法必然是盖然推理（moral reasoning）而不是论证推理，其根据的也只能是盖然证据（moral evidence），得出的结论也必然是具有盖然确定性（moral certainty）而非绝对确定性。

（三）刑事诉讼中达到盖然确定性的方法

刑事诉讼中查明事实只能根据证据。按照威尔逊的分法，证据分为两类：论证证据（demonstrative evidence）和盖然证据（moral evidence）。论证证据是指观念之间不变的关系，盖然证据是指基于人们的一般感知或者经验观察的证据。按照这种分法，刑事诉讼中的证据都是盖然证据。

按照我国《刑事诉讼法》第50条第2款的规定，证据分为八种：（1）物证；（2）书证；（3）证人证言；（4）被害人陈述；（5）犯罪嫌疑人、被告人供述和辩解；（6）鉴定意见；（7）勘验、检查、辨认、侦查实验等笔录；（8）视听资料、电子数据。一切刑事案件都是过去发生的事件，对于事实审理者而言，不可能目睹案

---

① 樊崇义：《客观真实管见——兼论刑事诉讼证明标准》，载《中国法学》2000年第1期，第116页。

② Barbara J. Shapiro, *Law and Science in Seventeenth Century England*, 21 Stan. L. Rev. 727 (1969), at 750.

件发生的过程，只能在案件发生之后，根据证据来进行认识。[①]这些证据对于事实审理者而言，都是他人的证言，或者根据某一实际存在的事物进行原因至结果的推理。因而，这些都属于盖然推理。

虽然刑事诉讼中的查明真实是盖然推理，但是要求达到盖然推理中的最高限度的或然性，即盖然确定性的程度。那么，在对这些盖然证据进行衡量时，应当采取下列方法：

第一，对单个证据，特别是言词证据进行审查。借鉴洛克关于衡量他人证言（在我国刑事诉讼中应当既包括证人证言，也包括被害人的陈述）的标准的论述，具体应当包括：（1）证人的数量；（2）证人的正直品格；（3）证人的表达是否清楚明确；（4）如果该证言是对他人陈述的转述，是否具有可靠性的保障；（5）证言各部分的一致性，以及是在何种情况下作出的陈述；（6）是否存在相反的证言。

第二，要求作出证言性陈述的证人、被害人、鉴定人等必须出庭，通过在如实作证保证书上签名（证人宣誓）来约束其良心使其不愿做伪证，通过接受辩方的反询问来揭露其证言中的虚假，并通过伪证罪的处罚来威慑证人不敢做伪证。

第三，赋予辩护方通过强制程序获得有利于本方证人的权利，并保障该权利的实现。也就是说，辩方在获得辩方证据方面，应当拥有与控方平等的权利和机会。这样，通过相反证据的提出，事实审理者对于事实问题的推理将更加接近盖然确定性。

（四）盖然确定性的具体操作标准

长期以来，受我国传统文化中对绝对真实的热爱、大陆法系追求绝对真实的传统以及对马克思主义认识论的误读，我国一直把绝对真实（absolute truth，有的学者称为“客观真实”）作为刑事诉讼中事实问题的标准。[②]笔者认为，刑事诉讼中的事实查明属于人类知识中事实问题的事项，因而属于盖然推理的范围。所以，刑事诉讼中事实查明应当是以盖然确定性作为证明标准。

盖然确定性与“排除合理怀疑”具有相同的含义，后者的流行主要是因为词汇的历史变迁导致“盖然”一词在现代生活中很少使用。从以上的论述可以看出，在我国采纳“排除合理怀疑”的证明标准，从而以实用真实来代替传统的绝

① 陈光中等：《刑事证据制度与认识论——兼与误区论、法律真实论、相对真实论商榷》，载《中国法学》2001年第1期，第39页。

② 这个观点近年来有些松动，例如陈光中在2009年的文章中就主张客观真实与法律真实相结合。见陈光中：《诉讼真实与证明标准改革》，载《政法论坛》2009年第2期，第14页。

对真实，是具有合理性和现实性的。排除合理怀疑并不是要求排除其他一切可能，[①]因为排除其他一切可能就成了完全的确定性，与事实问题属于盖然推理这个原理不符。

对排除合理怀疑的理解，应当是本案证据不存在合理的怀疑时，才能对被告人进行定罪；如果存在合理的怀疑，则不能作出有罪判决。那么，问题的关键就在于对“合理怀疑”一词的解释。笔者认为，所谓合理的怀疑，必须具备以下几个条件：

第一，是否存在合理的怀疑，必须是在听取了控方的全部证据之后。事实审理者只能根据审理中接受的证据，而不能根据任何其他来源来对案件事实进行确定。在全面、公正并且无偏倚地考虑了全部证据之后，如果认为仍然无法作出有罪判决，这时才允许事实审理者对有罪存在合理怀疑。

第二，合理的怀疑不能是基于对被告人的怜悯或者偏见。事实审理者只能考虑案件的事实，而不能受感情、猜想、同情、热爱、偏见、公众的意见或者公众的情感的支配。

第三，合理的怀疑不能只是可能的怀疑。最低限度地说，合理的怀疑是一个有理由的怀疑，即必须存在怀疑的理由。一个想象的怀疑不是合理的怀疑。任何事情都是可能的，如地球外的文明的存在，但这不是诉讼中要解决的争议事实。一个合理的怀疑是合理地从下列因素中产生的一个实际的、实质性的怀疑，这些因素包括证据，证据证明的事实或者情节，或者控方缺乏证据；但不能是从下列因素中产生的怀疑，这些因素包括仅仅的可能性，纯粹想象，或者奇怪的猜想。

第四，合理怀疑是指一个将会导致理智正常的人犹豫不决的怀疑。借用美国Victor判例中的话，“‘合理的怀疑’是这样的一种怀疑，即一个理智正常并且审慎的人，在比较重大和比较重要的日常活动中，在相信表现出来的事实是真实的并且依赖这些事实行事时，令他暂停并且犹豫的怀疑”[②]。

---

① 有学者主张我国应当采用排他性证明标准，即“从证据的调查和运用上要排除一切矛盾，从运用证据对案件事实所得出的结论上，本结论必须是排除其他一切可能，而是本案的唯一的结论”。见樊崇义:《客观真实管见——兼论刑事诉讼证明标准》，载《中国法学》2000年第1期，第120页。

② Victor v. Nebraska, 511 U.S. 1 (1994), at 18.

第四节　补强证据规则

补强证据规则（Rule of Corroborative），是指为了保护被告人的权利，防止案件事实的误认，对某些证明力显然薄弱的证据，要求有其他证据予以证实才可以作为定案根据的规则。英美法、日本法和我国台湾地区“刑事诉讼法”中都有补强证据规则，要求特定的证据必须有相应的证据予以补强，才能够作为定案的根据。补强证据规则要求补强的证据针对的是言词证据，包括证人证言、被害人陈述、犯罪嫌疑人、被告人供述与辩解、鉴定意见等。英美法认为言词证据，须有补强性，其法理上的根据有两点：一是基于防止偏重口供的政策理由，二是为了担保其真实性。于是规定有补强规则，不仅适用于口供，也适用于其他证言性陈述，限制特定证据的证明力，要求特定供述证据必须有补强证据（Corroborative Evidence）。[①]言词证据又分为两类，一是对被告人的口供要求补强；二是对口供以外的言词证据，即特定的证人证言、被害人陈述要求补强。

我国《刑事诉讼法》第55条第1款规定，只有被告人供述，没有其他证据的，不能认定被告人有罪和处以刑罚，简言之，就是仅凭口供不能定案的规则。这实际上就是对被告人的供述要求补强的补强证据规则。所以，补强证据规则中包含仅凭口供不能定案的规则，但不仅包含这一规则，还包括其他证据应予补强的内容。

对于口供以外的证据是否要求补强，我国刑事诉讼法没有明确规定，但《高法解释》第143条规定了不能单独作为定案根据的证据，笔者认为也是补强证据规则。

一、国外立法对补强证据规则的规定

（一）对口供要求补强证据

对口供的态度，有的立法例认为一旦取得被告人的正式承认，案件即没有必要进行审理，如在英美法中被告人如果作有罪答辩则不经审理直接进入量刑程序，意大利刑事诉讼法也有这样的规定。但是，由于口供是被刑事追

---

① 陈朴生著:《刑事证据法》，台湾三民书局1979年版，第534页。

诉者提供的陈述，其虚假的可能性较大，同时为了防止司法实践中侦查人员将精力放在口供的获取上，很多国家都规定了对口供要求有补强证据才能作定案的根据。

1.英美法

（1）被告在法庭审判外的口供，经他人提出法庭作证者，须另有补强证据，才可以作为考虑的证据。“与政府证明被告人的供述的可采性的责任相关的普通法的规则是，一个未经补强的供述，即使是自愿的，也不足以支持有罪认定。在大多数司法管辖区，除非政府方提出证明犯罪行为发生的其他的独立证据，供述是不具有可采性的。”①

（2）英美法对于共犯的证言或一般陈述，向来认为没有充分的证明力，因为被指控为共犯的，都是品格可疑的人，在作证时，对其他共犯作不利的陈述，目的往往是嫁祸他人，作为自己推脱罪责的方法，甚至挟嫌诬攀。依英国判例，被告在法庭外所作的供述，对于被诉为共犯的人，不能作为证据。在法庭审理中，被告以证人身份陈述的事实，对其他被诉为共犯的人不利的，法官应当告知陪审员，注意考虑共犯的证言没有充分的证明力，必要时需要参考补强证据。如果法官没有告知，即构成撤销陪审团裁决的理由。这里所说的补强证据必须与共犯的证言在来源上是不同的，如果被诉的共犯有多名，其中的一名共犯的证言不能作为另一名共犯的证言的补强证据。补强证据不但需要足以证明共犯证言中陈述的事实是可信的，而且必须足以表明所陈述的事实确与被告发生关联，其中后一个条件最应当注意，因为共犯的证言如果是为了诬陷的目的，所陈述的事实往往是真实的，只是被指证的人与犯罪行为的关联是虚假的，对此审判者十分容易被蒙骗而难以觉察。②

2.日本法

日本宪法第38条第3款规定：“任何人如果对自己不利的唯一证据是本人口供时，不得被判罪或课以刑罚。”③日本刑事诉讼法第319条第2款规定：“不论是否被告人在公审庭上的自白，当该自白是对其本人不利的唯一证据时，不得认定被告人有罪。”④一般认为，公审庭上的供述，宪法要求要用其他证据补强。如果

① *Criminal Procedure: An Analysis of Cases and Concepts*, Third Edition, by Charles H. Whitebread and Christopher Slobogin, University Textbook Series, 1992, p. 430.

② 刁荣华主编:《比较刑事证据法各论》，台湾汉林出版社 1984 年版，第 74—76 页。

③ 《外国宪法选译》，肖君拥等译校，法律出版社 2015 年版，第 305 页。

④ 《日本刑事诉讼法》，宋英辉译，中国政法大学出版社 2000 年版。

把供述作为证据，必须在对其他证据调查之后才能对供述笔录请求调查。对于补强证据，因为它是用来认定犯罪事实的证据，所以要求必须具有严格证明的资格，并与供述独立，如果只是重复被告人供述的第三人的陈述，就不能认为是补强证据。补强证据应当达到的程度，相对地说，供述与补强证据相结合能够证明犯罪事实的，就足以满足补强程度，即使供述的证明力大，补强证据的证明力小也是如此。但是根据日本刑事诉讼法第301条的要求，应当理解为，与供述分开，补强证据能够达到大体上证明犯罪事实存在的程度。

关于共同犯罪人的供述，例如受共犯嫌疑的甲、乙二人，甲承认同乙的共同行为，而乙否认，再无其他证据证明乙犯罪。在这种情形下，可否利用甲的供述来认定乙的犯罪行为？甲的供述对乙来说并不是被告人供述，那么对共同犯罪人的供述是否需要补强证据？日本法学家对此的回答是肯定的，但认为它同被告人本人的供述稍有不同。被告人的供述，是所谓“证据之王”，传统地认为它是证明力很强的证据，容易过分相信。而共同犯罪人的供述，鉴于可能有把自己的罪责转嫁给他人的一般倾向，所以它是缺乏可信性的证据，也是危险的证据。如果没有补强证据，以共同犯罪人的供述作为唯一的证据而认定有罪，这可以说是违反经验法则的。①

（二）对其他言词证据要求补强证据

英美法系的证据规则很少对证据的证明力进行规定，但为了保障被告利益，就特殊重大的案件，以及某些证明力显然薄弱的证据，仍要求有法定证据或者补强证据，除了上述对被告法庭外的供述和共犯的证言要求补强以外，还有：

1.关于叛国案件，须有法定证据，例如美国宪法第3条第3项规定叛国罪的成立需要有两名证人证实其叛国行为，或者经过被告在公开的法庭上供述所犯的罪行。

2.关于伪证案件，仅凭一名证人的指证，不足以定案，因为如果这样做就是认为一个人的宣誓证言可以推翻另一个人的宣誓证言。

3.对妇女儿童犯风化罪，如强奸等，仅凭一名证人的证言是不足以定罪的，因为这样的指证只是出于被害人之口，没有其他佐证，不能增强其证明力。而且，被害人除了在法庭作出陈述外，以前曾在他处向他人陈述同一事实的证据也不足以作补强证据，因为这种情形只能证明其在法庭上的陈述与以前的陈述一致，而不是来源不同的有利佐证。

---

① 王以真主编:《外国刑事诉讼法学》，北京大学出版社1990年版，第422—423页。

4.幼年人作为证人时，其证言的可信性也有限制，例如英国1933年青少年法虽然允许不了解宣誓意义的幼年人作证，但其证言需要另有补强证据才值得考虑，因为儿童虽然天真、聪明、记忆力好，但其观察事物难免会有误解，所以必须有补强证据。①

日本的刑事诉讼法认为，补强性的法理在于防止偏重供述的危险，补强规则仅适用于供述这一种证据，而不适用于一般证言真实性的担保。其立法理由是，一般证言可以通过反询问担保其具有某种程度的真实性；而供述采为证据，对供述的虚伪或真假，并没有设立反询问的制度，所以用补强证据来担保其真实性。②

二、我国刑事诉讼中仅凭口供不能定案规则的适用

（一）对仅凭口供不能定案的一般理解

我国《刑事诉讼法》第55条第1款规定，只有被告人供述，没有其他证据的，不能认定被告人有罪和处以刑罚。笔者认为，这一规定实际上就是要求对口供进行补强，口供必须有补强证据才能据以定案。

对这一规定的理解，应当没有什么问题。在一个刑事案件中，如果证明被告人实施了指控的犯罪行为的唯一证据是其本人的供述，则不能认定该被告人有罪和处以刑罚。需要注意的是，这一规定要求的是除了口供以外还要有证明指控的犯罪行为是其所为的其他证据，而不是说只要有其他的证明本案案件事实确已发生的证据。例如，某市发生一起入室抢劫杀人案，全案的证据有：死者尸体的勘验笔录；死因鉴定；现场勘验笔录；被害人的家属发现尸体的陈述；被告人承认本案是自己所为的供述。那么，能否据以上证据认定被告人犯有抢劫罪呢？显然是不行的，因为以上证据中，除了被告人的供述以外，其他证据都只能证明这起抢劫杀人案确已发生，但这起案件的作案人是谁，则只有被告人的供述。只有存在这起案件确实是被告人所为这一点的补强证据，才能够认定被告人犯有指控的罪行。

补强证据应当与口供出于不同的来源。例如，警察的讯问笔录、被告人对其他人讲述的对犯罪的承认，都不能作为口供的补强证据。补强证据应当达到能够

① 刁荣华主编:《比较刑事证据法各论》，台湾汉林出版社1984年版，第74—76页。

② 陈朴生著:《刑事证据法》，台湾三民书局1979年版，第534—535页。

独立地证明犯罪事实是被告人所实施的程度。

（二）共犯口供的证明力问题

这里所谓的共犯，是指共同犯罪的同案审理的被告人。共同犯罪的同案审理的被告人能否互为证人，在只有共犯口供的情况下能否定案？对此，法学理论界和司法实践界存在不同认识，大致有以下几种看法：

1. 鉴于口供的特点和共同犯罪中犯罪嫌疑人、被告人相互之间不同程度存在的利害关系，即使共犯口供一致，可以相互印证，也不能据此定罪和判刑。

2. 共犯之间的关系是互为证人的关系，只要可以相互印证，就可以对被告人定罪和判刑，不受《刑事诉讼法》第55条规定的运用口供的规则的限制。

3. 共犯口供的性质仍然是口供，共犯不能互为证人，对待共犯口供的原则仍是《刑事诉讼法》第55条的规定，否则容易导致违法取得口供和不正确地运用。但是，当确实无法取得其他证据的情况下，如果同时具备下列条件，可以在非常谨慎的前提下以共犯口供作为定案的根据：（1）各被告人分别关押，能够排除串供的可能性；（2）各被告人的口供都是在没有任何违法的条件下取得的，能够排除刑讯逼供或引诱、欺骗的因素；（3）各被告人供述的犯罪事实细节上基本一致，在分别指认的前提下可以确认他们到过现场；（4）共犯只有2人时，原则上不能仅凭口供的相互印证定案，共犯为3人以上时，才可慎重行事。①

如何对待同案被告人的口供，是一个两难问题。如果允许仅凭共犯口供定案，由于共犯之间的利害冲突，有可能会存在嫁祸于人、主犯从犯地位颠倒等实体法上的问题，导致事实的误认，甚至无中生有；更严重的是有可能导致侦查或者调查人员仅通过逼取口供来破案，忽视对其他证据的收集和调查，一旦被告人招认就万事大吉，这就必然会导致偏重口供、违法取供。如果不允许仅凭口供定案，会导致案件中可据以定案的证据减少，很多案件无法作出有罪判决，会有放纵犯罪的危险。

笔者认为，刑事诉讼法规定的仅凭口供不能定案的原则或者说口供需要补强的规则不仅适用于单独一个被告人的供述，也应适用于共同犯罪的被告人供述。因为立法规定该条的目的在于防止偏重口供的倾向，《刑事诉讼法》第55条第1款明确规定，“对一切案件的判处都要重证据，重调查研究，不轻信口供”。如果可以仅凭共犯的口供定案，无疑是“轻信口供”的做法。因此，笔者主张，共犯

---

① 陈光中主编：《刑事诉讼法学（新编）》，中国政法大学出版社1996年版，第177页。

的口供也需要补强证据，没有补强证据，即使共犯的口供相互一致，也不能据以对被告人定罪量刑。例如，某工厂被窃数吨钢材，价值数万元，一年后抓获甲、乙、丙3人，在讯问时3人都承认钢材是他们偷的，但已经变卖，所得款项已经挥霍，那么能否据此认定3人的盗窃罪？笔者认为，仅凭这样的口供而没有其他的补强证据，不能认定3人的盗窃罪。

（三）非共同犯罪的同案被告人的口供

上面讨论的是共同犯罪的同案审理的被告人的口供。那么，非共同犯罪而同案审理的被告人的供述，是否需要补强证据呢？为了说明这个问题，笔者举两个例子：

例一：某市长甲被指控受贿人民币10万元，行贿人乙陈述说他于某年某月某日在某地将10万元现金交给了甲，甲承认确有此事。根据刑法的规定，甲构成了受贿罪，乙构成了行贿罪。后来法院将甲、乙行贿受贿案同案审理。在本案中，甲和乙不是共同犯罪，因为共同犯罪的主观要件要求各共同犯罪人必须有共同的犯罪故意。所谓共同的犯罪故意，是指各共同犯罪人通过意思联络，认识到他们的共同犯罪行为会发生危害社会的结果，并决意参加共同犯罪，希望或者放任这种结果发生的心理状态。[①]而本案中，乙有行贿的故意，甲有受贿的故意，甲、乙并不存在共同的犯罪故意。此时，甲的承认是被告人的供述，乙的陈述也是被告人的供述。那么，本案能否只根据甲、乙的供述认定甲的受贿罪，乙的行贿罪呢？

例二：甲和乙是一个村的农民，两个人在田里干活时，因为甲把自家地里的石头扔到了乙的田里，二人发生争吵，于是甲用铁锹打中了乙的脸，乙也用锄头打中了甲的头，二人的伤势均为重伤。后法院将甲重伤乙、乙重伤甲两个指控同案审理，这样甲、乙都是被告人，又都是被害人。证明甲伤害乙的证据有乙的陈述和甲的供述；证明乙伤害甲的证据有甲的陈述和乙的供述。那么，能否就根据甲、乙的供述（陈述）认定甲的伤害罪和乙的伤害罪呢？

笔者认为，上述两个案例都是可以认定的，并不违反补强证据规则。因为上述两个案件的甲、乙都不是共同犯罪的被告人，甲的犯罪事实和乙的犯罪事实是两个事实，是相互独立的。因而，在认定甲的犯罪时，乙的陈述是证人证言（在例二中是被害人陈述），在认定乙的犯罪时亦然。这样，认定甲和乙的犯罪都不

① 最高人民检察院办公厅编:《中华人民共和国新刑法实务全书》，红旗出版社1997年版，第91页。

是仅凭被告人供述，并不违反补强证据规则。

（四）共同犯罪的非同案被告人的口供

所谓共同犯罪的非同案被告人，就是一个共同犯罪案件，对共同犯罪人不同案审理，而是分别审理。这里再举例以便于说明：

甲、乙、丙三人共同拦路抢劫杀人，侦查机关在破案时能够证明该案是甲、乙、丙三人所为的证据只有甲、乙、丙三人的供述。为了避开仅凭口供不能定案的规则，公诉机关决定先起诉甲、乙二人，对丙另案处理。法院在审理甲、乙抢劫案时，丙出庭提供陈述，证明该案是他们三人所为，甲、乙也表示承认。那么，能否根据这三人的陈述（供述）认定甲、乙二人的抢劫罪呢？

笔者认为，这种情况与同案审理的共同犯罪的被告人的供述情形是一样的，不能仅凭这三人的口供定案，理由也是完全一样的。而且，如果允许根据不同案审理的共同被告人的陈述定案，那么仅凭口供不能定案的规则就非常容易规避，检察机关只要分开起诉就可以了。

另外，笔者认为，不仅分案处理的共同犯罪的被告人的供述不能成为被审理的被告人供述的补强证据，即使是得到起诉豁免的被告人的供述也不能成为补强证据。例如，在上例中，检察官为了获得丙的陈述，对共同犯罪的被告人进行各个击破，先向丙许诺日后将不起诉，再起诉甲、乙二人，在审理时甲、乙进行了供述，丙又出庭提供了陈述，虽然丙已经不再是被告人了，他的陈述仍然不能成为补强证据。因为这同样存在嫁祸于人的危险，可能导致事实认定的错误。丙可能仅仅因为急于脱身而提供陈述，而甲、乙又基于其他考虑而承认有罪。

三、我国刑事诉讼中的其他需要补强的证据

英美法、日本法和我国台湾地区“刑事诉讼法”中的补强证据规则都只适用于言词证据，而不适用于其他证据。其理由大概有两点：第一，只有言词证据才可能包含案件事实已经发生和是何人所为这两个方面的信息，才有可能仅依据这一证据定案。而其他种类的证据一般无法同时包括以上两个方面的信息，因而不必强调。第二，言词证据经过了人脑的加工，有不真实的可能性，即使证人不是有意提供虚假陈述，其观察、记忆、陈述也可能有偏差；如果证人有意提供虚假陈述，那么其陈述就完全是虚假的。而其他种类的证据可靠性较强，失真、伪造的可能性较小，因而不要求补强。

除了上面探讨的我国刑事诉讼中对被告人的供述要求补强以外，最高人民法

院的司法解释中还规定了其他需要补强的证据。《高法解释》第143条规定，有两类证据应当慎重使用，有其他证据印证的，才可以采信。法律要求事实审理者在衡量这种证据的证明力时，需要十分谨慎。一是认知、表达缺陷的言词证据，生理上、精神上有缺陷，对案件事实的认知和表达存在一定困难，但尚未丧失正确认知、表达能力的被害人、证人和被告人所作的陈述、证言和供述。二是证人有偏见的证言，与被告人有亲属关系或者其他密切关系的证人所作的有利被告人的证言，或者与被告人有利害冲突的证人所作的不利被告人的证言。

从以上论述可以看出，我国诉讼中的补强证据规则也适用于供述证据以外的证据，其范围，比英美法、日本法、我国台湾地区“刑事诉讼法”的范围要大。这是对审判实践经验的总结，对指导审判实践、防止实体上的认定错误将起到相当的作用。

第五节　疑罪从无规则

一、疑罪从无与无罪推定

所谓疑罪，是指嫌疑人、被告人是否犯罪，即无法证实其有也无法证实其无。我国《唐律疏议》关于疑罪的疏议中说：“疑，谓虚实之证等，是非之理均；或事涉疑似，旁无见证；或旁有闻证，事非疑似之类。”所谓疑罪从无，是在案件用以证明被告人有罪的证据不足，对于被告人犯罪既不能证实也不能证伪时作有利于被告人的处理的原则。一般认为，疑罪从无是无罪推定原则的基本要求。无罪推定原则要求提出证据证明被告人有罪的责任由控诉一方承担，控诉一方履行证明责任必须达到案件事实清楚、证据确实充分或者不存在合理怀疑的程度，若不能证明被告人有罪或证明达不到法律的要求，则应判定被告人无罪，即疑案作有利于被告的处理。[①]

无罪推定，是联合国在刑事司法领域制定和推行的最低限度标准之一。1948年12月10日联合国大会通过的《世界人权宣言》首次在联合国文件中确认无罪推定原则，该宣言第11条第1款规定：“凡受刑事控告者，在未经获得辩护上所

① 陈光中、[加]丹尼尔·普瑞方廷主编：《联合国刑事司法准则与中国刑事法制》，法律出版社1998年版，第102页。

需的一切保证的公开审判而依法证实有罪以前，有权被视为无罪。”[①]1966年12月16日联合国大会通过的《公民权利和政治权利国际公约》第14条第2款规定：“凡受刑事控告者，在未依法证实有罪之前，应有权被视为无罪。”[②]

作为一项联合国确认的刑事司法标准，无罪推定在世界范围内得到普遍尊重和贯彻。[③]而作为无罪推定原则的组成部分，疑罪从无也是各国普遍贯彻的原则。意大利刑事诉讼法第530条第2款明确规定：“当没有证据证明有关事实成立、被告人实施了行为、行为构成犯罪或行为是由可归责的人实施的时，或者当上述证据不充分或相互矛盾时，法官也宣告无罪判决。”[④]日本刑事诉讼法第336条规定：“被告案件不构成犯罪时，或者被告案件没有犯罪的证明时，应当以判决宣告无罪。”[⑤]俄罗斯联邦刑事诉讼法典第309条规定：“在下列情形下应当作出宣告无罪的刑事判决：……（3）受审人参加犯罪没有得到证实。”[⑥]奥地利刑事诉讼法典第259条规定：“法庭认为不能证明被告犯有应由其负责的行为，由法院宣告无罪。”我国台湾地区“刑事诉讼法”第301条也规定：“不能证明被告犯罪或其行为不罚者，应谕知无罪之判决。”[⑦]

之所以在刑事诉讼中要实行疑罪从无规则，是由控辩双方的力量对比和保护被告人的权利决定的。刑事诉讼的一方是代表国家行使刑事起诉权的检察机关，另一方是处于被指控地位的公民个人。代表国家的侦查、调查和检察机关有庞大的机关、先进的设备、充足的经费以及采取强制性措施的权力等，在与个人的力量进行对比时显然处于优势地位。为了保护被告人的权利，防止冤枉无辜，法律赋予了被告人一系列权利以与国家一方相抗衡，提供证据证明被告人有罪的责任由控方承担和罪疑有利于被告就是其中重要的方面。这样，被告人才有可能与控诉一方相对抗，使控辩双方能够真正对抗，以实现司法公正。

---

① 陈光中主编：《刑事诉讼法［修正］实务全书》，中国检察出版社1997年版，第572页。

② 该条的英文版本的表述是：“Everyone charged with a criminal offence shall have the right to be presumed innocent until proved guilty according to law.”

③ 详见陈光中、［加］丹尼尔·普瑞方廷主编：《联合国刑事司法准则与中国刑事法制》，法律出版社1998年版，第101页。

④ 《意大利刑事诉讼法典》，黄风译，中国政法大学出版社1994年版，第187页。

⑤ 《日本刑事诉讼法》，宋英辉译，中国政法大学出版社2000年版。

⑥ 《俄罗斯联邦刑事诉讼法典》，苏方遒等译，中国政法大学出版社1999年版，第176页。

⑦ 陈光中、严端主编：《中华人民共和国刑事诉讼法修改建议稿与论证》，中国方正出版社1995年版，第174页。

二、我国刑事诉讼中的疑罪从无规则

1996年修改的刑事诉讼法采纳了疑罪从无的规则，在刑事诉讼法中增加规定了疑罪的不起诉和疑罪的无罪，并在后面的几次修正中得到了沿袭。在起诉阶段如果发生疑罪的情况，第175条第4款规定："对于二次补充侦查的案件，人民检察院仍然认为证据不足，不符合起诉条件的，应当作出不起诉的决定。"不起诉在法律后果上是无罪的，也即证据不足，在起诉阶段应当以不起诉的形式作无罪处理。在审判阶段如果发现疑罪，《刑事诉讼法》第200条第3项规定：合议庭根据已经查明的事实、证据和有关的法律规定，对"证据不足，不能认定被告人有罪的，应当作出证据不足、指控的犯罪不能成立的无罪判决"。

（一）疑罪从无的贯彻

根据上述规定，我国已经采纳了疑罪从无的规则，在司法实践中，如果遇到疑罪的情况，应当作无罪处理，如果是在起诉阶段，就作出不起诉决定；如果是在审判阶段，就应当作出无罪判决。

对于疑罪从无规则的具体实施问题，有两个实际困难。一是检法两家的责任承担问题。对于检察院而言，提起公诉意味着认为证据确实充分，如果法院判处无罪，检察院就算办了一件错案，要对批捕的人进行国家赔偿，办理案件的检察院在上级检察机关的考核中会被严重扣分，影响承办的检察人员和检察院领导的业务评价和职业前途。因此，法院作出这种判决要承担一定的压力，需要检法两家互相理解和配合。

二是来自被害人一方以及社会舆论的压力。一件严重犯罪会破坏人民群众的安全感，特别是被害人需要在情绪上得到修复。公安机关突破艰难险阻破了案，检察院也认为犯罪事实确实是被告人实施的，一旦法院宣告"证据不足的无罪"，意味着没有人对确已发生的犯罪负责，也没有人为被害人赔偿，而且有罪者依然逍遥法外。人民群众的安全感也无法得到恢复。这时，被害人过激行为就有可能发生，而被害人不满所针对的机关必然是法院——公安和检察院都认定了是被告人干的，怎么法院就不认定？法院认为不是被告人，那么法院你来告诉我到底是谁干的？所以，法院息诉止访的压力就会非常大。

因此，虽然法律明确规定了疑罪从无规则，在贯彻时仍应考虑上面两个因素。在考虑法律效果的同时也要考虑社会效果，一方面与检察院、被害人充分沟通、释法说理；另一方面也要尽最大努力查清事实，使判决认定的事实与实际发生的事实相符，不能轻易地对已经公诉的案件作出证据不足的无罪。

（二）判断疑罪的具体标准

对于什么样的案件属于疑案的情况，简单地说，就是控方提出的证据达不到定案时的证明标准，即达不到客观真实的程度。根据《高法解释》的相关规定，在审判实务中主要表现在以下几个方面：

第一，据以指控的某个或某些证据不真实、不可靠。对于证人证言而言，首先是证人的感知记忆能力，例如视力或者听力、光线、天气、环境、证人当时的体力和精力状态、感知时间和提供证言时间的间隔等，都会影响证人证言的可靠性。其次是证人作证的动机，包括是否有仇怨、是否有偏见等。对于鉴定意见，则要考虑鉴定人的经验、所依靠的科学原理的可靠程度、检材的数量和质量、检材提取和保存过程等因素。实物证据则需要考虑该实物是否是控方所声称的那个物品，以及物品的保管过程等因素。

第二，证据之间存在无法排除的矛盾和无法解释的疑问。在全案证据的综合审查过程中，如果某一证据证明实施犯罪的是某甲，但另一证据证明某甲没有作案时间，在两项证据都无法否定的情况下就出现了矛盾。

第三，作为犯罪构成的某个要件或几个要件的案件事实没有必要的证据加以证明。排除合理怀疑地证明某人有罪，需要对犯罪构成的每一个要素都证明到这个程度。例如有的犯罪要求"明知"，有的犯罪要求"以营利为目的"，有的犯罪要求"情节严重"，有的犯罪要求"曾受过行政处罚"，有的犯罪要求"国家机关工作人员"身份。对于这些要素，都要有相应的证据加以证明。如果缺乏这方面的证据，就不能认为控方完成了证明责任。但是，对被告人是否精神正常，公诉方没有举证责任，在法律上应当推定所有的人精神都是正常的，如果辩护方做精神不正常的辩护，则应当提出证据证明。换句话说，一个案件中控诉方没有证明被告人精神正常，不应当视为证据不足。但一旦辩护方提出精神不正常的辩护，控诉方就有责任举证进行反驳，其反驳证据必须达到确实、充分的标准。

第四，根据全案证据无法得出唯一性结论。要想认定有罪，需要根据证据认定案件事实足以排除合理怀疑，结论具有唯一性。如果案件中的证据可以得出多种可能性，那么就不能认为控方完成了证明责任。

第五，运用证据进行的推理违背逻辑和经验。案件事实的认定，需要事实审理者根据在案证据进行盖然推理，这种推理不能违背形式逻辑，也不能违背事实审理者的经验。如果一项结论与逻辑或者经验不相符合，则该结论可能就是错误的。

附录　刑事证据规则的立法建议

第一章　一般规定

第一条　证据的定义

控辩双方提出的证明本方主张的材料，都是证据。

第二条　定案根据

证据成为定案根据应当符合以下条件：

（一）具有相关性；

（二）具有可采性；

（三）经过法庭审理的充分调查，控辩双方已经对证据充分发表意见。

第三条　证据种类

证据有下列八种：

（一）物证；

（二）书证；

（三）证人证言；

（四）被害人陈述；

（五）犯罪嫌疑人、被告人供述和辩解；

（六）鉴定意见；

（七）勘验、检查、辨认、侦查实验等笔录；

（八）视听资料、电子数据。

第二章　取证规则

第一节　有罪证据由控方收集的规则

第四条　举证责任的一般规定

证明被告人有罪的责任由控诉方承担，否则其指控不能成立。

第五条　被告人的举证责任

被告人不负证明自己无罪的责任。但是，如果被告人提出精神不正常、正当防卫、紧急避险、基于合法授权或存在合法理由的辩护，以及提出不在现场的证明，应当提出证据加以证明。对于法律规定由被告人承担举证责任的，被告人负有举证责任。

第六条　公诉案件中收集有罪证据的责任

公诉案件中有罪证据的收集由侦查机关或者调查机关进行。侦查机关、调查机关的分工和措施依照刑事诉讼法、监察法的规定来确定。

第七条　自诉案件中收集有罪证据的责任

自诉案件中有罪证据的收集由自诉人进行。

第八条　人民法院不负收集有罪证据的责任

人民法院对控方或者辩方已经提出的证据的真实性有权进行核实，但没有主动收集有罪证据的责任。

第二节　辩方有权取证的规则

第九条　律师的取证权

自被委托为辩护人、诉讼代理人之时起，律师享有调查收集对犯罪嫌疑人、被告人有利的证据的权利。

第十条　律师取证应经被调查人同意

辩护律师经证人同意或者其他有关单位和个人同意，可以向他们收集与本案有关的材料。

第十一条　被取证人不同意的处理

辩护律师向证人或者其他有关单位和个人收集、调取与本案有关的材料，因证人、有关单位和个人不同意，申请人民法院收集、调取，人民法院认为有必要的，应当同意。辩护律师也可以直接申请人民法院收集、调取证据，人民法院认为辩护律师不宜或不能向证人或者其他有关单位和个人收集、调取，并有必要的，应当同意。

对于不必要的证据，人民法院可以不同意收集、调取。

人民法院的决定是终局决定。

第十二条　对被害人的取证

辩护律师向被害人或者其近亲属、被害人提供的证人收集证据时，事先应当经过人民检察院或者人民法院的许可，其取证程序与一般证人相同。

第三节　不被强迫自证其罪的规则

第十三条　被追诉人不被强迫自证其罪的特权

被追诉人不得被强迫作不利于本人的陈述。

第十四条　如实回答和接受讯问义务

犯罪嫌疑人对于侦查人员的提问，应当如实回答。但是对与本案无关的问题，有拒绝回答的权利。

犯罪嫌疑人在侦查期间，有接受讯问的义务。

第十五条　供述的自愿性

犯罪嫌疑人作出供述后，应当对供述的自愿性进行核实。犯罪嫌疑人应当在了解供述的后果、意志自由的情况下作出有罪供述。

第十六条　如实供述的后果

犯罪嫌疑人、被告人自愿进行供述的，在对其进行量刑时，应当在法律规定的量刑幅度内从轻处罚。

第十七条　讯问录音录像

侦查人员在讯问犯罪嫌疑人的时候，可以对讯问过程进行录音或者录像；对于可能判处无期徒刑、死刑的案件或者其他重大犯罪案件，应当对讯问过程进行录音或者录像。

录音或者录像应当全程进行，保持完整性。

第四节　证人必须履行作证义务规则

第十八条　证人的概念

证人是依照法院的通知，在审判中作陈述的人。

广义的证人还包括犯罪嫌疑人、被告人、被害人、鉴定人、有专门知识的人、侦查人员、调查人员等。

在侦查、起诉阶段提供陈述的人，参照适用审判阶段证人的有关规定。

第十九条　侦查人员、调查人员出庭作证

侦查人员、调查人员应当在以下几种情形下以证人身份出庭提供证言：

（一）在现场目击犯罪事实的发生，或者当场抓获犯罪人的情况。

（二）实施勘验、检查、搜查、扣押等活动，应当在庭审时就勘验、检查、搜查、扣押等活动的进行过程提供证言，以便于当庭核实这些笔录的真实性。

（三）当辩方对证据的合法性提出异议时，侦查人员或者调查人员应当出庭提供证言，以证实非法取证行为的不存在。

第二十条　证人资格

生理上、精神上有缺陷或者年幼，不能辨别是非、不能正确表达的人，不能作为证人。

证人应当是自然人，单位不能成为证人。

第二十一条　证人拒证的法律后果

经人民法院通知，证人没有正当理由不出庭作证的，人民法院可以强制其到庭。

证人没有正当理由拒绝出庭或者出庭后拒绝作证的，予以训诫，情节严重的，经院长批准，处以十日以下的拘留。被处罚人对拘留决定不服的，可以向上一级人民法院申请复议。复议期间不停止执行。

第二十二条　有权决定的机关

对证人的司法处分只有人民法院才有权作出。

第二十三条　证人保护

人民法院、人民检察院和公安机关应当保障证人及其近亲属的安全。对证人及其近亲属进行威胁、侮辱、殴打或者打击报复，构成犯罪的，依法追究刑事责任；尚不够刑事处罚的，依法给予治安管理处罚。

对于危害国家安全犯罪、恐怖活动犯罪、黑社会性质的组织犯罪、毒品犯罪等案件，证人、鉴定人、被害人因在诉讼中作证，本人或者其近亲属的人身安全面临危险的，人民法院、人民检察院和公安机关应当采取以下一项或者多项保护措施：

（一）不公开真实姓名、住址和工作单位等个人信息；

（二）采取不暴露外貌、真实声音等出庭作证措施；

（三）禁止特定的人员接触证人、鉴定人、被害人及其近亲属；

（四）对人身和住宅采取专门性保护措施；

（五）其他必要的保护措施。

证人、鉴定人、被害人认为因在诉讼中作证，本人或者其近亲属的人身安全面临危险的，可以向人民法院、人民检察院、公安机关请求予以保护。

人民法院、人民检察院、公安机关依法采取保护措施，有关单位和个人应当配合。

第二十四条　证人经济补偿

证人因履行作证义务而支出的交通、住宿、就餐等费用，应当给予补助。证人作证的补助列入司法机关业务经费，由同级政府财政予以保障。

有工作单位的证人作证，所在单位不得克扣或者变相克扣其工资、奖金及其他福利待遇。

第二十五条 证人不被强迫自证其罪特权

证人的回答如果可能会导致针对他的刑事指控，不得强迫证人回答有关提问。

第二十六条 配偶、近亲属的特权

被告人的配偶、父母、子女，不适用有关强制到庭和司法拘留的规定。

第二十七条 基于职业秘密的特权

辩护律师对在执业活动中知悉的委托人的有关情况和信息，有权予以保密。

医生对在执业活动中被信赖告知或者知悉的事项中的个人隐私，有权予以保密。

第二十八条 基于公务秘密的特权

国家领导人在履行职务过程中知悉的国家秘密，有权予以保密。

如果要求上述人员提供的证据是与旨在推翻现政权的犯罪有关的事实、情报或文件，则不得以公务秘密为由拒绝作证。

第五节 令状主义规则

第二十九条 令状主义

侦查或者调查机关在对公民采取侵犯其人身、财产和隐私权利的行为之前，应当获得由法官签发的令状。

第三十条 令状主义的范围

要求令状的侦查或者调查机关的强制行为包括：侦查措施，即强制检查人身、搜查、扣押；强制措施，即拘传、取保候审、监视居住、拘留和逮捕；留置；各种技术侦查或者调查手段，包括窃听、电话窃听、秘密搜查、秘密提取物证、邮检、秘密录音录像；等等。

第三十一条 签发令状的法官

令状应当由侦查或者调查机关所在地的基层人民法院内部设立的独立的令状审查庭中的法官签发。

第三十二条 签发令状的证据标准

对拘留、逮捕令状的签发，依刑事诉讼法的规定。

强制检查人身、搜查、扣押和采取技术侦查手段令状的签发，应当有充分的证据表明犯罪嫌疑人有犯罪嫌疑。

对留置和调查行为令状的签发，依监察法的规定。

第三十三条 禁止普遍令状

法官在签发令状的时候，必须在令状中载明要拘捕的人、要搜查的地点或人身、要强制检查的人、要扣押的物证或书证等，以及有效期限，禁止签发普遍使用的一般性令状。

第三十四条 令状主义的例外

侦查或者调查人员在确实情况紧急，来不及申请签发令状的情况下，可以先实施该强制手段，在3日内请求法院加以确认。如果法院不予确认，则取得的证据不具有可采性。

第三章 采证规则

第一节 传闻证据规则

第三十五条 传闻证据规则

证人证言必须在法庭上经过公诉人、被害人和被告人、辩护人双方询问、质证，听取各方证人的证言并且经过查实以后，才能作为定案的根据。

证人不出庭提供证言的，其在审判外提供的陈述不具有可采性。

本条规定适用于广义证人。

第三十六条 侦查或者调查机关的笔录

侦查或者调查机关制作的勘验、检查笔录，应当由制作人出庭提供证言，就制作过程提供陈述并接受辩方的反询问。仅提供书面笔录的，不具有可采性。

如果该项笔录在先前的诉讼程序中已经经过辩方的反询问，可以作为例外采纳。

第三十七条 证人出庭的例外

证人的书面陈述在以下几种情况下可以作为例外采纳为证据：

（一）证人已死亡或在海外；

（二）控辩双方同意将该书面陈述作为证据；

（三）证人在先前的诉讼程序中的证言笔录，而且该笔录记载的争议之点与当前争议之点一致，控辩双方已行使过反询问的权利；

（四）当证人在法庭上的陈述与先前陈述不一致时，其先前陈述可以用来质疑法庭上陈述的可信性。

第三十八条 鉴定人出庭的例外

鉴定人法庭外的鉴定意见不具有可采性，鉴定人出庭的要求的例外情形是：

（一）控辩双方同意将鉴定人的法庭外陈述作为证据；

（二）鉴定人已在前一程序经过控辩双方的反询问。

第三十九条 被告人的法庭外陈述

犯罪嫌疑人、被告人的法庭外陈述，犯罪嫌疑人、被告人完全自愿、清楚陈述的后果的，具有可采性。当被告人在法庭上的陈述与以前的陈述不一致时，其符合以上条件的法庭外陈述可以用来质疑他这一陈述。

第四十条 经过转述的陈述

证人、被害人、犯罪嫌疑人、被告人在法庭外向警察、检察官以外的人的陈述，而由转述者向警察、检察官或法庭陈述，不具有可采性。

如果原陈述者已经死亡或者在海外，并且必须有特别可信的情况证据支持其转述的可信性，同时转述的环节较少的，可以作为例外采纳为证据。

对于道听途说、报纸报道等信息，不具有可采性。

第二节 最佳证据规则

第四十一条 最佳证据规则

文书证据应当提供原件，非原件的文书证据不具有可采性。

第四十二条 最佳证据规则的例外

具有以下情形的，可以不提出原件必须能够同时证明：

（一）证明原件在某个时候曾确实存在；

（二）证明原件是真实的；

（三）提出不能提供原件的合法理由。

第四十三条 不能提供原件的理由

不能提供原件的合法理由包括：

（一）提供第二手证据的一方将该文书原件丢失，并且经过努力寻找而没能找到。

（二）该文书原件被提供第二手证据的一方（在态度诚实的前提下）毁坏了。

（三）该文书原件被提出者的对方掌握，且尽管提议者要求，对方仍未提供该文书原件。

（四）文书原件在某个第三者手中，且尽管由提议者为获取原件作出合理的努力，仍然不能从他处获得文书原件。

（五）提供大量而笨重的文书存在实际的不便，这种情况下可以采用文书的节录本，但对方当事人必须能够对原件进行查核。

第四十四条 复制品的可采性

提出文书证据的复制品的，提出一方必须提供原件与之进行对照，两者一致后才可以采纳。如果无法提出原件，按照最佳证据规则的例外条件来确定其是否可采。

第三节　意见证据规则

第四十五条　普通证人的意见证据

证人可以就他所经历的事实进行推测的事项提供证言。如果证人依据其体验的事实提供的意见，或推测的事项与体验的事实难以划分开来，而且必须混合起来才能发现事实真相，又不能够代替的，其意见证据具有可采性。

证人除前款规定以外的意见或推测，不具有可采性。

第四十六条　鉴定人的意见证据

鉴定人可以对鉴定事项提供意见证据。

第四十七条　辩护方自行委托鉴定人

辩护方有权自行委托鉴定人。辩护方自行委托鉴定人的，应当在开庭前向法庭提供该鉴定人姓名和鉴定事项，如果法院通知该鉴定人出庭，则该鉴定人负有同证人一样的权利和义务，包括必须出庭、必须如实提供陈述、有权受到国家支付的经济补偿等。

如果法院没有通知该鉴定人出庭，辩方可以申请法院通知。此种情形下的被告方自行委托的鉴定人，出庭所花费的法定标准的旅费、误工费等由被告人补偿。

第四节　非法证据排除规则

第四十八条　非法取得的犯罪嫌疑人、被告人的口供

采用刑讯逼供和以威胁、非法拘禁等方法取得的被告人的供述，不具有可采性。

第四十九条　非法获得的证人证言、被害人陈述

以暴力取证或者威胁、非法拘禁等方法取得的证人证言、被害人陈述，不具有可采性。

第五十条　非法搜查、扣押取得的实物证据

违反令状主义规则搜查、扣押取得的证据，不具有可采性。

前款情形，控方事后补了令状或者证实确实有情况紧急来不及申请的事由的，该证据具有可采性。

第五十一条　毒树之果

由非法获得的证据引出的其他证据可以采纳。

第五十二条　技术侦查措施获得的证据

技术侦查措施的种类、决定权限、实施方法、使用范围应当严格按照刑事诉

讼法的规定进行。技术侦查措施只适用于危害国家安全案件、毒品案件、黑社会犯罪、恐怖案件等。

技术侦查措施应当事先获得法官签发的令状。如果情况紧急，检察官也应当有权决定，但必须在48小时或者3日内得到法官的认可。如果技术侦查措施事先没有得到法官的决定，或者检察官的决定没有得到法官的认可，则获得的证据不具有可采性。

技术调查措施参照前两款规定执行。

第五十三条 私人不正当获得的证据

公民私自通过不正当途径获得的证据具有可采性。但是，如果侦查或者调查人员介入该非法取证活动，该项证据应当排除。

第五十四条 侦查或者调查陷阱获得的证据

侦查或者调查人员的侦查陷阱本身具有引诱或鼓励犯罪的性质，所获得的证据不具有可采性。

但是，如果侦查或者调查人员的陷阱本身仅仅提供了一种犯罪的机会，所获得的证据可以采纳。

第五节 相关性规则

第五十五条 相关性的要求

没有相关性的证据，不具有可采性。除了法律明确规定没有相关性的证据外，其他证据的相关性问题，由法庭根据具体的争议点进行判断。

第五十六条 品格证据

品格证据没有相关性。但是，品格证据可以用来质疑提出陈述者的可信性。当被告人提出自己品格优良时，公诉方可以进行反驳。

第五十七条 其他犯罪或特定恶劣行为的证据

其他犯罪或特定恶劣行为的证据没有相关性。但是，如果出于证明某种特定行为方式的目的，具有可采性。

第四章 查证规则

第一节 辩方有权在庭前了解控方的证据

第五十八条 辩护人庭前阅卷权

自案件移送审查起诉之日起，辩护人有权查阅、复制、摘抄全部案卷材料。

第五十九条 辩护方向控诉方展示证据的范围

辩护人收集的有关犯罪嫌疑人不在犯罪现场、未达到刑事责任年龄、属于依法不负刑事责任的精神病人的证据，应当及时告知公安机关、人民检察院。

第六十条 违反证据展示义务的处理

公诉人申请出示开庭前未移送或者提交人民法院的证据，辩护方提出异议的，审判长应当要求公诉人说明理由；理由成立并确有出示必要的，应当准许。

辩护方提出需要对新的证据做辩护准备的，法庭可以宣布休庭，并确定准备辩护的时间。

辩护方申请出示开庭前未提交的证据，参照适用前两款规定。

第二节 控辩双方提出证据须经声请

第六十一条 证据由控辩双方提出

在法庭上提出证据，由控辩双方进行。

第六十二条 提出证据须经声请

控辩双方申请证人出庭作证，出示证据，应当说明证据的名称、来源和拟证明的事实。法庭认为有必要的，应当准许；对方提出异议，认为有关证据与案件无关或者明显重复、不必要，法庭经审查异议成立的，可以不予准许。

第六十三条 人民法院依职权通知证人

为查明案件事实、调查核实证据，人民法院可以依职权通知证人、鉴定人、有专门知识的人、调查人员、侦查人员或者其他人员出庭。

人民法院通知有关人员出庭的，可以要求控辩双方予以协助。

第三节 反询问规则

第六十四条 证人必须出庭

证人应当出庭当庭提供证言，并接受控辩双方的主询问和反询问，否则不具有可采性。

第六十五条 证人宣誓

证人出庭的，法庭应当核实其身份、与当事人以及本案的关系，并告知其有关权利义务和法律责任。证人应当保证向法庭如实提供证言，并在保证书上签名。

第六十六条 鉴定人宣誓

鉴定人说明鉴定意见前，应当在如实说明鉴定意见的保证书上签名。

第六十七条 被害人宣誓

被害人陈述前，应当在如实陈述的保证书上签名。

第六十八条 放弃特权的人宣誓

被告人的配偶、近亲属放弃特权而提供证言的，应当同普通的证人一样在作证前宣誓。

当被告人放弃拒绝作证权要求提供陈述时，不能提供宣誓陈述。

第六十九条 不能放弃特权的情形

基于职业秘密的特权和公务秘密的特权而有权拒绝作证权的，不允许放弃特权提供陈述。

第七十条 伪证罪

伪证罪应当以宣誓为构成要件。

第七十一条 记录人、翻译人的宣誓

记录人、翻译人在记录、翻译前，应当在如实记录、翻译的保证书上签名。

第七十二条 侦查、起诉阶段不要求宣誓

在侦查、起诉阶段提供陈述的人，不需要宣誓。

第七十三条 未宣誓的后果

没有经过法庭宣誓的证言不具有可采性。

第七十四条 宣誓义务的免除

以下几种情形是证人宣誓义务的例外：

（一）证人是未成年人；

（二）被告人提供陈述；

（三）符合传闻证据规则的例外的情形，即证人可以不出庭，按照法律规定其书面陈述或其他法庭外陈述可以采纳的，则证言可以采纳。

第七十五条 对证人、鉴定人主询问和反询问的顺序

向证人、鉴定人发问，应当先由提请传唤的一方进行。

提请传唤的一方发问完毕后，对方经审判长准许，也可以发问。

审判人员认为有必要时，可以询问证人、鉴定人。

第七十六条 对被害人询问的顺序

被害人在出庭提供证明案件争议事实的陈述时，应当由控方首先进行询问，然后由辩方询问，审判人员也可以依职权询问被害人。

第七十七条 对被告人询问的顺序

被告人可以选择是否进行陈述。被告人选择不进行陈述的，不能对他进行询问。

如果被告人选择当庭提供陈述，应当由辩护方进行主询问，然后再由控方进行反询问。审判人员可以询问被告人。

第七十八条　主询问和反询问的方法

询问证人，包括对被告人、被害人、附带民事诉讼原告人和被告人、鉴定人的发问或者询问，应当遵循以下规则：

（一）发问的内容应当与案件的事实相关；

（二）不得以诱导方式提问；

（三）不得威胁证人；

（四）不得损害证人的人格尊严；

（五）询问证人应当分别进行；

（六）证人、鉴定人不得旁听对本案的审理。

第七十九条　反对诱导性问题的例外

在下列情况下，可以对证人等提出诱导性问题：

（一）在对对方证人进行反询问时；

（二）在涉及与案件核心问题无直接关系的预备性或入门性事务时；

（三）诱导性问题可以用于从一个查询领域到另一查询领域的转换或连接；

（四）当证人在主询问中做出意外回答时，律师可以使用诱导性问题；

（五）在对理解能力有限的证人进行直接盘问时，包括未成年人、智力低下的成年人、使用汉语表达有障碍的人；

（六）对于那些其记忆已经竭尽但显然还掌握有额外的相关性信息的证人可以提出诱导性问题。

第八十条　证人可靠性的质疑

对证人的质疑可以在下列方面进行：

（一）偏见、成见。那些揭示出某证人具有可能导致其编造或歪曲事实的偏见或成见的问题可以用来抨击该证人的可靠性。

（二）以前的自相矛盾的陈述。证人可以受到证明他或她以前在法庭之外所作陈述与其在审判中对直接询问的回答不相一致的质疑。

（三）犯罪前科与劣迹。

第八十一条　对询问方法的异议

在对被告人、被害人和附带民事诉讼原告人、被告人的询问的过程中，控辩双方认为对方发问的内容与本案无关或者发问的方式不当并提出异议的，审判长应当判明情况予以支持或者驳回。

对证人、鉴定人、专家辅助人、侦查人员、调查人员的询问适用前款规定。

第八十二条　异议提出的时间

异议应当在控方或辩方发问之后、证人回答之前提出，如果证人回答过快以至于来不及提出，可以尽快提出。证人已经提供完证言并已经退庭之后再提出异议的，即使对方发问不当，异议也没有效力。

第八十三条 异议应当说明理由

控辩双方在提出异议时应当明确提出异议的理由，以便于法官依法进行裁决。

第八十四条 对异议的支持或者驳回

法官支持或驳回异议，应当在法庭上以口头决定的形式作出，说明其决定的理由，并记明于庭审笔录。

控辩双方针对本条规定的决定不允许上诉。但是，控辩双方可以在针对一审判决的上诉或者抗诉时提出对某一决定的不服，第二审法院可以根据笔录来审查一审法官的决定是否合法，如果一审法官的决定是错误的并且会影响审判的公正，二审法院可以以一审程序违法为由将案件发回重审。

第八十五条 法官支持异议的后果

如果控辩双方的异议得到法官支持，则证人不必回答受到异议的问题。如果因为证人回答太快，异议是在证人回答后才提出的，应当在审判笔录中将这个回答删除，提问的一方以后不能根据该回答进行辩论，事实审理者在评议时也不能将该回答作为定案的根据。

第八十六条 法官一般不主动干预

对提问方式的异议权应当交由控辩双方来行使，法官只能在控辩双方异议的基础上，作出异议成立或者异议不成立的裁断。但是，在必要的时候，法官可以依职权制止不当的发问。

第四节 法庭当庭认证规则

第八十七条 证据必须经过法庭调查

对公诉人、当事人及其法定代理人、辩护人、诉讼代理人补充的和审判人员庭外调查核实取得的证据，应当经过当庭质证才能作为定案的根据。但是，对不影响定罪量刑的非关键证据、有利于被告人的量刑证据以及认定被告人有犯罪前科的裁判文书等证据，经庭外征求意见，控辩双方没有异议的除外。

第八十八条 法庭对证据可采性可以当庭决定

对于证据是否允许提出、是否具有可采性的问题，法官可以当庭决定。

第八十九条 事实审理者对证据的证明力不必当庭认证

对于证据的证明力问题，应当由事实审理者结合全案证据，经过合议，才能确定其证明力。

第九十条　证据移送法庭

当庭出示的证据，尚未移送人民法院的，应当在质证后当庭移交。

第五节　司法认知和推定

第九十一条　法院对事实的司法认知

法院对下列事实，可以不根据证据而直接认定事实：

（一）为一般人共同知晓的常识性事实；

（二）自然规律或者定律。

第九十二条　法院对法律的司法认知

法律、法规的内容以及适用等属于审判人员履行职务所应当知晓的事实，控辩双方不需提供证据加以证明。

第九十三条　无罪推定

任何人未经人民法院依法判决有罪之前，都应当推定无罪。

第九十四条　了解法律的推定

推定任何居住在我国领域内或者进入我国的人都了解我国法律的规定，即明知什么样的行为构成犯罪和应受刑罚制裁。控诉方没有必要证明行为人了解法律的规定。此项推定为不可反驳的法律推定，辩护方不能以不知道法律规定作为辩护理由。

第九十五条　排除违法性及可罚性的事由不存在的推定

证明有相当于构成犯罪事实存在的，推定其有违法性及可罚性，控诉方不需要证明排除违法性和可罚性的事由不存在。此项推定是可反驳的事实推定，辩护方主张排除违法性和可罚性的事由存在时，需要提出证据加以证明。

第九十六条　身体及精神健全的推定

推定任何人在身体上是正常的，控诉方没有必要证明被告人不是盲、聋、哑人。推定任何人在精神上都是正常的，控诉方没有必要证明被告人精神是正常的。此项推定也是可反驳的事实推定，辩护方如果主张被告人是盲、聋、哑人或者精神不正常，应当提出证据加以证明。

第九十七条　否定自杀的推定

推定任何人的非正常死亡都不是自杀。当发生非正常死亡事件时，推定该死亡不是自杀。控诉方在证明案件事实时，没有必要证明被害人不是因为自杀而死亡。此项推定也是可反驳的事实推定。

第九十八条　知情的推定

根据某种状况、状态而推定行为人是知情的。此项推定也是可反驳的事实推定。

第九十九条 拒不提供证据推定为证据对其不利的推定

有证据证明持有证据的一方无正当理由拒不提供，如果对方主张该证据的内容不利于证据持有人，可以推定该主张成立。

第五章 认定案件事实规则

第一节 证据证明力判断规则

第一百条 因可靠性有疑问绝对不能作为定案根据的情形

（一）物证的照片、录像、复制品，不能反映原物的外形和特征的，不得作为定案的根据。

（二）对书证的更改或者更改迹象不能作出合理解释，或者书证的副本、复制件不能反映原件及其内容的，不得作为定案的根据。

（三）在勘验、检查、搜查过程中提取、扣押的物证、书证，未附笔录或者清单，不能证明物证、书证来源的，不得作为定案的根据。

（四）询问证人没有个别进行、书面证言没有经证人核对确认、询问聋哑证人没有提供通晓手势的人、询问不通晓当地通用语言文字的证人应当提供翻译人员而未提供的证人证言，不得作为定案的根据。

（五）没有经过被告人核对确认、讯问聋哑人应当提供通晓聋哑手势的人员而未提供的、讯问不通晓当地通用语言文字的被告人应当提供翻译人员而未提供、询问未成年人其法定代理人或者合适成年人不在场的讯问笔录，不得作为定案的根据。

（六）违反规定的鉴定意见不得作为定案的根据，包括：

鉴定机构不具备法定资质或者鉴定事项超过该鉴定机构的业务范围、技术条件的；鉴定人不具备法定资质，不具有相关专业技术或者职称，或者违反回避规定的；送检材料、样本来源不明，或者因污染不具备鉴定条件的；鉴定对象与送检材料、样本不一致的；鉴定程序违反规定的；鉴定过程和方法不符合相关专业的规范要求的；鉴定文书缺少签名、盖章的；鉴定意见与待证事实没有关联的；违反有关规定的其他情形。

（七）下列情形的辨认笔录不得作为定案的根据，包括：辨认不是在调查人员、侦查人员主持下进行的；辨认前使辨认人见到辨认对象的；辨认活动没有个别进行的；辨认对象没有混杂在具有类似特征的其他对象中，或者供辨认的对象数量不符合规定的；辨认中给辨认人明显暗示或者明显有指认嫌疑的；违反有关规定，不能确定辨认笔录真实性的其他情形。

（八）侦查实验的条件与事件发生时的条件有明显差异，或者存在影响实验结论科学性的其他情形的，侦查实验笔录不得作为定案的根据。

（九）系篡改、伪造或者无法确定真伪的视听资料不得作为定案的根据。

（十）下列情形的电子数据不得作为定案的根据：系篡改、伪造或者无法确定真伪的；有增加、删除、修改等情形，影响电子数据真实性的；其他无法保证电子数据真实性的情形。

（十一）证明被告人自首、坦白、立功的证据材料，没有加盖接受被告人投案、坦白、检举揭发等的单位的印章，或者接受人员没有签名的，不得作为定案的根据。

第一百零一条　因可靠性有疑问相对不能作为定案根据的情形

（一）物证、书证的来源、收集程序有疑问，不能作出合理解释的，不得作为定案的根据。物证、书证的收集程序、方式有下列瑕疵，经补正或者作出合理解释的，可以采用：

勘验、检查、搜查、提取笔录或者扣押清单上没有调查人员或者侦查人员、物品持有人、见证人签名，或者对物品的名称、特征、数量、质量等注明不详的；物证的照片、录像、复制品，书证的副本、复制件未注明与原件核对无异，无复制时间，或者无被收集、调取人签名的；物证的照片、录像、复制品，书证的副本、复制件没有制作人关于制作过程和原物、原件存放地点的说明，或者说明中无签名的；有其他瑕疵的。

（二）证人证言的收集程序、方式有下列瑕疵，不能补正或者作出合理解释的，不得作为定案的根据：

询问笔录没有填写询问人、记录人、法定代理人姓名以及询问的起止时间、地点的；询问地点不符合规定的；询问笔录没有记录告知证人有关作证的权利义务和法律责任的；询问笔录反映出在同一时段，同一询问人员询问不同证人的；询问未成年人，其法定代理人或者合适成年人不在场的。

（三）讯问笔录有下列瑕疵，不能补正或者作出合理解释的，不得作为定案的根据：

讯问笔录填写的讯问时间、讯问地点、讯问人、记录人、法定代理人等有误或存在矛盾的；讯问人没有签名的；首次讯问笔录没有记录告知被讯问人相关权利和法律规定的。

（四）勘验、检查笔录存在明显不符合法律、有关规定的情形，不能作出合理解释的，不得作为定案的根据。

（五）视听资料的制作、取得的时间、地点、方式等有疑问，不能作出合理解释的，不得作为定案的根据。

（六）电子数据的收集、提取程序有下列瑕疵，不能补正或者作出合理解释的，不得作为定案的根据：未以封存状态移送的；笔录或者清单上没有调查人员或者侦查人员、电子数据持有人、提供人、见证人签名或者盖章的；对电子数据的名称、类别、格式等注明不清的；有其他瑕疵的。

第一百零二条 隐蔽性物证印证的口供为真实

根据犯罪嫌疑人、被告人的供述、指认提取到了隐蔽性很强的物证、书证，且被告人的供述与其他证明犯罪事实发生的证据相互印证，并排除串供、逼供、诱供等可能性的，可以认定被告人有罪。

第二节 起诉的证明标准

第一百零三条 提起公诉的证明标准低于定罪标准

提起公诉的证明标准应当有足够的证据支持指控，不要求达到排除合理怀疑的程度。

第一百零四条 提起公诉时要求的证据

据以支持起诉的控诉证据已经经过查证属实，能够相互印证，相互之间没有根本性的、不能解释的、难以解决的矛盾，各种证据之间能够形成锁链。

第一百零五条 检察人员的确信

检察人员根据自己的经验和理智，从办案的整个过程中，通过真切地感受案件已有的证据，真诚地相信犯罪嫌疑人实施了拟指控的犯罪，才能作出提起公诉的决定。

第一百零六条 定罪的可能性

检察人员在充分考虑辩护证据对事实认定的影响，考虑审判过程中案情可能发生的变化，考虑现有证据经庭审举证和论证说服从而得到审判确认的可能性的大小的情况下，预测仍有较大的定罪可能性，即可以提起公诉。

第一百零七条 区别对待

对于严重犯罪，在尽量收集证据的基础上，只要检察机关建立了有根据的内心确信，并有定罪的可能，就可以据以提起公诉，在法庭审判中进一步查明和检验证据，努力使指控的事实得以证实。对社会危害较小的犯罪，如证据不是十分充足，可以转为其他方式处理而不提起公诉。

第三节　有罪判决的证明标准

第一百零八条　排除合理怀疑

法院认定被告人有罪，必须达到排除合理怀疑的程度。

第一百零九条　自由心证

对证据证明力的判断和对案件事实的认定，由事实审理者自由判断。

第一百一十条　认定案件事实的方法

事实审理者在判断证据和据以认定案件事实时应当遵守以下原则：

（一）认识资料已经穷尽。控辩双方提出的用以证明本案事实的证据都已经经过法庭调查。只有依据全部调查过了的证据资料来认定案件事实，其裁判才是合法的。如果依据全案的证据资料仍不能认定被告人有罪，则应当作出无罪判决。

（二）认识能力已经穷尽。法官应当尽其认识能力，而进行极有可能有此事实的存在的判断。

（三）判断必须合理。审判者的判断必须认定最有高度可能性存在的事实，减少误判的可能性。对事实的判断，应当根据审判法官的生活经验，包括其知识和办案经验，并且不能违背情理，或者进行不合理的推断。同时，审判法官要判断证据与事实之间是否有关联性，证据是否适合于犯罪事实的认定，而且对证据证明力的判断必须合理。

第一百一十一条　定罪的具体标准

排除合理怀疑的要求，应当理解为包括以下含义：

（一）据以定案的证据具有相关性；

（二）据以定案的证据必须具有可采性；

（三）据以定案的证据必须是控、辩双方在法庭上出示的证据，并且经过控、辩双方主询问和反询问；

（四）据以定案的证据必须具有合法性，如果对证据的合法性存在争议，提出的一方对证据的合法性承担举证责任；

（五）判决认定的犯罪事实及与量刑有关的情节均有相应的证据予以证明；

（六）证据与案件事实之间、证据与证据之间的矛盾可以以其他证据加以排除；

（七）根据控、辩双方已提出的证据，可以肯定犯罪是本案被告人所为，对被告人实施了犯罪行为达到了盖然确定性的程度；

（八）只有被告人供述，没有其他证据予以证明的，不能认定被告人有罪；

（九）当控方不承担举证责任、无法举证或举证达不到法律规定的证明标准时，法院应当做出证据不足、指控的犯罪不能成立的无罪判决。

第一百一十二条 对程序法事实的证明标准

对程序法事实的证明，适用优势证据标准。

第四节 补强证据规则

第一百一十三条 仅凭口供不能定案

只有被告人供述，没有其他证据的，不能认定被告人有罪和处以刑罚。

第一百一十四条 补强证据的来源

补强证据应当与口供出于不同的来源。审判前的讯问笔录、被告人对其他人讲述的对犯罪的承认，都不能作为口供的补强证据。

第一百一十五条 补强证据要达到的程度

补强证据应当达到能够独立地证明犯罪事实是被告人所实施的程度。

第一百一十六条 同案审理的共同犯罪的被告人的口供

同案审理的共同犯罪的被告人的口供也需要补强证据，没有补强证据，即使共犯的口供相互一致，也不能据以对被告人定罪量刑。

第一百一十七条 非共同犯罪的同案被告人的口供

非共同犯罪而同案审理的被告人，可以互为证人。当被告人之一供认有罪，而其他的被告人能够予以证实时，可以根据该被告人的口供和其他被告人的证言认定其犯罪事实，并不违反补强证据规则。

第一百一十八条 共同犯罪的非同案被告人的口供

对共同犯罪人不同案审理，而分别审理的，与同案审理的共同犯罪的被告人的供述一样，不能仅凭被告人的口供定案，而要求有补强证据。

第一百一十九条 认罪认罚的被告人的口供

共同犯罪中，一部分被告人认罪认罚，该部分被告人的口供可以成为审理中的被告人口供的补强证据。

第一百二十条 其他需要补强的证据

下列证据，不能单独作为认定案件事实的依据：

（一）未成年人所作的与其年龄和智力状况不相当的证言；

（二）与一方当事人有亲属关系的证人出具的对该当事人有利的证言；

（三）没有其他证据印证并有疑点的视听资料；

（四）无法与原件、原物核对的复印件、复制品。

第五节　疑罪从无规则

第一百二十一条　疑罪从无

对于证据不足，不足以证明被告人有罪的案件，在提起公诉阶段应当作不起诉的决定，在审判阶段应当作无罪判决。

第一百二十二条　判断疑罪的具体标准

具备下列情形之一的，应当视为证据不足：

（一）据以指控的某个或某些证据不真实、不可靠；

（二）证据之间存在无法排除的矛盾和无法解释的疑问；

（三）作为犯罪构成的某个要件或几个要件的案件事实没有必要的证据加以证明；

（四）根据全案证据无法得出唯一性结论；

（五）运用证据进行的推理违背逻辑和经验。

图书在版编目(CIP)数据

刑事诉讼证据规则研究 / 郑旭著. — 北京：中国法制出版社，2023.8

ISBN 978-7-5216-3567-6

Ⅰ. ①刑…　Ⅱ. ①郑…　Ⅲ. ①刑事诉讼－证据－规则－研究－中国　Ⅳ. ①D925.213.4

中国国家版本馆CIP数据核字(2023)第093849号

责任编辑：侯　鹏　　　　封面设计：李　宁

刑事诉讼证据规则研究

XINGSHI SUSONG ZHENGJU GUIZE YANJIU

著者 / 郑旭

经销 / 新华书店

印刷 / 三河市紫恒印装有限公司

开本 / 710毫米 × 1000毫米　16开　　　　印张 / 14.5　字数 / 268千

版次 / 2023年8月第1版　　　　2023年8月第1次印刷

中国法制出版社出版

书号 ISBN 978-7-5216-3567-6　　　　定价：55.00元

北京市西城区西便门西里甲16号西便门办公区

邮政编码：100053　　　　传真：010-63141600

网址：http://www.zgfzs.com　　　　**编辑部电话：010-63141826**

市场营销部电话：010-63141612　　　　**印务部电话：010-63141606**